THOR HANSON

Arıların Bildikleri

Amerikalı biyolog ve yazar Thor Hanson Pasifik Kıyı Bölgesi'nde doğup büyüdü. Erken yaşlardan itibaren doğaya duyduğu ilgi onu koruma biyolojisi alanına yöneltti. Redlands Üniversitesi'nden mezun olduktan sonra mastırını Vermont Üniversitesi'nde, doktorasını ise Idaho Üniversitesi'nde tamamladı. Araştırmaları ve koruma faaliyetleri vesilesiyle dünyanın birçok yerini ziyaret eden Hanson, Orta Amerika'daki ağaçları ve ötücü kuşları, Tanzanya'daki kuş yuvalarını, Afrika'daki akbabaların beslenme biçimlerini inceledi. Çoğunlukla doğal sistemlerle beşeri sistemlerin kesişim noktalarında çalışarak habitat parçalanması, tehlike altındaki türler ve savaşın ekolojik etkileri üzerine araştırmalar yürüttü. Yazdığı kitap ve makalelerin yanı sıra doğa koruma örgütlerine danışmanlık da yapan Hanson, halen eşi ve oğluyla birlikte Pasifik Kıyı Bölgesi'ndeki bir adada yaşıyor. *Arıların Bildikleri* ile Pacific Northwest Kitap Ödülü'ne layık görülen yazarın diğer kitapları şunlardır: *Bartholomew Quill* (2016; çocuk kitabı), *The Triumph of Seeds* (2015; Phi Beta Kappa Ödülü, Pacific Northwest Kitap Ödülü), *Feathers* (2011; John Burroughs Madalyası, AAAS/Subaru Ödülü, Pacific Northwest Kitap Ödülü) ve *The Inpenetrable Forest* (2008; USA Book News Ödülü).

Metis Yayınları
İpek Sokak 5, 34433 Beyoğlu, İstanbul
e-posta: info@metiskitap.com
www.metiskitap.com
Yayınevi Sertifika No: 43544

Arıların Bildikleri
ve Dünyamızdaki Yaşam İçin
Önemleri
Thor Hanson

İngilizce Basımı:
Buzz: The Nature and Necessity of Bees
Basic Books, 2018

Hacette Book Group, Inc., New York
kuruluşlarından Perseus Books, LLC basımları
Basic Books ile yapılmış sözleşme temelinde
yayımlanmıştır.

İlk Basım: Kasım 2020

Yayıma Hazırlayan: Özde Duygu Gürkan

Kapak Tasarımı: Emine Bora

Dizgi ve Baskı Öncesi Hazırlık: Metis Yayıncılık Ltd.
Baskı ve Cilt: Yaylacık Matbaacılık Ltd.
Fatih Sanayi Sitesi No. 12/197 Topkapı, İstanbul
Matbaa Sertifika No: 44865

ISBN-13: 978-605-316-210-0

THOR HANSON

Arıların Bildikleri

VE DÜNYAMIZDAKİ YAŞAM İÇİN ÖNEMLERİ

Çeviren:
Kemal Güleç

metis

Noah için

İçindekiler

Yazarın Notu

KİTABIN birçok yerinde boy göstermelerine rağmen, elinizdeki kitabın özel olarak balarıları hakkında olmadığını peşinen söylemek istiyorum. Başka yerlerde ziyadesiyle ele alındığını düşünerek, bu kitapta kuyruk sallama dansı, oğul verme (kovandan ayrılma) ve birçok başka etkileyici, eşsiz balarısı davranışıyla ilgili ayrıntılı açıklamalara yer vermeyeceğim. Evveliyatı Vergilius'a kadar uzanan ve hiç değilse Nobel ödüllü iki yazar barındıran geniş bir yazarlar topluluğunun eserleri bu konuyu merkeze alan yüzlerce ciltlik eksiksiz bir külliyat oluşturuyor zaten. Bunun yerine, elinizdeki kitap yaprak kesenlerden yabanarılarına, duvarcılara, madencilere, toprak kazıcılara, marangozlara, tarakçılara ve daha pek çoğuna uzanan geniş bir yelpaze sunuyor. Balarıları da bu uzun listenin içinde yer alıyor elbette, ama tıpkı doğada olduğu gibi bu hikâyede de sahneyi paylaşmak durumundalar.

Bunun dışında, böcekbilimci dostlarımı kızdırmak pahasına bu çalışmada kimi sözcükleri serbestçe kullanmayı tercih ettim. Örneğin Insecta sınıfına mensup olan tüm canlılara kısaca "böcek" diyorum. Kullanmaktan kaçınamadığım teknik terimler ise kitabın sonundaki Sözlükçe'de yer alıyor. Okurlar kitabın sonunda ayrıca, arı ailelerinin resmedildiği bir kılavuz, yardımcı kaynakları içeren bir kaynakça ve bölüm notlarını bulabilirler. Nektar korsanları, hurma balı ve tüylü antenli yabanarısının adını nereden aldığı gibi anlatının akışı içinde yer veremediğim ilginç şeylerle dolu olan bu notları özellikle tavsiye ediyorum.

Teşekkür

KİTAP YAZMAK genellikle tek başına yapılan bir iş gibi görüldüğü halde, aslında birçok mahir insanın yardım ve desteğiyle mümkün olur. Her zaman olduğu gibi, ilk teşekkürü yayıncılık dünyasının labirentlerinde bana rehberlik eden olağanüstü temsilcim Laura Blake Peterson'a borçluyum; ayrıca, Carrie Napolitano, Nicole Caputo, Isabelle Bleeker, Sandra Beris, Kathy Streckfus, Isadora Johnson, Betsy DeJesu, Trish Wilkinson ve perde arkasındaki birçok başka isimden oluşan fevkalade ekibiyle birlikte, Basic Books' tan T. J. Kelleher'la yeniden çalışma fırsatı bulduğum için de kendimi şanslı sayıyorum. Benimle hikâyesini paylaşan, çalışmalarını bana izah eden tüm biliminsanlarına, çiftçilere, meyve yetiştiricilerine ve uzmanlara minnettarım – yeri gelmişken, kitapta yer verilen açıklamalardaki hatalar sadece ve sadece bana aittir.

Herhangi bir sıralama gözetmediğimi belirleterek ve unutmuş olabileceklerimden özür dileyerek, farklı biçimlerde projemi destekleyen şu cömert insanlara ve kuruluşlara da teşekkür etmek istiyorum: Michael Engel, Robbin Thorp, Brian Griffin, Gretchen LeBuhn, Jerry Rasmussen, Jerry Rozen, Rigoberto Vargas, Laurence Packer, Sam Droege, Steve Buchmann, David Roubik, Connor Ginley, Butch Norden, Beth Norden, John Thompson, Seán Brady, Carla Dove, William Sutherland, Sophie Rouys, Patrick Kirby, Günter Gerlach, Gabriel Bernadello, Anne Bruce, Sue Tank, Graham Stone, Brian Brown, Alyssa Crittenden, Gaynor Hannan, George Ball, Mike Foxon, Lyminge Tarih Kurumu, Martin Grimm, Robert Kajobe, Derek Keats, Jamie Strangc, Diana Cox-

Foster, Scott Hoffman Black, Ann Potter, San Juan Koruma Vakfı, Dean Dougherty, Rob Roy McGregor, Larry Brewer, Uma Partap, Eric Lee-Mäder, Matthew Shepherd, Mace Vaughan, San Juan Adası Kütüphanesi, Heidi Lewis, Idaho Üniversitesi Kütüphanesi, Tim Wagoner, Mark Wagoner, Sharla Wagoner, Dave Goulson, Phil Green, Chris Looney, Jim Cane, Cameron Newell, Kitty Bolte, Xerces Derneği, Bradley Baugher, Baugher Ranch Organics, Jonathan Koch, Steve Alboucq ve Chris Shields.

Son olarak, verdikleri mutlak destek ve gösterdikleri sabır için eşime, oğluma, yakın akrabalarıma ve sahip olduğum şahane arkadaş topluluğuna sonsuz teşekkürler.

Önsöz

Bir Arıyı Avucunda Hissetmek

Arıdır vızıldayıp durur neşeyle,
İş ki balıyla iğnesi dursun yerinde.

William Shakespeare
Troilus ve Cressida (y. 1602)

ARBALETİN ucundaki ok minik bir dokunuşla yerinden fırlayıverdi, ardında aralıklardan sızan güneş ışığıyla parıldayan bir misinayla birlikte dalların, yaprakların içinde kayboluşunu izledik. Saha asistanım arbaletin nişangâhından baktıktan sonra memnuniyetle başını sallayıp arbaletin ön kısmına bantlanmış makaradan halatı gevşetti. Onun için her gün yaptığı işin olağan bir parçasıydı bu; biyologların Kosta Rika yağmur ormanlarının üst kısımlarında halat gerip araştırma ekipmanlarını yerleştirmelerine yardımcı olmak için izlediği standart prosedürü uyguluyordu. Oysa benim için bir dönüm noktasını mimliyordu bu olay. Birkaç dakika sonra bir meslektaşımla birlikte böcek tuzağımızı yukarı yerleştirdiğimizde, meslek hayatımda ilk defa resmen arıları inceliyordum. Ya da en azından incelemeye çalışıyordum.

Proje pek de planlandığı gibi gitmedi. Ağaçlara ok atıp yukarı çeşitli mekanizmalar çıkarmakla geçen günlerin sonunda olsa olsa bir avuç numune biriktirebilmiştik, ki onların da büyük bölümünü, sarkıttığımız tuzağın bir kovana çarpıp tüm sürünün saldırısına uğradığı heyecan verici tek bir anda ele geçirmiştik. Vaziyet can sıkıcıydı, çünkü heba olan onca emeğin, zamanın da ötesinde, arıların orada bir yerde olduğunu *biliyordum*. Tuzakları yerleştirdiğimiz ağaçlardan bizzat topladığım bir yığın genetik veride ayan beyan görebiliyordum onları. Yetişkin ağaçlardan toplanan DNA örneklerini o ağaçların tohumlarıyla karşılaştırdığımız için, polenlerin tüm ormana dağıldığını –yalnızca komşu ağaçlara değil, 2,3 km uzaktaki ağaçlara kadar taşındığını– biliyordum. Üstelik bu ağaçlar baklagiller ailesine mensup olduğu için, mor çiçeklerden oluşan salkımlarının kendi memleketimden aşina olduğum fiğ, yonca, ıtırşahi ve diğer yaygın türlere benzer şekilde arıların polen taşımasına uygun evrildiğini de biliyordum. Nihayetinde mağlubiyeti kabul etmek zorunda kaldım, ama bu deneyim bende hiç dinmeyecek bir hayranlık uyandırdı. Derhal arı türleri ve davranışları hakkında dersler aramaya başladım, o zamandan beri de (hem gündelik hem profesyonel hayatımda) arıları izlemenin yollarını arıyorum. Arada sırada birkaç tanesini yakaladığım bile oluyor.

Arılara ilgi duyan herkes gibi, yakın zamanda olup bitenleri ben de yoğun bir endişeyle izliyorum. Arıcıların "Koloni Çöküş Sendromu"nun ilk belirtilerini bildirdikleri 2006'dan bu yana, milyonlarca evcil balarısı kovanı yok oldu. Araştırmacılar toplu ölümlerin tarım ilaçlarından parazitlere kadar bir sürü nedeni olduğuna, birçok vahşi türde keskin düşüşler yaşandığına dikkat çekiyor. Haber bültenleri, belgeseller ve hatta başkanlığa bağlı özel bir ekip tehlikeye işaret edince konuya ilişkin farkındalık muhtemelen hiç olmadığı kadar yüksek seviyelere ulaştı. Peki ama şöyle bir durup düşündüğümüzde, arılar hakkında gerçekten ne biliyoruz? Ayrıntılar söz konusu olduğunda, çoğu zaman uzmanlar bile bocalıyor. Bir keresinde arabada radyo dinlerken, Avrupa'dan Jamestown ve Plymouth'a gelen ilk sömürgeci kolonilerin yanlarında balarıları getirdiğinden bahseden ünlü bir bilim tarihçisine denk gelmiştim. O koloniler yanlarında balarısı getirmeseymiş kıtada ekinlerde tozlaşmayı sağlayacak hiçbir şey olmayacakmış güya. Az daha yoldan çıkıyordum! O sırada Kuzey Amerika'da neşe içinde vızıldayan *dört bin* yerli arı türü nereye kaybolmuştu acaba? Ama durun, daha beteri de var. Ofisimdeki kitaplıkta *The Bees of the World*'ün (Dünyadaki Arılar) ciltli bir kopyası duruyor. Saygın böcekbilimcilerin yazdığı, kurgudışı alanda faaliyet gösteren iyi bir yayınevinin bastığı bu kitabın kapağında makro fotoğrafçılığın hoş bir örneği var: bir sinek fotoğrafı!

İnsanların yediği her üç lokmadan birini arıların temin ettiği sık sık söylenir, ama varlığımızı borçlu olduğumuz diğer birçok doğa harikası gibi arılara da yeterince dikkat göstermiyoruz aslında. 1912'de İngiliz böcekbilimci Frederick William Lambert Sladen şöyle demişti: "İri yapılı fakat iyi huylu yabanarısını bilmeyen yoktur." Sladen'ın bu sözü İngiltere kırsalının o dönemleri için doğru olabilir, fakat aradan geçen bir yüzyılın ardından biz arıların kendisinden çok içinde oldukları durumun vahametine aşinayız. Evimin önündeki yolun hemen aşağısında bulunan sahildeki çayırlık alanda bir çalışma yapmıştım bir ara. Biyolojinin en temel sorularından birine –Etrafımızda ne var?– cevap bulmak için ufak bir araştırma desteği almıştım. İki farklı ülkeden altı araştırma üniversitesine bir günlük mesafede yaşıyor olmama rağmen, elimizde yerel arı türlerinin kapsamlı bir listesi hâlâ yok çünkü. Benim o sezon topladığım kırk beş tür olsa olsa bir başlangıç sayılabilir. Neyse ki şanslıyız; nerede yaşıyor olursak olalım, arılarla yeniden temas kurmak için bir yaz günü evimizin kapısından dışarı adım atmamız yetebiliyor. Modern hayatın patırtısına kulaklarımızı tıkadığımızda, meyve bahçeleri, çiftlikler ve ormanlardan tutun da şehir parklarına, boş arazilere, otoyol kenarlarına ve arka bahçelere kadar en ufak toprak parçasında bile rastladığımız ama gözden kaçırdığımız bu ziyaretçilerin hâlâ etrafta vızıldadığını duyabiliyoruz. Arılar hakkında bildiklerimizin cezbedici bir hikâye sunması da ayrı bir şans. Kehribar içinde sıkışıp kalan antik türlerle başlayan bu hikâye çok geçmeden bal kuşlarına, çiçeklerin kökenine, taklitçiliğe, guguk kuşuna, koku bulutlarına, imkânsız bir aerodinamiğe ve kuvvetle muhtemel ki oradan da kendi evrimimizdeki önemli bir adıma uzanır.

Bugün geldiğimiz noktada arıların yardımımıza ihtiyaç duyduğuna şüphe yok, ama en az onun kadar merakımıza da ihtiyaçları var. Varlığımızda hayati bir rol üstlenen bu canlıların tarihini, biyolojik yapısını incelemek insanı kolayca bir arı meraklısına çevirebilir, ki elinizdeki kitabın amacı da bu aslına bakılırsa. Umarım okumaktan fazlasını yaparsınız. Güneşli bir günde kendinizi dışarı atar, bir çiçeğin üzerine konmuş bir arı bulup izlemeye koyulursunuz. Bunu yaptığınızda, kendinizi bir anda oğlumun üç yaşından beri yaptığı bir şeyi yaparken, bir arıyı çıplak elle yakalamaya çalışırken bulabilirsiniz. Bunu bir deneyin, deneyin ki parmaklarınızı yavaşça ayırıp onu serbest bırakmadan önce minik ayaklarıyla sizi gıdıklayışını, avucunuzun içinde hışırtıyla çırptığı incecik kanatlarını siz de hissedin.

Giriş

Nedir Bu Arılar Hakkındaki Yaygara?

Uzanıp dinlemek
Aylak bir arının tatlı mırıltısını
Farkına bile varmadan mayışıncaya dek.

William Wordsworth,
"Vernal Ode" (İlkbahara Övgü; 1817)

HİÇ KİMSE dış iskeleti olan bir canlıya güvenmez. Bir böceğin yahut herhangi bir eklembacaklının görülmesi dahi insan beyninde yadsınamayacak bir korku tepkisi tetiklemeye yetebilir.[1] Bu tür karşılaşmalar tiksintiyle ilgili sinapsları da aktive eder genellikle.[2] Psikologlar bu duyguların doğuştan geldiğine, ısırabilecek, sokabilecek veya hastalık bulaştırabilecek şeylere verilen evrimsel bir tepki olduğuna inanıyor. Ama bu kırılgan, parçalı bedenlere yönelik derin bir ötekilik algısı da var: Güvenli bir mesafedeyken dahi, bu tür yaratıkların üzerine bastığımızda mide bulandırıcı bir *çıtırtı* çıkacağını biliriz. Bizim de aralarında bulunduğumuz memeliler, hayati organlarını vücutlarının içinde yer alan bir kemik yapısıyla gözlerden uzakta tutma meziyetine sahip olan hayvanların oluşturduğu omurgalılar kategorisine dahildir. Teknik olarak bakıldığında, sert kısmın vücudun dışında yer alması bizimkinden daha iyi bir evrimsel strateji olabilir, nihayetinde eklembacaklıların sayısı omurgalılarınkinin yirmi katından fazladır. Ama bu, insanların dış iskeleti ürpertici bulduğu gerçeğini değiştirmez; özellikle de bu dış iskeletin sahibi farklı yönlere bakan gözlere, sallanıp duran bir çift antene, kargacık burgacık çok sayıda bacağa sahip olduğu zaman. Film yapımcıları bunu gayet iyi bilirler; Ridley Scott'ın *Alien / Yaratık*'taki korkunç canavarları kurgularken yavru köpekler yerine böcekleri ve deniz omurgasızlarını temel alması da, *Yüzüklerin Efendisi*'ndeki en korkunç yaratığın domuz suratlı bir ork veya bir mağara trolünden ziyade dev örümcek Shelob olması da bu yüzdendir. Bu tür yaratıkları eğitimli profesyoneller bile nahoş bulabilir. Profesyonel böcekbilimci Jeffrey Lockwood, *The Infested Mind* (İstila Altındaki Zihin) isimli kitabında, incelediği çekirgeler birdenbire üzerine üşüşüp her yerini kapladıktan sonra araştırmasını yarıda bıraktığını (ve felsefe bölümüne geçtiğini) itiraf eder örneğin.

Eklembacaklılarla etkileşimlerimizin çoğu ya bir ezme hamlesiyle ya da en yakın ilaçlama şirketini aramakla son bulur. İstisnai olanı yaptığımız zamanlar, böceğe pek benzemeyen böceklerle – gözalıcı, rengârenk kanatlara sahip bir kelebekle, kaplanı andıran şeritli kürkünün içinde ağır ağır, neşeyle ilerleyen bir tüylü tırtılla veya şirinlik abidesi kabul edip bağrımıza bastığımız bir uğurböceğiyle– karşılaştığımız zamanlardır genellikle. Yaz akşamları çıkardıkları müzikal sesler uzaktan kulağa hoş geldiği için olsa gerek, insanlar aslında hiç görmedikleri halde cırcırböceklerini de sever.[3] Ekonomik açıdan bakıldığında, ürettikleri kıymetli iplikler sebebiyle ipekböcekleri ve dünyadaki tüm gomalak üretimini borçlu olduğumuz Asyalı minik akrabaları da makbul böcekler arasında sayılabilir; ama böceklere karşı tutumuzu en iyi ifade eden şey, halihazırda yıllık 65 milyar doları aşan pestisit harcamasıdır herhalde.

Fakat bu genel rahatsızlık bağlamında, insanlarla arılar arasındaki bağ ayrı bir yerde durur. Büyük, pörtlek gözleri, zar gibi kanatları ve dikkat çeken antenleriyle, arılar ötekiliklerini pek gizlemezler. Genç arılar kurtçuklar gibi kıvrılıp durur, olgunlaştıklarında da bazı türler on binlerle ölçülen sayılar halinde kovandan ayrılır, bunların her biri zehirli ve muhatabına acı veren bir iğneye sahiptir. Kısacası, tam da korkmamız gereken böceklermiş gibi

Şekil G.1. İnsanların eklembacaklılara yönelik korkusu, Kitabı Mukaddes'te geçen çekirgelerden Kafka'nın böceğine ve 1920'lere ait bu ucuz dergi kapaklarını süsleyen korkunç çizimlere kadar uzanan hikâye anlatıcılığımızda belirgin bir şekilde göze çarpar. Wikimedia Commons.

görünürler. Oysa insanlar tarihin her döneminde arılarla bağ kurma korkusunun üstesinden gelebilmiş, en azından bu korkuyu bir kenara bırakabilmiştir: Dünyanın bambaşka kültürlerinde, insanlar arıları seyretmiş, takip etmiş, evcilleştirmiş, araştırmış, içinde arıların geçtiği şiirler, hikâyeler yazmış, hatta hatta onlara tapmıştır. Başka hiçbir böcek grubu bize böylesine yakın olmamıştır; bu kadar önem verdiğimiz, bu kadar saygı duyduğumuz bir böcek türü daha yoktur.

İnsanların arılara duyduğu hayranlık, ilk insansıların her fırsatta tatlı balın peşine düştüğü tarihöncesi dönemlere kadar uzanır. Eski insanlar dünyanın dört bir yanına göç ettiklerinde, balarılarının ve daha az bilinen diğer türlerin kovanlarını yağmalayarak bu tatlılığı aramayı sürdürdüler. Afrika'dan Avrupa'ya, Avustralya'ya kadar, taş devri sanatçıları mağara resimlerinde kimi zaman uzun merdivenleri, alev alev meşaleleri ve tehlikeli tırmanışları içeren bu avları resmettiler. Atalarımız için, balın değeri onu elde etmek adına sarf ettikleri emeğe ve sinir bozucu birkaç iğnenin verdiği rahatsızlığa fazlasıyla değiyordu belli ki.

İnsanların çiftlikler kurup yerleşik hayata geçtiği hemen her yerde, bir sonraki mantıksal adım yabani kolonileri yağmalamaktan düzenli arıcılığa geçilmesi olmuştur. Avrupa, Yakındoğu ve Kuzey Afrika'da bulunan Neolitik çağa ait düzinelerce tarım arazisinde balmumuyla yapıştırılmış çanak çömlek parçaları bulunmuştur, ki bunlardan bazıları 8500 yıldan daha eskidir.[4] İlk arıcıların kovanlarını tam olarak ne zaman ve nerede kurdukları konusu belirsizliğini hâlâ korusa da, başlarda arılarını uzun kil borulara yerleştiren, nihayetinde de mevsim mahsullerini ve kır çiçeklerinin filizlendiği dönemleri gözeterek onları Nil boyunca aşağıya ve yukarıya taşımayı öğrenen Mısırlıların milattan önce üçüncü binyılda bu sanatı kusursuzca icra ettiğini kesin olarak biliyoruz. İnsanlar atları, develeri, ördekleri, hindileri evcilleştirmelerinden ve elbette elma, yulaf, armut, şeftali, bezelye, salatalık, karpuz, kereviz, soğan ve kahve çekirdeği gibi tanıdık ürünleri yetiştirmeye başlamalarından çok önce arıları evcilleştirmişlerdi.[5] Evcilleştirme Hindistan, Endonezya ve Yukatan Yarımadası gibi birbirine çok uzak bölgelerde, birbirinden bağımsız şekilde gerçekleşmişti. Yukatan Yarımadası'ndaki Maya uygarlığında arıcılar, yağmur ormanlarında yaşayan ve iğnesiz oluşuyla arıcılığa elverişli bir tür olan "prenseslere" yönelecek kadar sağduyuluydu. Hititlerin Asya'nın batısına hükmettiği dönemde, arıcılık yasayla güvence altına alınmıştı ve kovan yağmalarken yakalananlar altı gümüş sikkelik ağır bir cezaya çarptırılıyordu. Rakip arıcılara ait kovanlar arasında 300 adımlık tampon bölgeler oluşturulması zorunlu olan, bal ticaretinin nitelikli sahteciliğe önayak olacak kadar kârlı hale geldiği Yunanlarda bal vergileri vardı. Herodot "buğday ve ılgın ağacı meyvesinden" yapılan oldukça ikna edici bir sahte baldan bahseder.[6] Sonraki yüzyıllarda hurma, incir, üzüm ve çeşitli bitki özlerinin kaynatılmasıyla elde edilen daha ucuz alternatifler de keşfedilmiş, ama rafine şekerler ortaya çıkıncaya dek tatlılığın nihai ölçüsü hep bal olmuştur.

Ezelden beri tatlıya düşkün oluşumuzun bir sonucu olarak başlayan arıcılık faaliyeti, insanlar kovanın mahsulünü başka türlü de kullanabileceklerini fark ettiklerinde daha da önem kazanmıştır. Suyla karıştırılıp mayalandığında kısa sürede lezzetli ve sarhoş edici bir içkiye dönüşmesi balın cazibesine cazibe katmıştır. Çeşitli değişimlerden geçmesine rağmen, en az 9000 yıldır[7] (hatta belki çok daha uzun zamandır) mayalanıp tüketilen bal likörü biliminsanları tarafından en eski alkollü içkilerden biri kabul ediliyor. Antik Çin'deki akşamcılar bal likörünün pirinç ve alıç meyvesiyle harmanlanmış bir türünü yudumlarken, Keltler fındıklısını, Finler limon aromalısını tercih ediyordu. Etiyopya'da, yalancı iğdenin acı yapraklarıyla harmanlanmış bir bal likörünü insanlar hâlâ tüketiyor. Ama içlerinde en sert olanı, Mayaların ve çeşitli şaman kabilelerin uyuşturucu özelliği olan bitki kökleri ve ağaç kabuklarından ürettiği, Orta ve Güney Amerika'nın yağmur ormanlarında yapılan halüsinojenik likörlerdir.[8] Aslına bakılırsa, arıların faydasını ilk fark edenler, hemen her rahatsızlığın tedavisinde bal, bal likörü, balmumu merhemleri, propolis (arıların kovan yapımında kullanmak için bitki tomurcuklarından topladığı, "arı tutkalı" da denen reçineli bir madde) ve hatta bazı arıların iğnelerinde taşıdığı zehri tavsiye eden şifacılar olmuştur. Antik dünyada kullanılan ilaç tariflerini içeren on ikinci yüzyıla ait Süryanice yazılmış bir kitaptaki 1000 tariften 350 tanesi arı ürünleri gerektiriyordu örneğin.[9] Kitabın anonim yazarı bununla da kalmayıp, ballı suyun anason tohumu, ezilmiş karabiber tanesi ve şarapla doğru ölçülerde karıştırılmasıyla elde edilen bir şurubun sağlık için her gün kullanılmasını öneriyordu.

"Geçmişte arıların insanlar için taşıdığı değeri ne kadar vurgulasak az," diyen tarihçi Hilda Ransome durumu hiç abartmıyordu.[10] Ürettikleri balın tatlılığı, iyileştirici özelliği ve sarhoş etmesi yetmezmiş gibi, arılar aynı zamanda insanlığın "aydınlanmasını" sağlamıştır. Tarihöncesi dönemlerden Sanayi Çağı'nın eşiğine kadar, karanlığı bertaraf etmek için sahip olduğumuz seçeneklerin hepsi (kamp ateşleri, meşaleler ya da balıkyağı ve hayvansal yağların yakıldığı kötü kokan, kısa ömürlü basit lambalar) fazla dumanlı ve gürültülü bir aydınlık veriyordu. Tüm o zaman boyunca temiz, sabit ve hoş kokulu bir ışık sunan tek madde balmumuydu. Binyıllar boyunca tapınaklar, kiliseler ve varlıklı insanların evleri geceleri balmumuyla aydınlandı. Su geçirmez ürünlerden mumyalamaya ve metalürjiye kadar tüm diğer kullanımlarına ilaveten mum yapımında da kullanılması, balmumunu arıcılığın en kıymetli ürünü haline getirip karşılanması güç bir talep yarattı. Romalılar milattan önce ikinci yüzyılda Korsika'yı ele geçirdiklerinde, adanın dillere destan balını hiç dikkate almayıp yalnızca balmumuyla ödenen yıllık 90.000 tonluk[11] bir vergi koydular. Bu vergiyi denetleyen memur ve kâtiplerin notlarını arı kaynaklı olan başka bir yeniliğin üzerine, yazılanların rahatlıkla silinebildiği ilk yüzeye düştükleriyse neredeyse kesin. Karatahtaların bulunmasından çok önce, notlar kolayca saklanıp taşınabilen, ısıtılarak düzleştirilip tekrar kullanılabilen balmumuyla kaplı küçük tabletlerin üzerine taş kalemiyle yazılıyordu.[12]

Arılar en başından beri bizimleydi. Bazıları oldukça lüks sayılabilecek birçok metanın kaynağı olan bu böceklerin dilden dile dolaşan hikâyelere, mitlere ve hatta dinlere konu olması şaşırtıcı değil. Efsanelerde tanrılardan haber taşıma rolünü sık sık onlar üstlenmiş, bize verdikleri armağanlar ilahi gücün emaresi olarak görülmüştür. Mısırlılar arıları güneş tanrısı Ra'nın gözyaşları olarak görmüş, eski bir Fransız masalıysa Ürdün Nehri'nde yıkanan

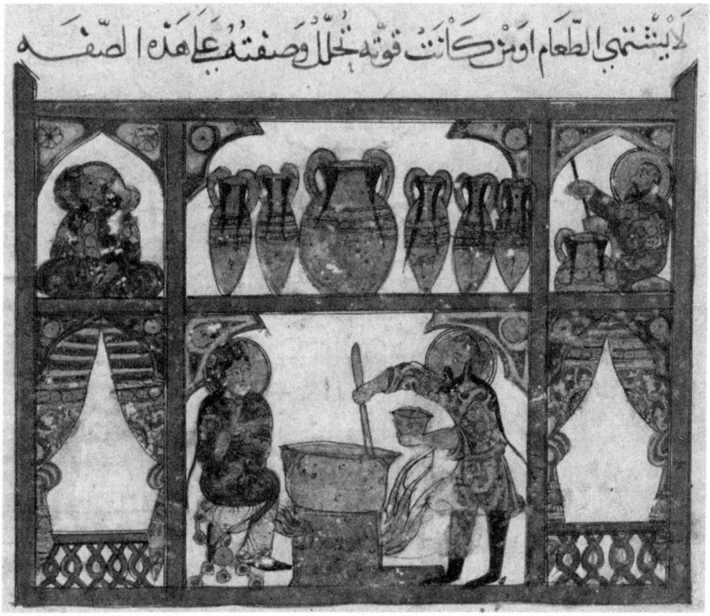

Şekil G.2. On üçüncü yüzyıla ait bu Arapça metinde resmedilen eczacı, halsizlik ve iştahsızlık için bal, balmumu ve insan gözyaşından oluşan her derde deva bir karışım hazırlıyor. Abdullah ibn Fadl, *Preparing Medicine from Honey* (Balla Hazırlanan İlaçlar; 1224). Metropolitan Sanat Müzesi.

İsa'nın ellerinden sıçrayan damlacıklar şeklinde tasvir etmiştir. Batı'da Dionysos'tan Aziz Valentinus'a kadar birçok tanrı ve azizin himaye altına aldığı arılar, Hindistan'da aşk tanrısı Kama'nın vızıldayan yayı olarak karşımıza çıkarlar. Antik dünyada arı sürüleri genellikle savaş, kuraklık, sel ve benzeri büyük hadiselerin alameti olmuş; Çin'de hayra yorulurken, Hindistan ve Roma'da uğursuzluğu simgelemiştir. Cicero'ya göre, henüz kundakta bir bebekken Platon'un dudaklarına konan bir arı sürüsü, onun belagatini ve bilgeliğini müjdelemiştir. Artemis, Afrodit ve Demeter tapınaklarında *melissae*[13] yani "balarıları" adıyla bilinen arı-rahibeler hizmet vermiş, bunlar aynı zamanda Delphi'deki Apollon tapınağında da rol oynamışlardı: Meşhur Delphi kâhininin bir adı da "Delphi Arısı" idi.

İlahi tadıyla arıların şurubumsu besininin de tanrısal olduğu düşünülmüş, o da efsanelerde en az arıların kendisi kadar yer bulmuştur. Örneğin Zeus'un annesinin minik oğlunu bir mağaraya gizlediği ve genç tanrıyı arıların yetiştirdiği, onu kendi ağızlarından aktardıkları tatlı bitki özleri ve balla besledikleri anlatılır. Hindistan'ın "bal bebekleri" adıyla bilinen tanrıları Vişnu, Krişna ve İndra'nın Zeus'unkini andıran bir menüyle büyüdüğü, İskandinav tanrı Odin'inse bebekken balını kutsal keçinin sütüyle birlikte tercih ettiği rivayet edilir. Kâh minik tanrıların eline tutuşturulan biberonlarda, kâh cennetten çıkma keklerin harcında, bal Valhalla'dan Olimpos'a kadar tanrıların ikamet ettiği hemen her yerin menüsünde başköşede olmuştur – dünyanın hemen her yerinde, rivayetler arıların temin ettiği bu lezzeti tanrıların sofrasına yakıştırmıştır. Bal inananlar için adil bir ödül umudunun simgesi olmuştur. Kuran'dan Kitabı Mukaddes'e, Kelt efsanelerinden Kıpti metinlerine kadar birçok kaynakta cennet baldan nehirlerin aktığı bir yer olarak tarif edilmiştir.

Arıların insanların nezdindeki sembolik ve pratik değeri biyolojik yapılarından gelir. Adeta bir mühendislik harikası olan modern arı kapsamlı bir morötesi görüşe; esnek, iç içe geçmiş kanatlara; güllerden bombalara ve kansere kadar her şeyi algılayabilen son derece hassas bir çift antene sahiptir. Arılar çiçekli bitkilerle birlikte evrilmiş, en dikkate değer özellikleri bu ilişki çerçevesinde gelişmiştir. Bal ve balmumunun malzemesini sunmanın yanında, arılara navigasyon, iletişim, işbirliği, hatta bazı durumlarda vızıldama dürtüsünü dahi çiçekler kazandırır. Buna karşılık arılar da son derece temel ve hayati bir hizmet sunar. Ama bırakın takdir etmeyi, insanların bu hayati hizmeti anlamaya başlaması bile on yedinci yüzyılı bulmuştur.

1694 yılında Alman botanikçi Rudolf Jakop Camerarius tozlaşmaya (polinasyon) ilişkin gözlemlerini ilk yayımladığında, çoğu biliminsanı bitkilerde cinsiyet fikrini baştan aşağı saçma, hatta

Şekil G.3. Bir Yunan ve Roma efsanesine göre, balın hikâyesi Dionysos'un (Roma mitolojisinde Bakkhos) bir ağaç kovuğunda ilk arı sürüsünü bulduğu yerde başlamıştır. Piero di Cosimo, *Balın Keşfi* (y. 1499). Wikimedia Commons.

müstehcen bulmuştu. Yıllar sonra, Philip Miller'ın çok satan eseri *The Gardener's Dictionary*'de (Bahçıvan Sözlüğü) lale tomurcuklarını ziyaret eden arılara ilişkin bir betimlemeye yer vermesi de yine fazla açık saçık bulunmuştu. Öyle ki, sayısız şikâyetin ardından yayıncı üçüncü, dördüncü ve beşinci baskılardan çıkarmıştı o betimlemeyi. Oysa tozlaşma fikri bir çiftliğe veya bahçeye gidebilecek durumda olan, onu da bırakın bir saksıya sahip olan herkesçe test edilebilirdi. Sonunda, arılarla çiçeklerin dansı içlerinde Charles Darwin ve Gregor Mendel gibi saygın isimlerin de bulunduğu birçok büyük biyoloğun ve arıcının dikkatini çekmeye başladı. Tozlaşma günümüzde hâlâ hayati önem taşıyan bir çalışma alanıysa, bunun sebebi artık sadece açıklayıcı olmakla kalmayıp aynı zamanda yeri doldurulmaz bir süreç olduğunu biliyor olmamızdır. Yirmi birinci yüzyılda tatlılığın ölçüsünü rafine şekerler oluşturuyor; balmumu petrolden elde ediliyor; ışık bir elektrik düğmesine dokunmamıza bakıyor. Ama rüzgârdan yoksun kalan hemen her ekin ve yabani bitkinin üremesi için hâlâ tümüyle arılara bağımlıyız. Onlar bocaladığında, bunun yankılarını manşetlerde okuyoruz.

Son zamanlarda arılar hakkındaki hararetli tartışmalar arıların vızıltısını bastırır oldu. Hem vahşi doğada hem de çiftliklerde kovanların birer birer tükenmesi, varlığını uzunca bir süredir kabul ettiğimiz polenle çiçek arasındaki hayati ilişkiyi tehdit ediyor. Ancak arıların hikâyesi vahim bir kriz hikâyesinden çok daha fazlasıdır. Bizleri dinozorlar çağından Darwin'in "lanet bir gizem" diye nitelediği bir biyoçeşitlilik patlamasına götürür. İçinde kendi türümüzün de evrildiği doğal dünyanın şekillenmesine arılar yardım etmiştir; hikâyemiz sık sık onların hikâyesiyle kesişir. Alt başlığından da anlaşılacağı üzere, bu kitap arıların doğasının neden onları son derece elzem kıldığını inceliyor. Arıları anlamak, onlara yardım edebilmek için nereden geldiklerini, nasıl iş gördüklerini bilmek yetmez; çekicilikleri korkutuculuklarına ağır basan çok az sayıdaki böcek türünden biri olmalarının ardındaki sebepleri de kavramamız gerekir. Arıların hikâyesi biyolojiyle başlar, ama bize kendimiz hakkında bir şeyler de söyler. Bunca yıldır onları yakınımızda tutmamızı, reklamcıların biradan tutun da kahvaltılık gevreklere kadar neyin reklamını yapacak olsalar onlara başvurmasını, en iyi şairlerimizin "tepesinde arıların vızıldadığı" çiçekleri, "arı sokmuş gibi dolgun" dudakları, "arı vızıltısından başka ses duyulmayan" düzlükleri tercih edişini açıklar. İnsanlar kolektif karar verme sürecinden tutun da bağımlılık, mimari ve verimli toplu taşımaya kadar birçok konuda daha iyi bir kavrayışa ulaşmak için arıları inceliyor. Sosyal hayvanların büyük gruplar halinde yaşamaya yakın zamanda adapte olduklarını düşünürsek, birçok türü bunu milyonlarca yıldır başarılı bir şekilde sürdüren bu canlılardan öğrenecek çok şeyimiz olsa gerek.

Geçmişte, dünyanın her köşesinde insanlar arı vızıltısında ölülerin seslerini, ruhlar âleminden süzülüp gelen bir mırıltıyı işittiler. Bu inancın kökeni Mısır ve Yunan kültürlerine kadar uzanır; diğer bazı kültürlerin yanı sıra Mısır ve Yunan kültürlerinde de insan ruhunun bedeni terk edip öte dünyaya göçerken arı formuna bürünerek kısacık bir an görünür (ve işitilir) olduğuna inanılıyordu. Modern kulaklar bu canlı titreşimi daha az şiirsel bulsa da, kökeni eskilere dayanan derin bir bağın bilinçdışı tesiri sayesinde bu ses etkili bir güç olmayı sürdürüyor. Ama arılar hakkında söyleyeceklerimiz pestisit harcamaları, habitat kaybı ve onları baş başa bıraktığımız başka zorluklarla başlamıyor. Arıların nasıl üstünlük kurduğuyla, açlık ve yenilik konusundaki çok eski bir dersle başlıyor. Arıları ortaya çıkaran olayların sırasını tam olarak bilmiyoruz, ama en azından bu süreçte çıkan sesin neye benzediğini biliyoruz.

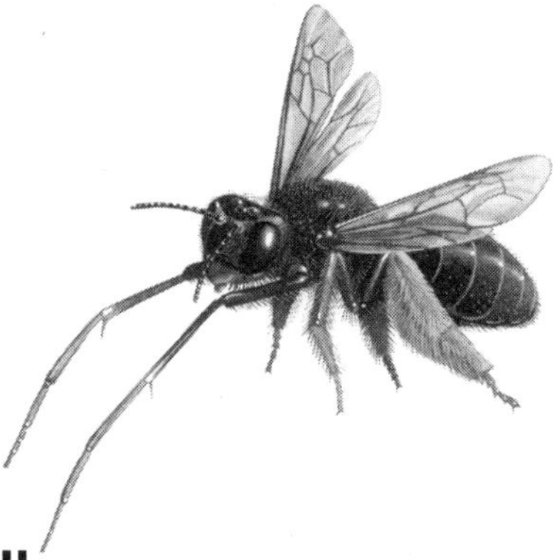

Arının Arı Oluşu

Evrim yoktan var etmez.
Halihazırda ne varsa onunla iş görür...

François Jacob, "Evolution and Tinkering"
(Evrim ve Tamirat; 1977)

1

Vejetaryen Bir Eşekarısı

Ah benim geveze,
Kadife tenli,
Gayretkeş dostlarım,
Siz ki
Oradan oraya uçar
Ezgiler fısıldarsınız. . .

Çıkın hadi
Yüksükotlarımın
Ve güllerimin içinden,
Tüylü ve hassas burunlu
Arılar sizi!

Norman Rowland Gale, "Bees"
(Arılar; 1895)

VIZILTILARI duymazdan gelmemin imkânı yoktu. Bulmak için işe alındığım nadir bir kelebeğin peşinde genişçe bir çakıl yatağına düşmüştü yolum, beyaz kanatlarını çırpışını görebiliyordum. Bir elimde ağım, diğerinde not defterim, ona doğru koşuyor olmam gerekirdi. Ama ayaklarımın altında titrercesine uğuldayan zemin beni derhal kendisiyle meşgul olmaya çağırıyordu. Doğa tarihi araştırmalarının sıkıntılı yanı budur işte; etrafındaki dünya harikulade şeylerle dolup taşarken, insan nasıl tek bir şeye odaklanabilir ki? *Star Wars/Yıldız Savaşları*'nda son savaşın keşmekeşi içinde Ölüm Yıldızı'nı havaya uçuracak o küçücük egzoz deliğine kilitlenmeye çalışan Luke Skywalker'ı hatırlayıp, *hedefe kilitlen* dedim kendi kendime. Ama bir Jedi şövalyesinin konsantrasyonuna sahip değildim maalesef. Kelebeğin –ve tabii müşterilerimin– beklemesi gerekecekti.

Yere çömeldiğim anda binlerce eşekarısının içinde buluverdim kendimi. Bir şenlik ateşinden etrafa saçılan kıvılcımlar misali, parlak siyah ve altın sarısı gövdeleriyle dört bir yana dağılmışlardı. Ama kıvılcımların aksine, şimdiye kadar gördüğüm en büyük koloniyi oluşturan bu eşekarılarının bir amacı vardı; koloni kurdukları minik yuva deliklerinin kenarına konuyorlardı. Binlerce eşekarısı tarafından sokulma tehdidiyle burun burunaydım, ama keşif heyecanının doğurduğu adrenalin dalgası iğnelerin korkusuna baskın çıktı. Arılara meraklı biri için, doğru eşekarısı yuvasını bulmak zamanda geriye gitmek gibidir. Eğer haklıysam, ayaklarımın dibindeki minik oyuklar arıların nasıl ve neden evrildiği hakkında önemli bir ipucu sunuyor olmalıydı. Kelebeklerle ilgili aklımda ne varsa ağım ve defterimle birlikte kenara bırakıp yüzükoyun yere uzandım, izlemeye koyuldum.

İçlerinden biri birkaç santim öteme, çakıltaşlarıyla kaplı toprağa konuverdi, çıplak gözle zar zor takip edebildiğim bir hızla sarsak sarsak bir ileri bir geri hareket ediyordu. Derken bir kum yığınına yönelip birdenbire durdu, ön bacaklarını kum yığınına daldırıp kazıyor, arka bacaklarıyla da çıkardığı kum tanelerini savuruyordu, tıpkı bir köpek gibi. Etrafımdaki diğer eşekarıları da bu hareketi tekrar etmeye başladı, durmadan etrafa savurdukları kum taneleri zeminin titrediği izlenimini veriyordu. Bazıları eski oyuklarla uğraşıyor, bazıları yeni oyuklar açıyordu; ama istisnasız her biri çalışıyordu. Daha bilindik eşekarılarının aksine, bu öfkeli minik kazıcılar ne özenli kâğıt kovanlar yapıyor ne de piknikçilere musallat oluyordu. Bir kraliçe arının liderliğindeki büyük, örgütlü topluluklar halinde de yaşamıyorlardı. Yalnız yaşayan canlılardı bunlar, sadece iyi bir habitatın avantajlarından faydalanmak için bir araya geliyorlardı.[1] Onları tanımıştım, bugün bile büyük ölçüde 1802'de edindiği isimle tanınan geniş bir ailenin üyeleriydiler: sphecid eşekarıları.* Bu isim doğrudan Yunancada eşekarısı manasına gelen *sphix* sözcüğünden geliyor; ilk böcekbilimciler bu böceklerin eşekarısı yaşam tarzını kusursuz bir şekilde temsil ettiğini düşünmüş olacaklar ki onlara "eşekarısı eşekarısı" adını layık görmüşler. Ama beni yüzükoyun kuma yatıran şey sphecid eşekarılarının Linnaeus'un sınıflandırmasından çok öncelere uzanan bir yönüydü. Kretase Dönemi'nin ortalarında, dinozorlar çağının zirvesine yakın bir zamanda, Sphecidae ailesinin bazı cesur üyeleri eşekarılarıyla en çok bağdaştırılan alışkanlıklarından birini terk etti. Bundan kısa bir süre sonra da arılara evrildiler.

Ben onu izlemeye devam ederken, biraz evvel önüme konan eşekarısı birdenbire kazmayı bırakıp uçtu. Yakından bakınca, kendisine mi yoksa başkasına mı ait olduğunu anlayamadığım bir oyuğu kısmen açtığını gördüm. Birkaç dakika bekledim ama geri dönmedi. O geri dönmeyince uzanıp kumu kendim eşelemeye başladım; hafifçe aşağı eğimli, kalem kalınlığında bir tünel ortaya çıktı. Kazdıkça tünelin duvarları içe doğru çökmeye başladı, ben de duvarları tutması için kurumuş, uzunca bir dal yerleştirdim. Kuru dalla sabitlemeye çalıştığım bu tünel yüzeyin birkaç santim altındaki bir odacığa açılıyordu, içinde tam da bulmayı umduğum şey vardı: bir sinek cesedi. Siyah, sıradan bir sinekti; yaz günleri pencere pervazlarından topladıklarımıza benziyordu. Yine de o sinek cesedi bu "has" eşekarılarının tanımlayıcı bir niteliğini ortaya koyuyordu: Bu hayvanlar avcıydı; yavrularını besleyecek av bulmak için durmadan etrafı tarıyorlardı. Yanı başımda duran, Sphecidae ailesinin kum eşekarısı denen bu türü için başlıca besin kaynağı sineklerdir, ama diğerleri yaprak bitinden tutun da kelebeklere, örümceklere kadar her şeyi toplar, iğneleriyle öldürdükleri veya felç ettikleri avlarını büyümekte olan larvaları tarafından –ölü veya diri olarak– tüketilmek üzere bir oyukta depolar. Dehşet verici ama son derece etkili bir taktik; eşekarıları 150 milyon yılı aşkın süredir bu temel stratejiyi kullanıyor. Diğer yandan, bu te-

* Yakın bir zamanda, sınıflandırma uzmanları Sphecidae ailesini üç aileye ayırıp arıların en yakın akrabalarını Crabronidae isimli gruba dahil etti. Ama bu sınıflandırmanın gözden geçirilmesi bekleniyor ve burada kullandığım geleneksel, kapsayıcı isim hâlâ yaygın biçimde kullanılıyor.

Şekil 1.1. Genellikle kum eşekarısı adıyla bilinen *Bembix* cinsine mensup bir eşekarısı kolonisi. Her dişi kendi yuvasını kazıp yuvadaki yavruları beslemek için av getirir. George ve Elizabeth Peckham'ın *Wasp: Solitary and Social* (Eşekarısı: Yalnız ve Sosyal; 1905) isimli kitabında yer verilen çizim James H. Emerton'a ait.

mel stratejiyi değiştirmenin daha da başarılı bir sonuç verdiği de ortada.

Leo Tolstoy'dan tutun da Paul McCartney'ye kadar birçok tanınmış vejetaryen mezbahaları protesto edip her fırsatta etsiz yaşamın insan sağlığına ve çevreye faydalarından söz etti. Ama vejetaryen protestocular arıların hikâyesine değinmemekle, sözlerine ağırlık katabilecek önemli bir noktayı ıskalamaya devam ediyorlar. Vejetaryenlik arıların yaşam tarzını değiştirmekle kalmadı, düpedüz yeni bir yaşam formu yarattı. Beslenme alışkanlıklarını ölü hayvan parçalarından çiçeklerin temin ettiği başka besinlere kaydıran ilk arılar, giderek büyüyen ve büyük ölçüde el değmemiş son derece bereketli bir kaynak keşfetti. Eşekarıları kendi karınlarını doyuracak yiyeceği bulduktan sonra yavruları için apayrı bir yiyecek daha bulmak zorundayken,[2] arılar hem kendilerini hem de yavrularını aynı kaynaktan doyurabilme avantajına sahipti. Olgun bir çiçek hem kendi ihtiyaçları için kullanabilecekleri şekerli nektarı temin ediyor, hem de yavrularını beslemek için eve taşıyabilecekleri, protein bakımından zengin poleni sunuyordu. Üstelik sinekleri, örümcekleri ve başka kurnaz avları yakalamak zor, hatta tehlikeli bir işken, çiçekler kımıldamadan duruyor, yetmezmiş gibi çekici renkler ve kokularla yerlerini ilan ediyorlardı. Eşekarısından arıya geçişin ayrıntıları, bu geçişin tam olarak ne zaman gerçekleşmiş olabileceği hâlâ tartışılıyor, ama kimse bu geçişin ne kadar iyi sonuçlar verdiğinden söz etmiyor. Günümüzde arıların nüfusu Sphecidae ailesinden akrabalarını neredeyse üçe katlamış durumda.[3]

Oyuğu dikkatle tekrar doldurduktan sonra, eşekarılarını arkamda bırakıp kelebek avıma döndüm, bütün bir öğleden sonramı altın sarısı yabani hardallarla, kızıl yoncalarla, acıbakla ve yabani yoncaların mor çiçekleriyle dolu bir bayırda geçirdim. Böylesi bir çiçek bolluğunun içinde, çiçeklerden beslenme fikri dünyanın en bariz şeyi gibi görünüyordu. Oysa arıların evrim geçirdiği dünyada böyle bir tercih en iyi ihtimalle riskli bir öncü adaptasyon sayılabilirdi. Kretase Dönemi genellikle dinozorlarıyla anılır, ama o çağla bizim çağımız arasındaki tek fark sürüngen bolluğu değildi. Yavrularını polenle besleyen ilk arı, bunu bildiğimiz hiçbir yabani çiçeğin bulunmadığı çayırlarla kaplı bir dünyada, çiçeklerin taçyapraklarını, renklerini ve başka karakteristik özelliklerini daha yeni yeni edindiği bir zamanda yapmıştı. Fosiller bize ilk çiçeklerin küçük, göze çarpmayan şeyler –kozalaklı ağaçların, tohumlu eğreltiotlarının ve yalancı palmiyelerin (*cycads*) hâkim olduğu bir bitki örtüsünün önemsiz detayları– olduğunu söylüyor. Arıların

Şekil 1.2. Dövüşen dinozorların etrafına bakarsanız, bu çizimin Kretase Dönemi ortalarındaki manzaraya ilişkin genel bir izlenimi yansıttığını görebilirsiniz: Eğreltiotlarının istilası altındaki yosun kaplı bu ormanda ne çiçeklerden eser var, ne de arılardan. *The World Before the Deluge* (Tufandan Önce Dünya; 1865) isimli kitapta yer verilen çizim Édouard Riou'ya ait.

evrimini bu bağlama yerleştirebilmek için dünyanın o dönemdeki haline dair net bir tablo gerekir, ama buna yönelik çalışmaların büyük çoğunluğu bitkilerden ziyade büyük kertenkelelere odaklanır. Ben dinozor kitaplarında kükreyen canavarların sağına soluna baktığımda, bırakın arıları çiçeğe benzer tek bir şey dahi bulamadım.

Arıların *nerede* evrim geçirdiğini hayal etmeye çalışmak, çok geçmeden bu evrimin *nasıl* gerçekleştiğiyle ilgili sorulara yönelmeme neden oldu. Çiçekler gerçekten o kadar nadir ve küçüktü madem, ilk arılar neden onları bulmakla uğraştı ki? Vejetaryenliğe geçişle sonuçlanan bu önemli değişimin sebebi neydi? İlk arı neye benziyordu? Eşekarısının arıya evrilmesi ne kadar zaman almıştı? Böceklerin evrimiyle ilgili bu tür sorular ortaya çıktığında, bu konunun (gerçek anlamda) kitabını yazmış birine başvurmanın fazlasıyla yardımcı olduğunu keşfettim.

Kendisine arıların evrimini sorduğumda, "Çok fazla veriye sahip olmadığımız, bilinmezlerle dolu enteresan bir hikâye," demişti Michael Engel. "Açık konuşmak gerekirse, fosil kayıtlarının kendine bile hayrı yok," diye de eklemişti.

Michael'a Kansas Üniversitesi'ne bağlı bir depoda bulunan ofisinden ulaştım. 2006 yılında, yönetim kampüsün ihtişamlı eski binalarından birinde saklanan beş milyon numunenin fazla yer kapladığına karar verince, okulun böcek koleksiyonu (ve koleksiyonun kıdemli küratörü) buraya taşınmıştı. Çalışırken sık sık bölünmeye alışmış birinin bıkkın sesiyle, yalnızca "Engel" diyerek açtı telefonu. Ama şaşılacak bir şey değildi bu. Burada sürdürdüğü küratörlüğe ilaveten, iki ayrı üniversitede derslere giriyor, Amerikan Doğa Tarihi Müzesi bünyesindeki bir araştırma projesinde çalışıyor, dokuz ayrı derginin de yayın kurulunda yer alıyordu. Beni ona götüren referans niteliğindeki *Evolution of the Insects* (Böceklerin Evrimi) başlıklı kitabın iki yazarından biri olmasının yanında, hakem denetiminden geçmiş 650'yi aşkın bilimsel makale yazmıştı. Kitabın konusu epeyce kapsamlı olsa da, Michael'ın başlıca uzmanlık alanı arılardı. Zaten kendisini bu nedenle aradığımı duyar duymaz sesi değişti, diğer tüm meseleler unutuluverdi. İki saate yakın konuştuk.

"İlkel arıların ilk örneklerini aramak için aşağı yukarı 125 milyon yıl kadar geri gitmek gerekir," dedi Michael. Ama ne yazık ki, arı olarak tanımlanan en eski böcek[4] hikâyenin tam ortasına büyük bir gedik açıp bundan 55 milyon yıl sonrasına kadar fosil kayıtlarında görünmüyor. Bardağın dolu tarafından bakınca, bulgulardaki bu bariz noksanlığın kendisi dahi arıların evrildiği *dünyaya* ilişkin bir şeyler söyleyebilir. Zira fosiller dikkat çekecek ölçüde azsa, bunun iyi bir nedeni vardır genellikle.

"İlk arılar için en elverişli ortam fosil oluşumu için en elverişsiz yerdi muhtemelen," dedi Michael. Farklı kaynaklardan toplanan bulgular, ilkel çiçeklerin birçoğu gibi arıların da kuru, sıcak bir çevrede evrildiğini gösteriyor. Bugün dahi, en zengin arı topluluklarına onlarca türe evsahipliği yapan nemli tropik bölgelerden ziyade Akdeniz Havzası ve Güneybatı Amerika gibi kuru bölgelerde rastlanır. Muhtemelen Kretase Dönemi'nin büyük bölümünde de buna benzer bir manzara hâkimdi; ama ne o çevre, ne de o çevrede yaşayan canlılar hakkında pek bir şey bilmiyoruz, çünkü fosil oluşumu tam da bu bölgelerde az bulunan bir şeyi gerektirir: su. Bir hayvanın veya bitkinin fosilleşebilmesi, oksijenle temas edip hızlıca çürümeyeceği bir alanda çabucak tortuyla kaplanmış olmasına bağlıdır. Bu koşullar ise daha ziyade sualtında görülür: bataklıkların, göllerin, nehirlerin ve sığ denizlerin dibinde. Bu da demektir ki uzak geçmişimize ilişkin izlenimlerimiz ve onu inceleme kabiliyetimiz paleontologların "yanıltıcı muhafaza" (*preservation bias*) dediği şeyin etkisindedir. Fikirlerimizi en nemli habitatlara özgü bitki ve hayvan türleri biçimlendiriyor çünkü fosile dönüşebilen kalıntılar büyük ölçüde buralara ait. Kuru iklimlerde meydana gelen ani taşkınlar veya volkanik hareketler sonucu oluşan fosiller gibi istisnai örnekler var elbette, ama onların da arıların kökenini açıklamada pek bir yardımı olmuyor.

Michael, "Bu içinden çıkılmaz bir durum," diye sürdürdü sözlerini. "Arıların başlıca özelliklerini taşıyan bir fosil arayıp duruyorsun. Ama bulsan bile, bulduğun şey çoktan arı olmuş oluyor! Eşekarısından arıya geçiş hakkında hiçbir şey öğrenemiyorsun yani. Sıfıra sıfır, elde var sıfır."

Bu sorunun kaynağı arıyı tanımlayan şeyin ta kendisi: vejetaryenlik. Polenle beslenmek fiziksel bir özellik değil bir davranış kalıbıdır ve davranışlar fosilleşmez. Vejetaryen beslenme alışkanlığına ilişkin somut bulgular ayırt edilebilir tüylerin, polen toplamayı ve taşımayı kolaylaştıran diğer özelliklerin gelişiminden sonrasına aittir. (Uzun tüylü, çiçek sevdalısı bu vejetaryen arılara şaka yollu "hippi eşekarıları" ismi takılmıştır; geçirdikleri evrimin kilit noktasını akılda tutmak için hiç fena bir yol değil!) Ama ilk arıların görünüşü eşekarısı akrabalarına benziyor olmalıydı, uzunca bir süre de öyle kalmış olabilirler; birçok arı türünün hâlâ yaptığı gibi poleni midelerinde taşıyıp yuvada kusuyorlardı muhtemelen.[5] Bu da gerçek bir "ilk arı" bulunmasının (hatta bir şekilde bulunsa bile tanınmasının) pek olası olmadığını gösteriyor.

"Tam manasıyla emin olmak için fosilleşmiş bir yuva bulmak gerek," dedi Michael düşünceli bir tonda. Bu yuvanın içinde polen olmalı, hatta mümkünse midesinde getirdiği poleni kusarken fosilleşmiş bir de anne arı bulunmalıymış. "Günün birinde böyle bir yuva bulunursa," diye ekledi gülerek, "isterse dünyanın öbür ucunda olsun, neyim var neyim yok harcayıp hemen bir uçak bileti alır, gider görürüm!"

Konuştukça anladım ki, biliminsanlarının veri toplamaya –ve somut bulgularla desteklenen fikirlerle spekülasyona dayalı fikirler arasında açık bir ayrım yapmaya– yönelik tutkusunu Michael da paylaşıyordu. Arılar Kretase ortalarında yaşamış Sphecidae ailesinden eşekarılarının vejetaryen torunlarıdır. Bu kadarı sır değil. Ama bir kez bu çizgiyi çekince, Michael beni kırmayıp onun ötesine geçerek keyifle belki'lerin, bir ihtimal'lerin, farzı misal'lerin dünyasına girdi. İlk arıların evrimine ilişkin ihtimalleri araştırdığım onca zaman, ondan daha bilgili bir rehber bulamamıştım. O kendisiyle alay edercesine, "Vaktinin çoğunu ihtimallere harcayan üç beş kişiden biriyim işte," diyor, ama böylesine bereketli yıllara harcanmış demek haksızlık olur. 2009 yılında, Londra Linne (Linnaeus) Derneği tarafından verilen, kırk yaşın altındaki biyologlar için dünyanın en prestijli ödülü kabul edilen Bicentenary Nişanı'yla onurlandırıldı. Ama üniversite son sınıfta şans eseri verdiği bir karar olmasa, Michael Engel gördüğü bir arıya dönüp tekrar bakmayacaktı belki de.

"Böceklere meraklı bir çocuk değildim," dedi bana, ama ayrıntılara oldum olası meraklıymış. Bayılırmış küçük şeyler çizmeye; her detayı bire bir ölçekte çizebileceği ateş pahası incecik kalemler aldırıncaya kadar ısrar eder, annesini çıldırtırmış. Sonraları, Kansas'ta tıp okuma yolunda kararlı adımlarla ilerlediği sıralarda, bir kimya profesörü bitirme projesi için farklı bir şeyler yapmasını önermiş. "Bunun tıp fakültesine başvuran kalabalıktan sıyrılmamı sağlayabileceğini söyledi," dedi Michael. Danışmanından aldığı bu tavsiyeyle, efsane arı uzmanı Charles Michener' ın* laboratuvarına girmiş ve bir anlamda oradan bir daha hiç çıkmamış. Arıları sınıflandırma işinin küçük şeyleri aslına uygun çizme tutkusuyla mükemmel uyumu sayesinde, evrimle ilgili zorlu gizemleri çözmeye çalışmak hoşuna gitmiş. Bilimsel araştırmaya yaklaşımını sorduğumda şöyle tarif etti: "Bir konuda kimse çalışmıyorsa, o konu benim ilgimi çekiyor." Saygın bir böcekbilimcinin böcek fosillerine ilişkin kayıtların tümü için "işe yaramaz" dediğini duyduğunda, kimsenin yapmadığını yapma eğilimi onu ilk arılar –daha genel olarak da böceklerin evrimi– üzerine çalışmaya sevk etmiş. Lisansüstü eğitimini Cornell Üniversitesi'nde tamamlayıp, bir süre de Amerikan Doğa Tarihi Müzesi'nde çalıştıktan sonra, Michener'ın bizzat seçtiği vârisi olarak Kansas'a dönüp arı biliminde 1940'lardan beri süregelen bir geleneği devralmış. Yaykuyruklulardan tutun da karıncalara, termitlere, örümceklere ve kitap bitlerine kadar her konuda makale yayımlamış olduğu halde, başköşede hep arılar ve onların evrimleri olmuş. Michael Engel'in muhtemelen kimsenin incelemediği kadar arı fosili incelediğini, bu konuya herkesten fazla kafa yorduğunu söylemek hiç de abartılı olmaz.

"En gözde hipotezim de şu bak," dedi Michael, varsayımlar dünyasında gezinmeye devam ederek. "Eşekarıları karınlarını nektarla doyurmaya başlayınca polenler üstlerine yapışmaya başladı, onlar da üstlerine yapışan polenleri yuvalarına taşıdılar." Ama çiçeklerin üzerinde avlanmaya başlamış olmaları, avladıkları sinek veya diğer böceklerin –belki kendi karınlarını doyururken– polene bulanmış olması da ihtimal dahilinde. Öyle veya böyle, yuvaya düzenli olarak polen taşınmaya başlanınca, eşekarısı larvaları et-

* Charles Duncan Michener'ın ismi ve çalışmaları bu anlatının farklı yerlerinde tekrar tekrar belirecek. Sevenlerinin ona seslendiği isimle "Mich", seksen senelik bilimsel kariyeriyle arı çalışmalarının piri olarak kendine sağlam bir yer edinmişti. *The Bees of the World* (Dünyadaki Arılar) ve *The Social Behavior of the Bees* (Arıların Sosyal Yaşam Biçimi) isimli kitaplarıyla alanda referans gösterilen isimlerin başında gelen Michener, Michael Engel'in de aralarında bulunduğu pek çok arı uzmanından saygın nüfus ekolojisti Paul Ehrlich'e kadar birçok seçkin biliminsanının da hocasıydı.

ten oluşan menülerine poleni de ekleme fırsatı yakalamış oldu. Farkında olmadan gerçekleşen bu taşıma işlemi bilinçli hale gelince de, polenin tek başına tüketimi Michael'ın deyimiyle "çığ gibi arttı".

"Çiçeklerle daha fazla vakit geçirmeye başlayan dişi arılar birdenbire büyük bir tehlikeyi bertaraf etmiş oldular," dedi Michael, avlanmanın risklerine kıyasla polen toplamanın çok daha güvenli olduğuna dikkat çekerek. "Avlanmak tehlikeli bir oyundur. Av kendini savunurken kanadını yırtar, çenende hasar bırakırsa, başın büyük belada demektir." Doğal seçilimin polen toplayıcılardan yana olması çok sürmedi; barışçıl yaşam tarzları daha uzun yaşamalarını, daha çok yavrulamalarını sağladı. "Derken bir de bakmışsın karşında bir arı var."

Michael eşekarısından arıya geçiş konusunda tutarlı ve akla yatkın bir senaryo ortaya koyuyor, ama bir sonraki adımda ne olduğu konusunda daha ihtiyatlı davranıyordu. Uzmanlar modern arıyı tanımlayan anatomik özellikler konusunda hemfikir – damarlı kanat yapısına ve polen taşımada oldukça işe yarayan hiç değilse birkaç tane uzun tüye sahip olmak gibi temel nitelikleri en gizemli türler bile paylaşıyor. Ama bilinen en eski arı fosilleri bu özelliklere zaten sahip, daha öncesine dair hiçbir bulgu olmaması da tam olarak ne zaman, neden evrim geçirdiklerini anlamayı imkânsız hale getiriyor. Michael bu uzun tüylerin kökeninin bile belirsiz olduğunu belirtti. Bu tüyler başlarda uçuşla ilgili kasları korumak veya –eğer arılar gelişimlerinin ilk yıllarını gerçekten çöllerde geçirdilerse– nefes deliklerinin etrafındaki su kaybını azaltmak için gelişmiş olabilir. Biri çıkıp Michael'ın hayalini kurduğu o eksiksiz fosil yuvanın yanı sıra hikâyedeki diğer boşlukları dolduracak birkaç tane ilkel arı buluncaya dek, bu soruların büyük bölümü cevapsız kalacak. Neyse ki arıların geçirdiği evrimin esasını kavramak için her bir özelliğin kökenini tespit etmek gerekmiyor. Fosil olarak muhafaza edilmeye başladıklarında, arılar farklı, kendi içinde çeşitli ve son derece başarılı bir grup oluşturmak üzere eşekarısı atalarını çoktan arkalarında bırakmıştı. Üstelik sanki daha önce neden oldukları sıkıntıyı telafi etmek istercesine, bazı insanların mücevher gibi taşıyacağı ölçüde güzel bir formda karşımıza çıkıyorlar.

Böceklerin evrimini konu alan kitabın eşyazarı David Grimaldi, yaptığı işin birbirinden oldukça farklı iki aracı aynı anda kullanmayı gerektirdiğini tespit etmişti: böcekleri canlı yakalamayı sağlayan hassas bir ağ ile fosilleri çıkarmak için kullanılan çelik bir çekiç. Ama çekiç darbelerinin bile incelikli bir şekilde indirilmesi gerekir, özellikle de kehribar içinde sıkışmış fosilleri çıkarırken. Kozalaklı ve diğer reçineli ağaçların reçinesinden oluşan kehribar katmanları, ya sular altında kalmış ya da hızlıca tortularla kaplanmış eski ormanlık alanlarda meydana gelir. Fosilleşmiş reçine karamel ve sarı gibi sıcak renklerden tutun da yeşil hatta maviye kadar birçok renkte olabilir, ki bu da kazı sürecini vitray aramak gibi bir şey haline getirir. Ama cam arkasını göstermesi için yapılırken, kehribar içinde olanı göstermesiyle dikkat çeker. Çünkü taşlaşıp ana hatları düzleşmiş fosillerin aksine, reçinenin yapışkan sıvısı[6] içine sıkışan canlılar hemen her detayın muhafaza edildiği üç boyutlu halde korunur. Çoğu durumda, mikroskobik detaylar dahi net biçimde görülebilir. Ünlü vakalardan birinde, avını yeni sokmuş Kretase'den kalma bir kum sineği o kadar iyi korunmuştu ki, karnında bilinen patojenlerin yanı sıra bir sürüngene ait olduğu tespit edilen kan hücreleri vardı; bu durum, böceklerden bulaşan hastalıkların insanlar ve diğer modern canlılar gibi dinozorlarda da tahribata yol açtığını kanıtlamıştı.[7]

Arılar söz konusu olduğunda, kehribar polen toplayıcılığa bağlı yaşam tarzının tüm anatomik detaylarını (hatta bazen polenin kendisini de) koruyarak mükemmel bir ortam oluşturur. Fosiller fotoğraflarda bile şaşırtıcı derecede canlı ve güzel görünür; arkadan aydınlatılmış yarı saydam mezarlarında parıldarlar. 65-70 milyon yıl yaşındaki en eski numune, çiçekli bitkiler açısından oldukça zengin olan New Jersey'deki bir kalıntıdan çıkarıldı. Soluk sarı bir kehribar parçasında tek başına duran bu dişi işçi arıyı, bugün yaygın olarak tropik bölgelerde görülen iğnesiz modern tür-

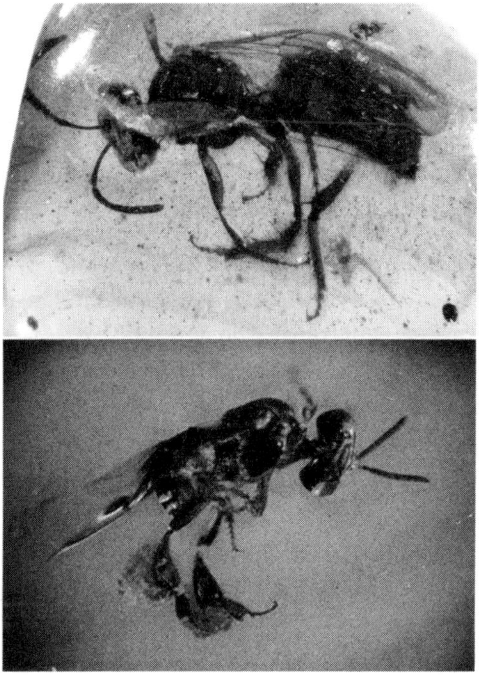

Şekil 1.3. Kehribar içinde fosilleşmiş arılar soyu tükenmiş türleri en ince ayrıntısına kadar inceleyebilmemizi sağlar. Bir ter arısına (*Oligochlora semirugosa*) ait olan üstteki fotoğrafta kanat damarları, bacak tüyleri ve antenler açıkça görülebilirken, bir iğnesiz arıya (*Proplebeia dominicana*) ait olan alttaki fotoğraftaysa arka bacaklara yapışmış reçine toplarının olduğu gibi durduğu görülebiliyor. Dominik Cumhuriyeti'ndeki kalıntılardan çıkarılan iki örnek de yaklaşık 15 ila 25 milyon yaşlarında. Üstteki fotoğrafa Michael Engel sayesinde Wikimedia Commons üzerinden, alttakine ise Oregon Eyalet Üniversitesi sayesinde eriştim.

lerden ayırt etmek neredeyse imkânsızdır. Yalnızca tek bir örnekten elde edilen bu temel gerçekler, arıların daha o zaman bile ne kadar uzun bir yol kat etmiş olduğunun göstergesidir. Karmaşık topluluklar halinde yaşayıp bal yaptıkları kovanlar inşa eden bu iğnesiz arılar yalnız yaşayan daha ilkel türlerin belirmesinden hemen sonra ortaya çıktılar. Yüzlerce, hatta binlerce işçiden oluşan devasa kolonilerin ayakta kalabilmesini sağlayacak miktarda polen ve nektarı bulmak, arıların varlığına çoktan uyum sağlamış bir bitki örtüsünü gerekli kılıyordu. New Jersey'deki bir tortu tabakasından çıkarılan arının yakınlarında bulunan ve kendisinden daha eski bir ormana ait olan bitki fosilleri de bunu destekliyor. Bu fosiller, polenlerini tüylü böcekler vasıtasıyla dağıtmaya uyum sağlamış antik çalıların yanı sıra, görünüşe göre çiçeklerinde reçine üreten *Clusia* cinsine mensup çiçekli bitkilere akraba bir tür içeriyor. Bu alışkanlığın yuva yaparken kullanmak üzere reçine toplayan ve bu özellik doğrultusunda farklılaşmış arılara mahsus bir ödül olarak ortaya çıktığı düşünülüyor.[8] Bunların hepsi birlikte ele alındığında, New Jersey'de elde edilen bulgu ilk arının yaşadığı zaman ile bulunan en eski arı fosilinin ait olduğu zaman arasında henüz bilmediğimiz çok şey olduğunu kanıtlıyor.

"Partiye geç katılmak gibi bir şey aslında bu," dedi Michael şaka yollu, ama bazen geç kalışlar bile bereketli olabilir. Bu fosili bulmadan önce, uzmanların arıların geçirdiği evrimle ilgili görüşleri spekülasyondan öteye geçemiyordu. Şimdiyse fiziksel özelliklerden tutun da sosyal davranışlara kadar evrimin tüm kilit adımlarının düşünülenden daha erken gerçekleşmiş olduğu açık. Arılar eşekarıları olarak yola koyulmuş olabilir, ama dinozorların gezindiği dünyada bile büyük ölçüde bugünkü gibi görünüyor, bugünkü gibi hareket ediyorlardı. Çok eski zamanlarda yaşamış sürüngenlerin aksine, dünyaya çarpıp Kretase'yi sona erdiren asteroit arıları hemen hemen hiç etkilememiş görünüyor. Kehribarın insanların balık ağlarıyla toplayabildikleri kadar bol miktarda olduğu bir kaynakta bulunan şimdiye kadarki en çeşitli arı fosili yatağı, bu kitlesel yok oluşun *hemen sonrasına* aittir.

Baltık kehribarı Avrupa'daki geniş bir çam ormanında, bundan 44 milyon yıl önce oluştu; şimdiyse aralıklarla Almanya'nın kuzeyinden başlayarak doğuda Rusya'ya kadar görülüyor. En zengin yataklar kıyı boyunca uzanıyor; deniz tabanındaki damarlar kış fırtınalarında aşınıp sahile taşınarak yerlilerin "kehribar mevsimi" dediği şeyi meydana getiriyor. Antik çağlardan beri toplanıp ticareti yapılan bu "kuzey altını" çeşitli zamanlarda vaşak idrarının, fil menisinin veya tanrıların akıttığı gözyaşlarının taşlaşmış hali olarak düşünülmüştü. Nihayet Aristoteles, zaman zaman içinde rastlanan minik yaratıkları inceleyerek bu maddenin gerçekte ne olduğunun farkına vardı. Michael Engel dikkatini Baltık kehribarına verdiğinde, modern ter arılarının, duvarcıların, yaprak kesenlerin ve marangoz arıların akrabaları da dahil üç düzineden fazla arı türü bulup tanımladı. Bu fosiller görünüşleri ve sahip oldukları çeşitlilikle arıların düşünülenden daha erken bir tarihte evrilip çeşitlilik kazandığı fikrini doğruluyordu, ayrıca çiçekli bitki türlerinin hızla çoğaldığı bir döneme aittiler. Ama ortaya koyduğu bilimsel berraklığa ilaveten, Michael'ın makalesi Baltık kehribarıyla ilgili ısrarlı bir his uyandırmıştı içimde: Çıplak elle dokunmak istiyordum onlara. Antik hayatı kıymetli bir taşta arama fikrine kim karşı koyabilir ki? Çok geçmeden kendimi Letonyalı bir lodosçuyla yazışırken buldum; kargo ücretine ek cüzi bir meblağ karşılığında, bir gün boyunca topladıklarını bana göndermeyi kabul etti.

Ben Pasifik'in kuzeybatısında, ormanlarla kaplı bir adada yaşıyorum; burada ağaç kabuklarına yapışan şeyleri tespit etmek kolay. Ofisimin arkasındaki ormanlık alandan geçen patikanın üstünde bir Douglas köknarının reçinelerle kaplı gövdesi var; sayısız karıncanın, sineğin, örümceğin, kınkanatlının, bir tırtılla üç de kırkayağın o gövdeden sızan reçineye hapsolup ölüşünü izledim. Ama plajı kaplayan kehribar taşlarının içinde böcek –veya herhangi bir şey– bulmak bambaşka bir olay.

"Arı bulamadın mı daha," dedi eşim gülerek. Küçük oğlumuz Noah'yla birlikte Letonya'dan gelen paketle meşguldük, mutfak masasının üzerindeki kehribar parçalarını zımparalayıp parlatıyor, hevesle içlerine bakıyorduk. Pencereden gelen ışığa doğru tuttuğumuzda, güneş ışığında konyak rengi mücevherler gibi parlıyorlardı. Birkaç küçük kıymık parçasından ve tohum parçasını andıran bir yumrudan başka bir şey bulamadık, ama Noah'nın ilgisi azalmaya başlayıncaya kadar mutfağı çoktan antik bir reçine kokusu sarmıştı. Bu bile yeterince mucizevi sayılabilirdi aslında; 44

milyon yıl önce ölmüş, onca zaman yerin altında kaldıktan sonra hâlâ güzel kokan bir ormanın aromasını soluyorduk.[9]

Kehribar koleksiyonum ofisimdeki pencerenin yanında, Karbonifer Dönem'e ait yapraklardan, tohumlardan oluşan öteki fosiller ve ilk kuş *Archaeopteryx*'in bir replikasıyla aynı rafta duruyor. Ama elim her seferinde kehribar koleksiyonuma gidiyor; onları tekrar tekrar parlatırken, içlerinde gözden kaçırdığım bir şey ararken buluyorum kendimi, özellikle de Michael'ın bilimsel çizimlerinden birinin köşesindeki ölçek barını fark ettiğimden beri. Noah'yla birlikte içlerinde yabanarısı gibi bariz bir şey bulmayı umduğumuz Baltık numunelerinin çoğu yarım santimden ufak, göze çarpmayan parçalardı. Modern arı türlerinin birçoğu da böyle küçüktür; öyle ki bir çiçeğin üzerindeyken bile fark edemeyeceğim bu arıları reçine fosili içinde hapsolmuş halde görsem ayırt edebilir miyim, doğrusu bilmiyorum. Arı türlerinin çeşitliliğini, sahip oldukları bambaşka şekil ve renkleri gerçek manasıyla idrak edebilmek için bir böcek ağı ve kitap yığınından fazlasına ihtiyacım vardı. Bana bir tur rehberi lazımdı. Tesadüf bu ya, Michael'ın tahminlerine göre arıların hikâyesinin başladığı yere çok benzeyen bir alandaki ücra bir saha araştırma merkezinde her yıl böyle bir tur düzenleniyordu.

2
Hayat Dolu Titreşimler

İsimleri bilmeyen, konuyu da bilmez.[1]

Carolus Linnaeus, *Critica Botanica*
(Bitkibilimin Eleştirisi; 1737)

Arıların sağı solu hiç belli olmaz.

A. A. Milne, *Winnie-the-Pooh*
(Ayı Winnie; 1926)

KÜKREYEREK toprak yoldan aşağı inen kapkara iki arazi aracı, peşlerinde çölün kuru havasında dalga dalga yükselen toz bulutlarıyla bize doğru yaklaşıyordu. Derken yavaşlayıp durdular, ama motorları hâlâ çalışıyordu; koyu renk camların ardından bize bakan gözleri hissedebiliyorduk.

"Sen onları dert etme," dedi Jerry Rozen ferah bir sesle, bir yandan da görünmez seyircilerimize el sallıyordu. Arizona'nın güneyinde onlarca yıldır sürdürdüğü saha çalışmalarının ardından, ABD Sınır Polisi'nin ziyaretlerine alışıktı. Meksika sınırıyla aramızdaki tek şey ağustos sıcağında kavrulan yarım kilometrelik geniş bir düzlüktü ne de olsa. Ama o gün orada dolaşan kişilerin uluslararası sınırları ihlal etmek gibi bir niyeti yoktu. Çalılar ve kaktüsler arasında oradan oraya koşturup ağ fırlatıyor, dişe dokunur bir şeyler bulunca da birbirlerine sesleniyorlardı. Ben de aralarına katılmak için sabırsızlanıyordum, ama her şeyin bir sırası vardı: Önce zanaatın büyük ustalarından birinden arı yakalama dersi almam gerekiyordu.

Jerry bir yandan "Ağı çiçeklerin tam üzerine doğru fırlatman gerek," diye anlatırken, bir yandan da öne ve arkaya doğru seri hamlelerle uygulamam gereken tekniği gösteriyordu. Hemen sonra, sık ilmekli kendi ağını öfkeli böceklerden oluşan hareketli bir kütlenin üzerine fırlattı. "Sonra da ne yakaladığına bakacaksın," diye ekleyip ağı baş hizasına kaldırdı.

O sırada arazi araçlarının içinde neler konuşuluyordu bilmiyorum, ama birdenbire kükreyip hızla uzaklaştılar. Görünüşe bakılırsa, Sınır Polisi ulusal güvenlikten çok kendisi için tehdit oluşturan bir grup olduğumuza karar vermişti.

"Arılar her zaman ışığa gider," diyerek devam etti Jerry, o sırada kafasını ağın içine sokmuş, vızıltıyı bastırmak için de sesini biraz yükseltmişti. Sonra "hemen hemen her zaman" diye düzeltip arada bir de olsa alnının tam ortasından sokulduğunu itiraf etti. Ama o gün böcekler pek zorluk çıkarmıyor, Jerry ağı yukarı kaldırıp güneşe tutarken yüzünden uzak duruyorlardı. Bu durum ona ağın içine minik bir cam şişe sokup istediği arıları rahatça yakalama fırsatı veriyordu. Sonra kafasını ağın içinden çıkardı, bir bilek hareketiyle ağı ters çevirip geri kalanları serbest bıraktı. "Başka soru?"

Sonraki günlerde herkesin Jerry Rozen'a soracak bir sorusu olacaktı. Amaç da buydu zaten; ta Japonya'dan, İsrail'den, İsveç' ten, Yunanistan'dan ve Mısır'dan gelip Arı Kursu'na katılan bu insanlar onca yolu boşuna tepmemişti. Bu kurs onlara Kuzey Amerika'nın önde gelen bazı uzmanlarıyla arı biyolojisine ilişkin bilgilerini tazelemek –ve tabii çevre edinmek, sosyalleşmek– adına eşsiz bir fırsat sunuyordu. Jerry'nin Smithsonian Enstitüsü'nde görev almış olmak, ardından da yarım yüzyıl boyunca Amerikan Doğa Tarihi Müzesi'nin demirbaş arı küratörü olmak gibi sağlam referansları vardı. Seksenlerinde olmasına rağmen hâlâ çakı gibiydi, eski doğabilimcilerin zarafet ve terbiyesine sahipti; gündüzleri saha çalışmasına, akşamlarıysa araştırma istasyonunun verandasındaki cin tonikli buluşmalara uygun giyinmeyi biliyordu. Bulunması zor yalnız arıların yuva kurma alışkanlıkları konusun-

Şekil 2.1. Bu fotoğrafta, *Perdita* cinsi minik bir altın arı *Xylocopa* cinsi bir marangoz arının siyah koca kafasına konmuş. Amerika'nın güneybatısındaki çöllerde görülen akıl almaz arı çeşitliliğinin bir göstergesi olan bu türlerin ikisi de Arizona'da yaşar. (Ölçek: 1 mm) Fotoğraf © Stephen Buchmann.

daki uzmanlığıyla, diğer hocaların tozlaşma ekolojisi, genetik ve sınıflandırmadaki uzmanlıklarını tamamlıyordu. Ama kurs aslında çok daha temel bir noktaya odaklanıyordu: arı türlerini birbirinden ayırmanın püf noktaları. Bu iş için Amerika'nın güneybatısındaki çöllerden daha elverişli çok az yer bulunur.

Kursun başvuru formunu ilk okuduğumda bir hata var sanmıştım. Arizona'da, hem de ağustosta! Yılın en sıcak ayında çöl mü gezilirdi? Ama kursu planlayanların asıl derdi insanları rahat ettirmek olmasa gerekti. Yılın son yaz yağmurlarıyla beslenen kaktüslerin ve kır çiçeklerinin iyice serpildiği bu sıcaklar arıların uçması için kusursuz bir hava anlamına geliyordu. Bu kombinasyon arılar için ideal bir yaşam alanı oluşturuyordu: Hem kazıcıların yuva kurmasına elverişli açık alanlar ve bayırlarla, hem de diğer türlerin yuva kurabileceği boş saplar, yarık kayalıklar ve kemirgen oyuklarıyla dolu, sıcaktan kavrulan bu bölgede bol miktarda polen ve nektar bulunuyordu. Yılın geri kalanındaki yağışların azlığı sayesinde, daha nemli iklimlerde yaşayan arıların başına bela olan sorunlar burada yoktu: Kovanlar nadiren sular altında kalıyor, polenler telef olmuyor, mantar enfeksiyonlarına pek rastlanmıyordu. Bu koşulların ortaya çıkardığı bolluksa, attığımız her ağla dünyanın en bilinen yedi arı ailesinden altısına ait altmıştan fazla türden numuneler toplayabileceğimiz anlamına geliyordu. (Bu arı ailelerine ilişkin görselleri Ek A'da bulabilirsiniz.) Arizona'da bugüne kadar 1300'den fazla tür tanımlanmıştır, ki kıtanın başka hiçbir yeri böyle benzersiz bir çeşitlilik göstermez. Kısa süre içinde günlerimiz dersler, arı toplama gezileri ve bu gezilerde topladığımız numuneleri tanımlamak için laboratuvarda geçirdiğimiz uzun saatlerden oluşan verimli bir rutine oturdu. Jerry ve diğer hocaların yardımıyla belli başlı türleri tanımaya, siyah marangoz arıları kabarık tüylü yabanarılarından, minyon madenci arıları yanardöner ter arıları ve cüsseli yaprak kesen arılardan rahatlıkla ayırabilmeye başladım. Hep beraber bir akşam dersinde toplandığımız o ilk gün, bu ayrımları yapmak ne kadar imkânsız görünüyordu oysa.

Hocamız Laurence Packer, "Hayır! Arı değil!" diye neşeyle gürleyip slaytı ilerletmişti. Eşekarısına benzeyen arıları, arıya benzeyen eşekarılarını ve minik, gizemli türler konusundaki engin tecrübelerinden derlediği başka kafa karıştırıcı imgeleri içeren bir dizi yanıltıcı slaytla, daha ilk dakikadan grubun kolektif tanımlama becerisini zorlamaya başlamıştı. Amacı gözümüzü korkutmak değildi elbette; bize bir perspektif kazandırmaya çalışıyordu. Bazı arıların hangi türe ait olduğunu kesin olarak tespit edebilmek için onları güçlü mikroskopların altında titiz bir şekilde incelemek ve yıllarını bu işe vermek gerekir. Ama hocamız farklı aile ve cinsleri birbirinden ayırmakta kullanılan en genel sınıflandırma ilkelerini öğrenebilmemiz için on günün yeterli olduğu konusunda bizi temin etti. Yakın akraba olan türlerin görünüşleri kadar davranışları da birbirine benzediği için, bu sürede edindiğimiz beceriler herhangi bir bölgedeki arı nüfusunun hem biyolojik yapısını hem de çeşitliliğini anlamamıza yardım edecekti. Gerçi bir yandan bunları söylemesine rağmen, gösterdiği resimler kafamızı karıştırdığında, özellikle de diğer hocaları tongaya düşürebildiği zamanlarda Packer bu durumdan ziyadesiyle memnun görünüyordu.

Ama bu ona yakışan bir tepkiydi. Nihayetinde, Jerry Rozen Arı Kursu'nun yaşlı kurduysa Laurence Packer da kursun fiştekçisiydi. İki metreye yakın boyu, bir Ortadoğu gezisinden yadigâr dökümlü dokuma kaftanıyla, hem kürsüde hem sahada etkileyici bir görüntüye sahipti. Bazen fikirleri de kendisi gibi birkaç beden büyük görünse de onları müthiş bir sabırla açıklıyordu; hem arılara hem de arılar hakkında bir şeyler öğrenmeye çalışan bizlere karşı son derece sabırlıydı. Ertesi gün bir toplama gezisinde ona katıldığımda, yan yolları (onun konuşma temposuna uyarak) hızlı hızlı geçtik. Ama ne zaman bir çiçek adasını incelemek için dursak, yakaladığım arıları büyük bir hevesle inceliyordu.

"Eh, bunlara pek ihtiyacın olmayacak," dedi ağ attığımız bir noktada, yakaladığım üç balarısını alıp havaya savurarak. Laurence'ın memleketi İngiltere'ydi ve bütün kariyerini Kanada'da, Toronto York Üniversitesi'nde geçirdiği halde İngilizlere özgü o hızlı ve yumuşak ritimle konuşuyordu. Verdiği dersler, yazdığı kitaplar ve bilimsel makaleler sayesinde, titiz araştırmalar yapan ve yerli arıları tutkuyla savunan biri olarak hatırı sayılır bir üne sahipti. "Arıbilim" manasına gelen Yunanca kökenli melittoloji terimini ondan öğrendim. Gerçi o evcilleştirilmiş bir tür olan balarılarını inceleyenlerle arıları vahşi yaşamları içinde inceleyenleri ayrı tutmaktan yanaydı. Üniversitenin internet sitesindeki kişisel sayfasında, balarısının bilimsel adını kullanarak "*Apis mellifera*'yı sevmiyor değilim," diyor, ama insanların kendisine balarılarıyla ilgili sorular sormasının "bir kuşbilimciye tavukları sormak" gibi bir şey olduğunu ekliyor.[2]

Arı Kursu'nda tanıştığım herkes Laurence'ın duygularını paylaşıyor gibiydi. Konu ne zaman balarılarına gelse –ki her zaman geliyordu– insanlar, ne kadar sıkı çalışırsa çalışsın asla öyle bir şöhrete kavuşamayacağını bilen bir tiyatro oyuncusunun Hollywood yıldızlarından bahsederken takındığı o edayı takınıyordu. Tüm çeşitliliğine ve önemine rağmen, yabani arıların oluşturduğu o büyük kalabalık daha çok tanınan meşhur kuzenlerinin gölgesinde kalıyordu. Bu durum yabani arıları inceleyenler için asap bozucu olabiliyor bazen. Ne de olsa Afrika, Avrupa ve Batı Asya'daki doğal yaşam alanlarının dışında, balarıları çoğu zaman istilacı bir tür gibi hareket edip yerli türleri saf dışı bırakır, hatta beraberinde yeni hastalıklar getirir. Ama tıpkı sinemaya gitmekten keyif alan bir tiyatro oyuncusu gibi, bir arıbilimci de balarılarını takdir edebilir. Zaten birçok yabani arı uzmanı aynı zamanda bilfiil arıcılık yapar: En lezzetli balın hangi çiçeğin özünden üretildiği hakkında uzun tartışmalara kulak misafiri olmuşluğum çoktur. (Kahve çiçeği, çakır dikeni ile mercanköşk, kekik ve biberiye gibi aromatik bitkiler en gözdeler arasındadır.) Ayrıca, balarıları laboratuvar çalışmasına oldukça elverişlidir; arıların anatomisi, fizyolojisi, kavrama yetisi, belleği, uçuş dinamikleri ve ileri düzeydeki sosyal davranışlarına ilişkin bildiklerimizin büyük bölümünü onlara borçluyuz. Dolayısıyla, arılar âleminin tavukları olsalar da, çalışkan minik dostlarımızın sahip oldukları bu ayrıcalıklı konumu alınlarının teriyle kazandığına şüphe yok. Laurence Packer gibi yerli arı türlerine meraklı araştırmacılar da insanların arıları balarılarından ibaretmiş gibi görmek yerine balarılarını arı türlerine bir *giriş* olarak görmesini istiyor zaten.

Şahsen, Arı Kursu boyunca yakaladığım her bir *Apis mellifera* için minnet duydum. Ağımda balarıları görmenin hoşuma gitmesinin tek bir sebebi vardı, o da tüylü gözyuvarları. Uzmanlar bu tüylerin işlevi (hatta bir işlevi olup olmadığı) konusunda farklı görüşlere sahip olsalar da,[3] *Apis* cinsi üyeleri bu ender tüylere sahip olan az sayıda arı arasındadır – ve balarıları da Kuzey Amerika'daki yegâne *Apis* arılarıdır. Bu tüyleri bir bakışta görmeyi ve vızıldayan sahiplerini düşünmeden serbest bırakmayı öğrendim. Bu, laboratuvarda daha az numune incelemem, ama daha da önemlisi, daha az arı öldürmek zorunda kalmam anlamına geliyordu. Deneklerine ne kadar sevgiyle bağlı olursa olsun, bir arıbilimci arıları incelemenin çoğu zaman potasyum siyanürden tüten yanmış badem kokusuyla,[4] yahut etil asetatın göz yaşartıcı buharıyla başlamasının yarattığı acı ironiye katlanmak zorundadır. Öldürme kavanozları iğnelerle sabitlenip kurutulması gereken ölü arı yığınları üretir; bu esnada arıların kanat ve bacakları, doğru bir tanımlama için ihtiyaç duyulan tüm temel özelliklerini gösterecek şekilde dikkatlice birbirinden ayrılır.

Bu işe girişirken tüm bunlardan haberdardım. Bilimsel koleksiyonların gerekliliğini ve önemini anlayabiliyor, böcek nüfusunun büyük çoğunluğu açısından birkaç kaybı telafi etmenin çok uzun sürmeyeceğini biliyordum. Ama biliyor olmam bundan hoşlandığım anlamına gelmez. Araştırmalarım gereği topladığım organizmalar oldum olası içimi sızlatmıştır, ki buna bitkiler de dahil. Kariyerimin başında olsam bu duygu kariyer hedeflerimi sınırlandırabilirdi. Charles Darwin *Beagle* ile yelken açtığında, dikenli frenkincirinden tutun da özel solüsyonlarla muhafaza edilmiş bir sinekkuşuna kadar toplamda 8000'den fazla numuneyle geri dönmüştü.[5] Malezya, Endonezya ve Yeni Gine'de topladığı "doğa tarihi numuneleri" 125.000'i aşan Alfred Russel Wallace ondan çok daha fazlasını toplamıştı.[6] Modern biyologlar doğaya biraz daha hassas yaklaşmayı, kesme-biçme içermeyen veya hiç değilse ölümcül olmayan yöntemlerle numune toplamayı hedefliyor. Ama tanımlaması kolay olmayan bir şeyle karşılaşıldığında laboratuvarda incelemek üzere örnek toplamak hâlâ başvurulan önemli bir yöntem. Ben balık avına çıkıyormuş gibi yapıp her toplama gezisine aklımda belirli bir avla çıkmanın işleri kolaylaştırdığını keşfetmiştim. Kursun ortalarında bir gün öğleden sonra, uçan bir inci tanesini andıran bir arıyı yakalamak üzere yola koyuldum.

Arıyı ilk kez mercan pembesi bir kaktüs çiçeğinin üzerinde süzülürken gördüm, ama acemice fırlattığım ağım dikenlere takılıp yırtıldı. Kavisli, hançer gibi keskin iğneleri olan bir altıntop kaktüsüydü; ağımı kurtarmam epey bir zamanımı aldı. Bu arada peşinde olduğum arı yakındaki başka bir çiçeğe uğrayınca onu –gerçi ona benzeyen başka bir arı da olabilir– tekrar görme fırsatı yakaladım. Hızlı hızlı hareket ediyordu; siyah bir başı, ince uzun gözleri, kuyruğuna doğru incelen karnında tam olarak seçemediğim parlak renklerde şeritleri vardı. Bir saat kadar o civardan ayrılmadım, ama attığım her ağ boşa gitti. Başka şeyler yakaladım, ama yakalamayı arzuladığım arı bir türlü ağıma girmedi. Sonunda bir gölge bulup soluklanmak için durdum, ağımı yere bırakıp su içmek için mataramı kafama diktim. Başım geriye yatınca, kenarda tanıdık bir şekil ilişti gözüme. İşte oradaydı, o da kendi molasını vermiş, sakince ağımın kenarında dinleniyordu! Bu bereketli av için talihime şükredip hemen kavanozumu arının üzerine kapattım, yakalayınca da kapağı kapadım.

O akşam, ganimetim laboratuvardaki masanın üzerinde duran diğer tüm numuneleri geride bırakmıştı. Yakından bakınca, şeritlerin inci gibi olmanın ötesinde, ışıkta hareket eden, yer değiştiren renklerden oluşan bir gökkuşağı gibi rengârenk olduğunu fark ettim. Bir mücevheri andırıyorlardı çünkü tıpkı bir opal taşındaki gibi, renkler pigmentlerden değil yapıdan kaynaklanıyordu. Işık bir opal taşının yüzeyine vurduğunda, silika moleküllerinin camsı örgüsünden geçerken kırılıp dağılarak gözlerimizin renk olarak algıladığı dalga boylarına ayrılır. Bu dalgalara farklı açılardan baktığımızda renkler de değişir; bu yüzdendir ki kuyumcular taşın tüm parıltısını göstermek için opal taşını ellerinde hareket ettirir. Arının bedeni de aynı şeyi yapıyor, ama ışığı silika molekülleriyle değil de dış iskeletinin ana bileşeni olan yarı saydam bir kitin örgüsüyle[7] dağıtıyordu. Ortaya mordan tutun da mavi, turkuaz, yeşil, sarı ve turuncuya kadar uzanan öyle bir renk cümbüşü çıkıyordu ki, bu cümbüşün içinde hangi rengin nerede başlayıp bittiğini ayırt etmek imkânsızlaşıyordu. Sanki arı ışığın ta kendisinden yapılmış gibi, mikroskop altında dahi şeritler puslu ışıltısını koruyor, sınırlar belirsiz kalıyordu.

Neyse ki arımın türünü belirlemek onu yakalamak kadar zor olmadı, çünkü yanardöner kitinin evrimi tüylü gözyuvarları kadar enderdir. Bu özelliğe yalnızca tuzlu su havzaları ve kuru göl yataklarındaki mineral bakımından zengin topraklarda kovan kurmalarıyla bilinen bir grupta, alkali arılarda rastlanır. Cinsin adı –*Nomia*– Yunan çobanlarını baştan çıkarmasıyla bilinen güzel mi güzel bir dağ perisinden geliyor. Buna şaşmamak lazım: Hemen hemen her çeşit arıya büyük bir sevgi geliştirdim, ama beni kendisine âşık eden ilk cins *Nomia*'dır. Hareket ettikçe yeşilden maviye döneninden parlak kırmızısına, tüylüsünden kar beyazına birçok arıyla karşılaştıktan sonra bile, hâlâ içlerinde en güzelinin *Nomia* olduğunu düşünüyorum. (Nitekim ona sadık kalmakla iyi ettim galiba, çünkü efsaneye göre, peri Nomia gönlü ve gözleri başka güzellikler arayan bir çobanı kör etmiş.[8]) Arı Kursu'na devam ettiğim sırada, günün birinde vızıldayan milyonlarca alkali arının ortasında kalacağım aklıma bile gelmezdi (bu deneyime Beşinci Bölüm'de değineceğim). Nihayetinde en kıymetli numunemle evime döndükten sonra uzunca bir süre çıkarıp çıkarıp ona hayranlıkla baktım, öyle ki sonunda başı kopunca uhuyla yapıştırmak zorunda kaldım. Ne zaman arı biyolojisi üzerine bir şeyler okusam gözümün önüne hâlâ o gelir, arıların en hası. Dolayısıyla, arıların olağanüstü anatomisinden bahsedeceğim sonraki kısım için ondan daha iyi bir örnek olamaz.

Bizler dahili bir iskelet ve dört uzuvla sürdürülen bir yaşam formuna aşina olduğumuz için arıların bedeni bize son derece tuhaf görünür. Oysa her parçanın belli bir amaca hizmet ettiği bu tuhaf mimari, arıların doğada nasıl böylesine başarılı olduğunu açıklamamıza yardımcı olabilecek zarif bir mantığa sahiptir. Diğer tüm böceklerde olduğu gibi arıların bedeni de üç parçadan oluşur: baş, göğüs ve karın.[9] Baş dünyayı algılamalarını, onunla etkileşim kurmalarını sağlar. Vücutlarının bu bölgesi gözler, antenler ve ağız kısmı gibi, bir arının görmesi, koku alması, yön bulması, beslenmesi ve polen yahut kovan malzemesi toplaması için ihtiyaç duyduğu her şeyin bulunduğu kısımdır. Başın hemen altında göğüs bölgesi, yani hareketin merkezi bulunur. Bu bölüm uçmak ve yürümek için gereken temel organların, yani kanat ve bacakların bağlandığı büyük, zırhlı bir kas yığını gibi düşünülebilir. Göğüsle

Şekil 2.2. Biricik numunem, sevimli alkali arım (*Nomia melanderi*). Fotoğraf © Jim Cane.

karın bölgesi arasında, arının bedeni ince bir bel oluşturacak şekilde daralır – bu ince kısmı alkali arımın üzerinde rahatlıkla görebilirsiniz. Bu kısım her şeyin merkezidir; solunum, sindirim, üreme ve kan dolaşımı için gerekli tüm organlar ile damar sistemi bu bölümdedir. Biliminsanları, "bir arının kanadı koparıldığında tekrar uzamadığını" gözlemlemiş olan Aristoteles'ten, hatta belki daha eskilerden bu yana arıların vücudunu parçalara ayırıyor, kurcalıyor veya başka biçimlerde inceliyor.[10] Bu konuya vakfedilmiş koca koca kitaplar var, ama birazdan paylaşacağım kısa açıklamalar ve hikâyeler bile arıların nasıl yaşadığına, nasıl iş gördüğüne ve dünyayı nasıl algıladığına dair çok şey söylüyor.

Alkali arımın başının şekli ve boyutu küçük bir mercimek tanesine benziyor, tepesinde gözlerinden çıkıp aşağıya doğru sarkan iki anten bulunuyor. Antenler kapkara yumruların pürüzsüzce birine geçtiği bir çift minyatür çoban değneğini andırıyor. Biz buna benzer organlara sahip olmadığımız için, arının bedenini oluşturan tüm parçalar içinde bize en az tanıdık gelen kısım muhtemelen antenleridir. Bunların bir adı da "duyarga"dır, ki başlıca işlevlerinin duyumsamak olduğu düşünülürse bu pek de fena bir isim sayılmaz. Burnunuzun aynı zamanda tat alma reseptörleri ve kulak zarı da içeren, parmak ucunuzdan daha hassas bir deriye sahip olan uzun ve çevik bir çubuğun ucunda olduğunu hayal edin. Arıların anteni böyle bir şeydir işte; her biri belirli bir çevre özelliğine odaklı yedi farklı duyusal yapıya sahiptir. Koku alma, sürekli olarak etraftaki havadan numuneler toplayan mikroskobik çukur ve gözenekler aracılığıyla gerçekleşir, ki bu da bir böcekbilimcinin "koku fırtınası" diye tarif ettiği koku kalabalığını birbirinden ayırabilmelerini sağlar.[11] Arıların dünyasında, potansiyel yiyeceklerden tutun da olası eşlere kadar her şeyin bilgisini kimyasallar sunar, bu ise havadaki her esintiyi bir bilgi kümesine dönüştürür. Tıpkı bir şarabın kokusundaki farklı bileşenleri ayırt edebilen şarap eksperleri gibi, arılar da bir yandan çevredeki yırtıcıları veya uzaktaki çiçeklerin kokusunu tararken bir yandan da rahatlıkla bir feromonu en ince detaylarına kadar ayırt edebilir; yaprağın, ağacın, toprağın ve suyun farklı kokularını seçebilirler. Antenler ayrıca sesleri ve titreşimleri işler ve tat almada önemli bir rol oynar. Sıcaklık, nem ve hava akışındaki değişimlere tepki veren son derece ince kıllar ve minik duyu kancalarıyla kaplıdırlar; bu antenlerin ucundaki dokunaçlar gülden yıldızçiçeğine ve hezaren çiçeğine kadar binbir çeşit çiçeğin taçyapraklarının benzersiz dokusunu birbirinden ayırabilir. Arılar karanlık yerlere kovan kurduğunda, antenler başlıca yön bulma ve iletişim aracı haline gelip yollarını ve birbirlerini bulmalarını, kovandaki işleyiş hakkında koku kodlu bilgiler paylaşmalarını sağlar.

Aristoteles arının kanatları yerine antenlerini koparmış olsaydı da zavallı yaratığın aynı ölçüde âciz kaldığını görürdü muhtemelen. Bu konuda yalnız da olmazdı: Arıların antenlerinin budandığı, kökünden kesildiği veya başka şekillerde tahrif edildiği birçok deney yapılıyor ve yeni duyu becerileri keşfedilmeye devam ediyor. Güncel araştırmalar antenlerin uçuş esnasında vücudun konumunu etkilediğini, dünyanın manyetik alanına tepki gösterdiğini ve çiçeklerin yaydığı zayıf statik elektrik yükünü topladığını gösteriyor. Antenler arasındaki kısacık mesafe (alkali arı numunemde iki milimden kısaydı) sağ ve sol arasındaki çok hafif yoğunluk farklarını, bir kokunun geldiği yönü belirten küçük duyusal dalgalanmaları yakalamak için yeterince uzun belli ki. İstediğiniz bir noktadan havaya fazladan birkaç koku molekülü bırakın, bir çiçekten yayılan kokuyu bir kilometreyi aşan mesafelerden alıp kaynağına kadar izleyebilmesini sağlayan yeteneği sayesinde[12] arı o molekülleri takip etmeye başlayacaktır.[13] Antenleri koparılan denek arıların çoğunun yönünü şaşırdığı, düz olmayan açılı yüzeylere (mesela bir çiçeğin üzerine) konmak gibi en basit hareketleri gerçekleştirmekte dahi zorlandığı görülmüştür.[14] Arıların ne deneyimlediğini tam olarak bilemesek de, deneyimledikleri şeylerin çoğunu antenleri aracılığıyla duyumsadıklarını biliyoruz. Doğabilimci C. J. Porter, bu bulguya 1883 yılında bir yabanarısının antenlerini kopardıktan sonra, bariz bir pişmanlıkla erişmişti. Arının yaşadığı apaçık sarsıntının, sendelemesine yol açan kafa karışıklığının kendisine "boynuzlarından ağır darbe almış" bir öküzü anımsattığını söylemiş ve "Sanırım ... acıdan bayıldı" diyerek gözlemini noktalamıştı.[15]

Benim alkali arım öleli epey bir zaman olduğundan, başı koptuğunda acı çekmesi pek mümkün değildi, ben de dünyayı bir arının gözünden görme umuduyla o gözlerin ardında ne olduğuna bakma fırsatını değerlendirmeye karar verdim. Ama başının içi ışığın zerresinin bile geçmesine bile izin vermeyen kurumuş doku ve kitin parçalarıyla dolu olduğundan o büyük, eliptik kürelerden görünen manzaranın sırrına eremedim. Genellikle arıların beş gözü olduğu söylenir, ama bu biraz yanıltıcıdır. *Ocelli* adı verilen ekstra üç göz başın üst kısmında yer alan camsı mermerler gibi görünür, oysa ışığa duyarlı yumrulardan fazlası değildirler. Görüntü oluşumuna katkı sunmayan bu gözler çok daha sınırlı bir rol üstlenir: Işık yoğunluğu ve polarizasyon yapısını[16] takip ederek, özellikle de karanlık ortamlarda arıların yönlerini bulmasına yardım eder. Görüş açısından, asıl faaliyet arının neredeyse bütün yüzünü kaplayan iki büyük petek gözün içinde gerçekleşir. Bu gözlerin her biri, sürekli olarak kendi gördüğü dünya manzarasını beyne ileten altı binden fazla minik gözden oluşur; beyin tüm bu sinyalleri birleştirip geniş açılı tek bir kompozit imge haline getirir. Ama göz sabit olduğundan odak uzaklığı da sabit ve kısadır, bu da belli bir uzaklıktaki her şeyin piksel piksel görünmesine yol açar. Çiçekler, kovan delikleri, diğer arılar ve arının dikkatini çeken başka nesneler ancak birkaç santimlik bir mesafeden bakıldığında pürüzsüz bir netlik kazanır. Bu miyop görüş sınırlı gelebilir, ama arılar sahip oldukları olağanüstü hareket algılama yeteneğiyle bu sınırlı görüşü telafi eder. Minik göz hücrelerinin her biri ayrı ayrı ve doğrudan bir hatla beyne bağlanır, bu da arının görüş alanı içinde hareket eden her şeyin tek bir optik siniri harekete geçirmek yerine bir reaksiyon dalgası tetiklediği anlamına gelir, tıpkı bir arpın tellerinde gezinen bir parmak gibi. En ufak bir hareket bile, hareket eden nesneyi nispeten farklı açılardan gören yüzlerce, hatta binlerce göz hücresini uyarır. Ortaya çıkan sonuç, arının hareket eden nesnenin hızını, kendisine uzaklığını ve yörüngesini[17] hiçbir zahmete girmeden hesaplamasını sağlayan üstün bir duyarlılıktır, ki bu da attığım ağların genellikle boş kalmasını açıklıyor. (Aynı zamanda, hayattaki başlıca amacı hareketi –eş aramaya çıkmış çiftleşmeye uygun bir dişiyi– tespit etmek olan erkek arıların çok daha büyük gözlere sahip olmasını da açıklıyor.)

İnsan gözü –benimki veya herhangi birininki– alkali arının üzerindeki şeritlere baktığında rengârenk gökkuşakları görür. Arılar da gökkuşakları görür aslında, ama biraz farklı gökkuşaklarıdır onlarınki. Birçok arının görüş spektrumu sarının turuncuya yakın noktalarında[18] başlayıp mavinin parlak tonlarında tepe noktasına ulaşır ve ultraviyole adıyla bilinen kısa dalga boylarına doğru inerek devam eder. Bu durum bir yandan kırmızıyı ve kestane tonlarını arıların renk dağarcığından çıkarırken, diğer yandan da başka imkânların bulunduğu bir dünyaya kapı aralar. İnsanların ultravi-

Şekil 2.3. Arıların gördüğü ultraviyole renklerin görselleştirilmesi, aşina olduğumuz çiçeklere ilişkin fikrimizi değiştirir. Burada kullanılan fotoğraf filtreleri, bir rudbekya (güneş şapkası) çiçeğinde oluşan hedef tahtası motifini belirginleştiren yoğun bir "arı moru" ortaya çıkarıyor. Soldaki kare çiçeğin insana görünen halini, sağdaki ise arının gördüğü halini gösteriyor. Fotoğraf © Klaus Schmitt.

yole ışığa ilişkin bilgisi, uzun kollu gömleklerle, yoğun kremler ve siperlikli şapkalarla korunmaya çalıştığımız güneş yanıklarının kaynağı olmasından öteye geçmez çoğunlukla. Neye benzediğini, nasıl göründüğünü bilmiyoruz çünkü nihayetinde onu göremiyoruz. Oysa özel filtreli kameralar ultraviyole ışığın başka nerelerde olduğunu gösterip, çiçeklerin arıları cezbetmek için kullandıkları o gizli dili çözmemizi sağlayabilir. Örneğin, bizim katışıksız bir sarı olarak gördüğümüz karahindiba çiçeği arılara farklı görünür – ortası ışıl ışıl parıldar, sarı pigmentlerin ultraviyole ışıkla birleştiği yerde "arı moru" olarak bilinen bir renk oluşur. Bugüne dek incelenmiş tüm çiçekli bitkilerin dörtte birinden fazlasında bu ve buna benzer kombinasyonlar meydana gelir,[19] arıların ziyaret ettiği çiçekler arasında bu oran çok daha yüksektir. Ultraviyole renkler bazı çiçeklerde (örneğin karahindibanın taçyapraklarında) kenarlardan merkeze doğru uzanan şeritlerden oluşan veya hedef tahtası gibi görünen motifler üretir; "nektar kılavuzu" da denen bu motifler tatlılığın, polenin kaynağına yönelmiş fosforlu tabelalar gibidir. Bu motiflerin hiçbiri tesadüfi değildir. Arının dünya görüşünü, yaşamak için ihtiyaç duyduğu çiçeklere yönelik hiç bitmeyen bir arayış şekillendirir. Ama aradığı şeyi bulduğunda ne olacağı bedenin başka parçalarına, en başta da ağzına bağlıdır.

Arıların dil ve çeneleri kastan ziyade kablo ve dişliler vasıtasıyla hareket eden endüstriyel makinelere benzer. İhtiyaca göre oldukça farklı boyut ve şekillerde olabilir. Örneğin, yaprak kesen arıların çenesi yeşillikleri kesmeye uygun ince ve keskin dişlerle doluyken, marangoz arılar odun çiğnemeye uygun büyük öğütücü dişlere sahiptir. Balarılarının çenesi spatulayı andırır; balmumunu yayıp şekillendirmeye uygun düz, geniş uçları vardır. Benim alkali arım yere yuva yapan bir tür olduğu için, çene kemikleri bir çift küreği andırıyor – uçlarında sert toprağı ufalayıp eşelemeye uygun kör bir diş bulunması dışında olabildiğince pürüzsüz ve yuvarlaklar. Bu çene kemikleri kullanıla kullanıla uçları perdahlanmış aletler gibi çenenin altında çapraz biçimde duruyor. Dili bu dişlerin hemen altında ince, uzun bir bakır tel gibi dışarı bakıyor; diş minesini andıran siyah bir dokuya sahip ve başının yarısı uzunlukta. Arıların dili yekpare görünür, ama aslında oluklu bir merkezi sütunu koruyan üst üste binmiş tabakalardan oluşur. Arı beslenirken, tabandaki kaslar bir pompa gibi iş gören içi boş bir tüpü esneterek nektarı hızlıca mideye aktarır. Birbirine eklemli bütün bu mekanizma bir akordeonun pilileri gibi, yahut körüklü bir vincin kolu gibi ağız boşluğunun içinde katlanabilen bir yapıya sahiptir. (Benimki gibi dondurulmuş örneklerde, dil görülebilmesi için özellikle dışarıda bırakılır.) Dilin uzunluğu arının çiçeğin içinde ne kadar derine ulaşabileceğini belirlediği için, bu ilişki çerçevesinde farklılaşıp özelleşen bazı türlerin dili devasa boyutlara ulaşacak şekilde evrilmiştir. Laurence Packer yanıltıcı eşekarısı fotoğraflarıyla bizi tongaya düşürmeye çalıştığı sırada, Şili'deki Atacama Çölü'nde keşfedilen ama henüz adlandırılmamış bir türün fotoğraflarını da paylaşmıştı. Tuhaf biçimde bedenin geri kalanından uzun, adeta sündürülmüş gibi duran başı ve dili bir filin hortumunu andırıyordu, ama beslendiği hodan çiçeğinin derinlerinde saklı nektara[20] ulaşabilmek için birebirdi.

Arıların başının bittiği yerde bir imkânsızlık abidesi gibi duran göğüs bölgesi yer alır. 1930'lu yıllarda, Fransız böcekbilimci An-

Şekil 2.4. *Geodiscelis* cinsine mensup olan Şili çöl arısının olağandışı uzunluktaki başı ve dili derin çiçeklerde bulunan nektarlara ulaşabilmesini sağlayacak şekilde evrilmiştir. Fotoğraf © USGS Arı Koleksiyonu ve Görüntüleme Merkezi.

toine Magnan şakayla karışık böceklerin uçabilmesinin aerodinamik yasalarına aykırı olduğunu ima etmişti. Aynı dönemde yaşamış Alman bir fizikçi ile İsviçreli bir mühendise[21] de benzer iddialar atfedilmiş ve zamanla bu fikir özellikle bir böcekle, tüylü gövdesi kanatlarına oranla fazla büyük görünen yabanarısıyla anılır hale gelmiştir. Şehir efsaneleri misali, yabanarısının uçmasının "imkânsızlığı" günümüzde kişisel gelişim kitaplarından tutun da vaazlara, siyasi demeçlere kadar her yerde karşımıza çıkan, imkânsızı başarmak manasında kullanılan yaygın bir alegoriye dönüşmüş durumda. Mary Kay Cosmetics'in aynı adlı kurucusu yabanarısını şirketin maskotu yapacak kadar ileri gidip, "uçabileceğinin farkında olmayan kadınlar"dan oluşan satış ekibine ilham vermesi için pırlanta işlemeli arı rozetleri dağıtmıştır.[22] Arıların sabit kanatlı bir uçak gibi süzülemeyeceği doğrudur, kanatlarının sabit olmadığı da barizdir: Arılar kanat çırpar. Magnan da, böceklerin uçuşuyla ilgili ilk incelemeleri yapan başka araştırmacılar da burada farklı bir aerodinamik olduğunu gayet iyi biliyorlardı, ama sahip oldukları kanatların onları nasıl havada tuttuğu çok yakın bir zamana dek gizemini korudu.

Bir iğnenin ucunda duran alkali arı numunemin kanatları tam uçarken dondurulmuş gibi yukarı bakıyor. Siyah, organik damar-

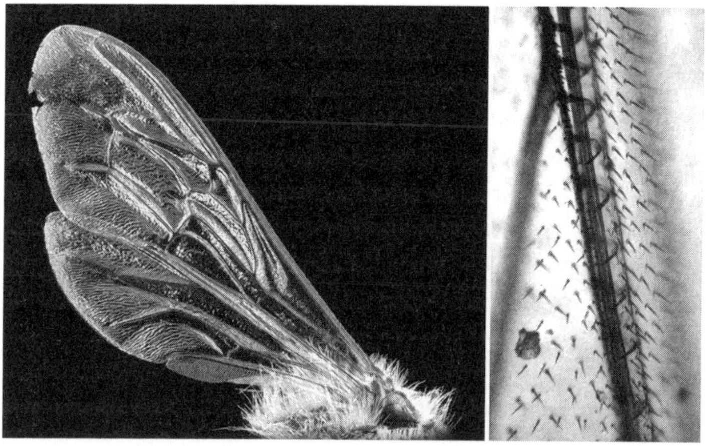

Şekil 2.5. Arıların iki yanındaki ikişer kanat ayrı ayrı veya birbirine bağlı tek bir kanat gibi iş görebilir. Soldaki fotoğraf bir balarısının sol yanındaki küçük arka kanat ile büyük ön kanadı gösteriyor; bu iki kanat arka kanatta bulunan bir sıra çengelin ön kanadın kenarındaki bir kıvrımın içine geçmesiyle birleşir. Sağdaki fotoğraf bu bağlantıyı ayrıntısıyla gösteriyor. Soldaki fotoğraf © USGS Arı Koleksiyonu ve Görüntüleme Merkezi; sağdaki fotoğraf © Anne Bruce.

lardan oluşan bir kafesle güçlendirilmiş selofan inceliğindeki bu kanatlar, yakından bakınca renklerine kavuşmayı bekleyen vitray pencereler gibi görünüyor. Genellikle iki kanatları varmış gibi görünse de, arıların her iki yanında minik çengel ve kıvrımlardan oluşan incelikli bir sistemle birbirine bağlanan ikişer kanat vardır. Bu kanatlar uçaklardan aşina olduğumuz o kaskatı, kavisli kanatlara pek benzemez, ama benzemeleri de gerekmez. Sabit kanatlar şekil, açı ve hava hızını kullanarak havalanmayı sağlarken, arılar adeta salt kanatlarının çevikliği sayesinde uçabilirmiş gibi görünür: Saniyede iki yüzü aşan bir hızla kanat çırpar ve bu hareketleri rüzgâr, hava basıncı ve kendi oluşturdukları değişken kanat ucu girdaplarından faydalanacak şekilde kullanırlar. Arıların kanatlarını böylesine hızlı çırpması bu konuya eğilen ilk araştırmacıları şaşkına çevirmişti – arının beyninden sinirlerine ulaşan sinyallerden bile daha hızlı gerçekleşen bu aralıksız kas kasılmaları onların bir başka imkânsız özelliği gibi görünmüştü. Ama arılar ve başka bazı böcekler, esnek vücut yapıları ve göğüslerindeki karşılıklı kaslar arasındaki doğal gerginlik sayesinde bu sorunun üstesinden gelebilirler. Arıların iki sinir sinyali arasında beş, on hatta yirmi kez kanat çırpmalarına imkân veren bu kaslar, her sinir sinyalinde çekilip bırakılan bir gitar teli gibi titreşir.[23] Bu hızlı hareketin arıların havada kalmasını nasıl sağladığı konusu, ancak saniyede bin kare çekebilen yüksek hızlı kameraların icadından sonra açıklığa kavuştu. Kare kare yapılan analizler, kanatların beklendiği gibi yalnızca aşağı yukarı hareket etmeyip bir yarışçının kürek çekişini andıran biçimde ileri ve geri de hareket ettiğini gösterdi. Hava akışını göstermesi için deneylerde duman kullanılması, kanat açısındaki hızlı değişim ve ayarlamaların bir yandan helikopter pervanesine benzer şekilde aşağı yönlü sabit bir basınç üretirken, diğer yandan da kanatların üst yüzeylerinde kıvrılmalar yaratan hafif basınç halkaları oluşturup uçuş kabiliyetini artırdığını açığa çıkardı.[24] Ortaya çıkan bu aerodinamik tablo arıların uçmasını bir anomali olmaktan çıkarıp ustalıkla icra edilen bir sanata, insansız hava araçlarından rüzgâr tribünlerine kadar birçok şey için bir modele dönüştürdü. Hantal yabanarısı bile itibarını geri kazandı, şimdilerde düşük yoğunluklu dağ havasında uçabilme kabiliyetiyle dikkatleri çekiyor. Himalayalar'a özgü bir yabanarısı türünün dünyanın en yüksekten uçan böceği olduğu düşünülüyor: Bu tür, Everest Dağı'nın zirvesinden daha yüksek irtifalarda bile havada kalabiliyor.[25]

Arıların hareket sisteminin yere temas eden kısmı, göğsün altından sarkan altı çevik bacaktan oluşur. Bacakları kanatları kadar gizemli değildir belki, ama en az onlar kadar dikkate değerdir. Benim alkali arımın bacakları kısa ve ataş kalınlığında, ama mikroskop altında tuhaf bağlantılara sahip fantastik buharlı makineler gibi görünüyorlar. Ne var ki estetik detaylarıyla öne çıkan bu tür makinelerin aksine, bir arının bacağındaki çıkıntı, boğum ve dikenlerin her biri belli bir amaca hizmet eder. Mesela ön ayakların bükülmesi, ufak bir çıkıntının karşısındaki minik bir çentiği kapa-

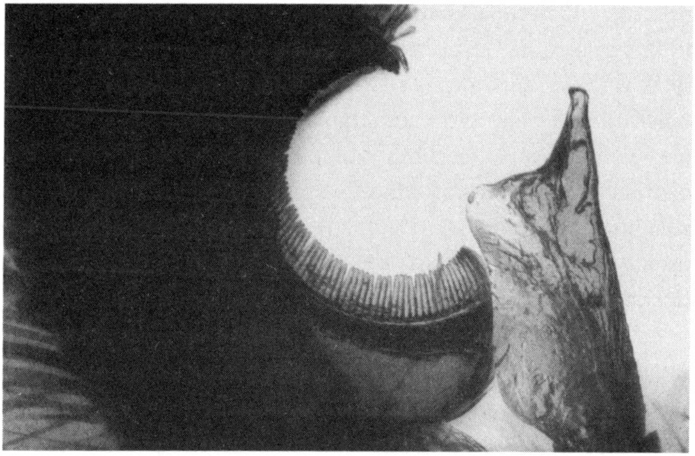

Şekil 2.6. Üstte bir balarısının bacağında ayrıntılı olarak görüldüğü gibi, arıların ön bacaklarındaki dairesel çentikler antenlerini tımarlamak için son derece uygun büyüklüktedir. Fotoğraf © Anne Bruce.

Şekil 2.7. Dişi arıların arka bacakları, üstteki *Melissodes* cinsi uzun antenli arının tüylü arka bacağında görüldüğü gibi, polen taşımaya elverişli uzun, sık tüylerle kaplıdır. Fotoğraf © USGS Arı Koleksiyonu ve Görüntüleme Merkezi.

tarak antenlerin tımarlanması için doğru çapa sahip olan kusursuz bir daire oluşturur. Üzerine konduğu çiçeği terk etmek üzere olan bir arıyı seyrettiğinizde sık sık ön bacaklarını öne uzattığını ve antenlerini tekrar tekrar bu aralıkların içinden geçirdiğini görürsünüz; bunun sebebi eve dönüş yolunda ihtiyaç duyacağı duyuları zayıflatabilecek polen artıklarını veya tozu temizlemektir. Her iki bacağın ucunda ayak işlevi gören ikişer tane kıvrık pençe ve ortalarında da vantuzu andıran birer yapı vardır. Bu kombinasyon onlara hem pürüzsüz yüzeylere geko gibi tutunma becerisi kazandırır hem de çekiş gücü sağlar. (Süveterinize konan bir arıyı savurmanızı güçleştiren şey pençeleri, camdaki bir arıyı üfleyerek uçmaya zorlamanızı güçleştirense vantuzlarıdır.) Benim numunem bir dansçı edasıyla arka ayaklarından birini yukarı kaldırmış halde kurumuş. Bacağın bu olağandışı konumunu gören bir böcekbilimci böcek iğneleme konusunda acemi olduğumu hemen anlar, ama bu sayede arka bacakların arı yaşam tarzı için hayati önemdeki bir özelliği de görülebiliyor. Dondurulmasının üzerinden yıllar geçmesine karşın, alkali arımın arka bacağı onu ilk bulduğum yerdeki kaktüs çiçeğinden bulaşmış olduğunu tahmin ettiğim altın sarısı polen kümeleriyle parlıyor. Polenin bulaştığı yerde kalmasının sebebi, *scopa* adı verilen ince, sık tüylerin içinde hapsolmasıdır. (Tüylü bir halıya dökülen pudra şekerini fırçalamaya çalışın, ne demek istediğimi anlayacaksınız.) Diğer bacakların kendi tarak ve fırçaları vardır, bunlar aracılığıyla poleni toplar veya vücut tüylerinden ayırır, ardından depolanıp taşınmak üzere *scopa*'ya aktarırlar. Yabanarıları, balarıları ve yakın akrabaları bu konsepti bir adım ileri taşıyıp, bacaklarında bulunan sepet benzeri oyuğa sığabilecek yapışkan toplar haline getirmek üzere poleni nektarla ıslatır. Nektar toplamak için çıktıkları tek bir seferde farklı türde çiçekleri ziyaret etmişlerse, bacaklarında eskiden sirk palyaçolarının giydiği cafcaflı, büzgülü pantolonlardakine benzer çizgiler oluşturan farklı renklerdeki polen türleri açıkça görülebilir.

Polen bir yana, çoğu arının renk merkezi de bacaklarının arkasında, karındaki konik kuşaklarda yer alır. Bu renkler alkali arılardaki gibi kütiküle (sert dış tabakaya) entegre olabileceği gibi tüylerde de kendini gösterebilir (turuncu, sarı, siyah, beyaz ya da bazı tropikal arılarda ve Avustralya arılarında olduğu gibi parlak mavi renkler görülebilir). Renkler genellikle bir uyarı sinyalidir –"yaklaşma, sokarım!"– ama türleri ya da eş adaylarını tanımada da rol oynayabilirler (dişiler ve erkekler bazen farklı desenler sergiler). Kalın şeritler oldukça yaygındır, fakat bütün arılar böyle süslü değildir. Birçok arının karnı sadece siyah veya kahverengi görünür, muhtemelen bazıları da bizim göremediğimiz, seçemediğimiz ultraviyole tonlarda parlar. Renkler bir yana, karnın asıl işlevi içerde gerçekleşir; çeşitli organları ve arıyı ayakta tutan tesisatı destekler. Arıların birçoğunda bu yapı böceklerdeki standart modelin aynısıdır: kanı beyne ve kaslara ulaşacak şekilde dolaşıma sokan basit bir kalp ile kütiküldeki minik gözenekleri kullanarak havanın vücuda giriş çıkışını sağlayan, kese ve kanallardan oluşan bir sistem.[26] Bu faaliyetin büyük bölümü bilinçsiz gerçekleşir, ama arı gayret sarf ettiği zamanlarda karnını gözle görülür şekilde şişirerek işleyişi hızlandırabilir; böceklerin hızlı hızlı nefes alma şekli budur. Arıların sindirim sisteminin en ayırıcı özelliği "bal midesi" veya "bal kursağı" gibi hoş isimlerle anılan, gerektiğinde önemli ölçüde genişleyip diğer organları sıkıştırarak bol miktarda nektar alabilen bir kesedir. Buna feromonların ve kovan yapımında kullanılan maddelerin salgılanmasından sorumlu birkaç bezle üreme organlarını da eklersek, karındaki başlıca organları saymış oluruz. Gerçi, bir de kıç tarafında bulunan ve muhatabında kalıcı bir iz bırakma potansiyeli taşıyan iğne var tabii.

Günün birinde kendinizi ciddi bir şekilde arıları incelerken ya da haklarında kitap yazarken bulursanız, insanların size en çok soracağı soru kaç defa sokulduğunuz olacaktır. Bu soruyu soranlara çoğu arının hemen hiç sokmadığını,[27] hatta bazılarının bunu istese de yapamayacağını söyleyip onları şaşırtabilirsiniz. Bu grubun başında, bunu yapacak teçhizata sahip olmayan erkek arılar gelir. Arılara eşekarısı atalarından yadigâr kalan iğneleri, dişi arıların üreme sisteminin bir uzantısı olarak, başlangıçta yumurta bırak-

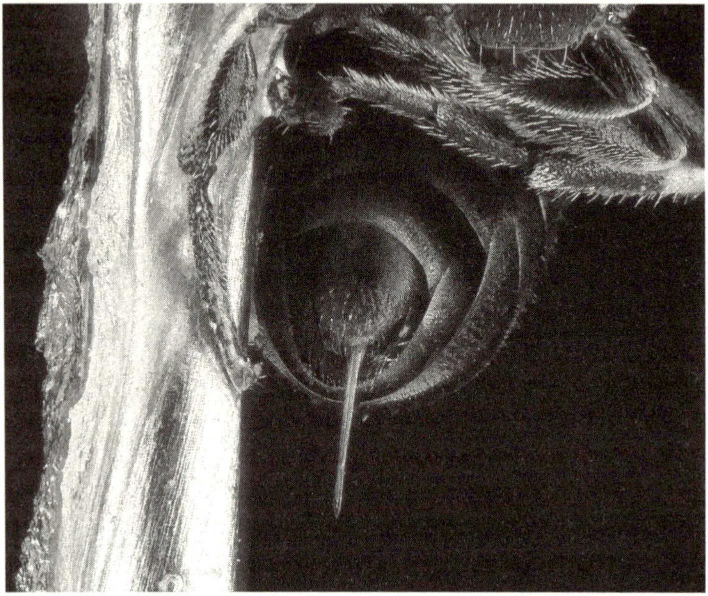

Şekil 2.8. Çoğu arının iğnesi, boyutu hakkında fikir vermesi için tutturulduğu raptiyenin sapının yanında fotoğraflanıp yakınlaştırılmış *Hylaeus* cinsi bu küçük, maskeli arınınki gibi sivri uçlu ve kancasızdır. Fotoğraf © USGS Arı Koleksiyonu ve Görüntüleme Merkezi.

mak için kullanılan sivri bir tüpten evrilmiştir. İğneye sadece dişi arılar sahiptir, yani yalnızca dişi arılar sokabilir. İlkel eşekarıları bu işlevsel aracı iki şey için kullanıyorlardı: Önce iğneleriyle kurbanlarını hareketsiz hale getirip, sonra da aynı iğneyle yumurtalarını doğrudan avın içine veya üstüne yerleştirip yumurtadan çıkacak etçil larvalara kusursuz bir beslenme ortamı sunuyorlardı. Bu yöntemi hâlâ uygulayan birçok eşekarısı bulunsa da, bazı eşekarılarıyla arıların tamamı zamanla bu iki işlevi birbirinden ayırarak yumurtlama faaliyetini karnın arka ucundaki küçük bir deliğe yönlendirip tüp benzeri iğneyi de yalnızca saldırı ve savunma için kullanmaya başladı. Böylece farklı türler bu ayrımı kendi yaşam tarzlarına uydurdu; bazı türlerin iğnesi tamamen kaybolurken bazıları da grup savunması için tasarlanmış şeytani iğneler geliştirdi.

Benim alkali arım iğnesi uzamış halde ölmüş; son bir savunma hamlesi yapıyordu herhalde. İlk bakışta karnından çıkan küçük bir kıymık gibi görünse de, büyütüp yakından bakınca sıkıca birbirine geçmiş birkaç parçadan oluştuğu görülebiliyordu: zehir bırakmak için oluklu, merkezi bir sütun ile iki yanında deriyi delip kavramasını sağlayan iki neşter. Hemen hemen bütün türlerde olduğu gibi, tutunma sağlayan birkaç kısa çentiği saymazsak neşterlerin uçları kehribar kamalar gibi keskin ve pürüzsüzdü. Bu da beni birden fazla defa sokmak için iğnesinin tamamını kolayca geri çekebileceği anlamına geliyordu, ki bu onun açısından iyi bir fikir olabilirdi, çünkü bir kere sokması pek canımı yakmazdı. Böcekbilimci Justin Schmidt meşhur böcek sokmaları sıralamasında *Nomia* cinsine yer vermese de, akraba bir arının verdiği acıyı yalnızca tek bir kol kılını tutuşturabilecek minik bir kıvılcıma benzemişti. Savunacakları büyük bir kovan olmadığı sürece, birçok arı yalnızca ender karşılaşılan bir rakibi yahut aç bir örümceğin saldırısını savuşturacak kadar güce ihtiyaç duyar. Gerçekten can yakan arı iğneleri büyük ve epeyce sosyal türlere aittir; kovanlarının çok sayıda lezzetli larvayla –ve bazı durumlarda da balla– dolu olması onları ayılardan tutun da kuşlara, primatlara kadar hemen her şey için çekici bir hedef haline getirir. Bu türlerde, işçi arılar kovanı davetsiz misafirlerden korumak için grup savunmasına dayalı taktikler[28] kullanır. Zehrin bileşimi, miktarı kadar önemlidir – karışımdaki farklı proteinler, peptitler ve diğer maddeler sokmanın olası bir muhatap için çok daha toksik hale gelmesini sağlar. Örneğin, kalp hücrelerini tahrip eden melitin adındaki toksin bizim gibi memelilerde yakıcı bir acıya sebep olurken, diğer arılar da dahil olmak üzere böcekler histaminlerden daha fazla etkilenir.

Kurbanın derisine sımsıkı geçip iğnenin içerde kalmasını sağlayan dikenli, çengelli dişlere sahip neşterlerle donanmış balarıları özel olarak değinilmeyi fazlasıyla hak ediyor. Bir balarısı kavga esnasında uçup gider ya da muhatabının hamlesiyle uzaklaştırılırsa, iğnesi ona bağlı kas sistemi ve zehir kesesiyle birlikte karından kopup saplandığı yerde kalır. İğnenin arıdan koptuktan sonra bir dakikadan fazla, yani zehrin tamamını bırakmasına yetecek kadar uzun süre "yaşamasını"[29] sağlayan ilgili sinir merkezi de bu paketin bir parçasıdır. Balarılarının avlarını sokması ölümcül bir karın yarasıyla sonuçlanır, ama kovandaki binlerce işçi arının katıldığı korkunç bir savunmanın getirisi götürüsünden fazladır. Schmidt, balarısı sokmasının diğer böceklerin sebep olduğu acıyı tartmaya yarayan kalıcı bir referans oluşturduğu kanaatindedir. Ama bu acının en hatırlamaya değer tarifini Nobel sahibi Belçikalı amatör böcekbilimci Maurice Maeterlinck yapmıştır: "Sanki güneşin bu minik kızları baş döndüren zehirlerini babalarının kızgın ışınlarından damıtmışlar gibi, yaralı uzvun üzerinde hızla yayılan yakıcı bir kuruluk, bir çöl ateşi."[30] Arıları güneşle ilişkilendirmek birçok düzeyde makul görünüyor; ayrıca Maeterlinck'in bu analojisi arıların bedenini incelemek üzere çıktığımız yolculuğu aşağı yukarı başladığı yerde, çölde sonlandırıyor.

Alkali arım ve tür belirleme konusunda hâlâ faydalandığım, yüzden fazla numune yapıştırıp etiketlediğim referans koleksiyonumu içeren karton bir kutuyla birlikte Arizona'dan ayrıldım. Arı Kursu'ndaki hocalar öğrencilerine pratik, işlevsel bilimsel beceriler kazandırmakla övünüyorlar, ama onlara ister istemez bir şey daha aşılıyorlar: inceledikleri hayvanlara yönelik bulaşıcı bir sevgi. Arılara duydukları sevgi, bir gözlemcinin aklına gelebilecek soruları değiştirip çalışmalarını zenginleştiriyor. Artık bir arının türünü kestirebilen biri olarak, farklı renklerin ve bitmez tükenmez bir hareketin hüküm sürdüğü, görüntünün hafıza, koku, titreşimler, elektrik yükleri ve manyetizmayla etkileşime girip capcanlı manzaralar oluşturduğu bir dünyada oradan oraya uçtuğu hayatının nasıl bir şey olduğunu düşünmeden edemiyorum. Şimdilerde ne zaman bir çiçeğin üzerinde bir arı görsem oraya nasıl gelmiş olabileceğini hayal ediyorum: Belli belirsiz kokularla başlayıp uzaklardan piksel piksel görünen çiçeğin netliğe kavuşmasıyla baş döndürücü bir akıntıya dönüşen koku zerrelerini takip etmiş;

arı moruyla, nektar kılavuzlarıyla parıldayan ve adeta bir titreşim, bir elektrik akımı yayan taçyaprakları da onu ister istemez derinlerdeki tatlı ödülüne yönlendirmiş olmalı, diye düşünüyorum. Arıların vücutları polen ve nektar bulup taşımak için tasarlanmış incelikli makinelerdir, ama yaşamları hakkında düşündükçe bir şeylerin eksik olduğunu fark ettim.

Alkali arımı kaktüs çiçeklerinden oluşan bir adada yakalamıştım, keza koleksiyonumdaki hemen her arı ya bir çiçeğin üzerinde ya da etrafında ağıma takılmıştı. Zaten bir arı avcısı başka nerede avlanabilir ki? Oysa çiçek ziyaretleri hayatının merkezinde yer alsa da aslında arının yaptıklarının yalnızca bir kısmıdır. Bal keselerini nektarla doldurup arka bacaklarındaki tüylerini polenle kapladıktan sonra nereye giderler? Balarılarının binlercesinin kovanlarda bir arada yaşadığını biliyordum, ama onların bir istisna olduğunu da biliyordum. Karton kutumdaki arıların çoğu yuvalarını yalnız yapıp yavrularını yalnız büyütmüş, hakkında hemen hiçbir şey bilmediğim oldukça farklı hayatlar sürmüştü. Arı Kursu'nda biraz daha vakit geçirebilseydim, sorularımı Jerry Rozen, Laurence Packer veya diğer eğitmenlerden birine sorabilirdim. Ama istediğiniz şey hikâyeler duymaksa, en iyisi bir hikâyecinin karşısına oturmaktır. Neyse ki bir zamanlar yalnız yaşayan arıların hikâyelerini gün yüzüne çıkaran, bu hikâyeleri paketleyip satarak hayatını kazanan biriyle tanışmıştım.

3

Birlikte Ama Yalnız

Yalnızlık elbette güzel şeydir, ama sana cevap verebilecek, arada sırada yalnızlık güzel şeydir diyebileceğin birilerinin olması da hoştur doğrusu.[1]

Jean-Louis Guez de Balzac, *On Retirement*
(Emeklilik Üzerine; 1657)

BAŞTA ARI OLDUKLARININ farkında bile değildi. Brian Griffin biraz evvel kazdığı oyukların etrafında uçuşan minik siyah böcekleri fark ettiğinde, yeni bahçe kapısını yerine oturtmakla meşguldü. Neyin peşinde olduklarına şöyle bir baktıktan sonra çok düşünmeden işine döndü. Sigorta sektöründe geçirdiği yirmi beş yılın ardından kısa süre önce emekli olmuş, yıllarca erteleyip durduğu projelerle, hobilerle uğraşmak için can atıyordu: ahşap işleri, suluboya, yerel tarih, bahçecilik. Böcekbilim listede bile yoktu. Ama biraz evvel gördüğü o küçük böcekler, yakında bahçesinden atölyesine ve onun da ötesine yayılıp en az birincisi kadar zahmetli ikinci bir kariyer başlatacaktı. Beklenebileceği üzere, bu yolculuk tozlaşmayla başlamıştı.

"Meyvelerim çok kötüydü," dedi Brian bana; bahçenin arka çitleri boyunca sıralanmış kırk tane elma ve armut ağacının hep iyi tomurcuk verdiğini ama bir türlü doğru dürüst meyve vermediğini anlattı. Sonra, bir gün o yöredeki polen taşıyıcılarla ilgili bir tarım bülteni gördüğünde bir şeyler dank etmiş. "Birdenbire o küçük siyah böceklerin arı olduğunu fark ettim," dedi. Kendini dışarı atıp, bahçesindeki meyve fidanlarının ve çiçekli çalıların arasında dolaşan az sayıda duvarcı bahçe arısını bulmuş. Yakından bakınca, minik, siyah bedenlerinin mavimsi bir tonda parladığını, yüzleriyle kanatlarının altının da açık kahverengi tüylerle kaplı olduğunu görmüş. Uçtukları güzergâhı bahçedeki kulübeye kadar izleyince, üst üste oturan ahşap kiremitlerin kusursuz minik yuva oyukları yapmak için ne kadar elverişli olduğunu görmüş. Her arı hızlıca kendi gediğini açıyor, içini usulca polenle doldurup sonra da üzerini dikkatlice çamurla kapatıyormuş. Brian matkapla bir kereste parçasına oyuklar açtığında onları da dolduruyorlarmış. Bu olaydan iki yıl sonra, Brian'ın artık ne yapacağını bilemediği kadar duvarcı arısı (ve meyvesi) varmış. Bir heves, arıları Noel hediyesi olarak dağıtmaya karar vermiş.

"Herkes bayıldı," dedi, şirin bir çatısı, on iki tane de boş yuva oyuğu bulunan minik ahşap bloğu gösterirken; dağıttığı hediyelerin ilk örneğiymiş bu. Altına arıların doldurup üzerini kapattığı fazladan üç tane oyuk yapıştırıp öyle vermiş. Bahar gelip de eş

Şekil 3.1. *Osmia* cinsine mensup duvarcı arıların üç yüzden fazla türü vardır. Üstteki fotoğrafta, erkek bir kırmızı duvarcı arı (*O. bicornis*) yuva oyuğundan dışarı bakıyor. Fotoğraf © Orangaurochs, Wikimedia Commons.

dost bu alışılmadık hediyeleri dışarı asınca, oyuklarında gizlenen arılar başlarını çamurdan çıkarmaya başlamış, en yakın nektar ve polen kaynaklarını bulup vakit kaybetmeden boş oyukları yeni yuvalarla doldurmuşlar. "Gayet iyi sonuç verdi," dedi Brian, o günleri hatırlayarak. "Umduğumdan da iyi oldu."

Birçok kişi için bu hikâye unutulmaz bir Noel sabahının ve baharda arka bahçede tanık olunan eğlenceli bir tozlaşma dersinin ötesine geçmemiş olabilir. Ama fırsatın kokusunu alan Brian biyolojiden yeni bir iş modeli geliştirmiş. Bir araba dolusu arı eviyle yerel bahçe fuarına katılmış, hepsini de satmış. Çok geçmeden kendisini Kuzey Amerika'daki arı meraklılarına ve perakendecilere duvarcı arı tedarik ederken bulmuş. Arılar üzerine derslere katılmış, kitaplar yazmış, hatta sonra kendisi bahçecilik kulüplerinde arı dersleri vermeye başlamış. Yanına bir ortak alıp arı evleri, arı kulübeleri ve karton arı tüpleri yapım işine girmiş; sayıları giderek artan hevesli arı yetiştiricilerinin oluşturduğu bir topluluk da kendisine özel astarlar ve yedek malzeme tedarik ediyormuş. Bugün internetteki mağazalar dahil birçok yerden duvarcı arı satın almak mümkün, ama bundan otuz yıl önce Brian bir ilke imza atmış. Yolculuğunda ona yardım eden uzmanların, başvurduğu kaynakların isimlerini ezberden sayıp, "Aslında bilinmesi gereken her şey ortadaydı," dedi kendinden emin bir ifadeyle. Sonra başını sallayıp gülerek ekledi: "Ama işte, hepsini bir araya getirecek ihtiyar bir sigorta acentesi eksikmiş demek!"

Bazı açılardan, Brian'ın arıcılık işinde yakaladığı başarı hiç de şaşırtıcı değil. Sonuçta, 120 milyonu aşkın yıldır doğada başarılı olmuş bir yaşam tarzından istifade etmişti. Duvarcı bahçe arıları Sphecidae ailesindeki eşekarısı ataları gibi yalnız canlılardır. Kovanların sunduğu işbirliğinden mahrum olan dişiler kendi yuvalarını kendileri yapar, baharda çiçeklerin açtığı zamana rastlayan yetişkin hayatları üreme telaşıyla geçer. Bu stratejiyi kavramak ve paketleyip satmak, Brian'a evinin arka bahçesinde kurduğu geleceği parlak küçük bir atölyeden çok daha fazlasını kazandırmıştı. Bu sayede Brian (ve tabii müşterileri) bundan çok uzun zaman önce gelişen, ufak tefek değişimlerle de olsa bugün dünyadaki 20 bin arı türünün büyük bölümü tarafından hâlâ sürdürülen bir davranış kalıbına tanıklık etmişti. Genelde, getirdiği yeniliklerden ötürü evrime hayranlık duyarız – eşekarısından arıya geçiş ya da balın, kovanın icadı gibi. Oysa evrim sürecinin son derece muhafazakâr bir yanı daha vardır. Başarılı sonuçlar veren özellikler, alışkanlıklar kolay kolay değişmeme eğilimindedir. Yalnız arılar evrimin daha az bilinen, ama en az yenilikçiliği kadar önem arz eden bu yönünü temsil eder işte: "Bir şey bozulmamışsa, tamir etmeye kalkma!"

İzlediğimiz duvarcı arılardan biri önce kendi etrafında dönüp sonra da yuva oyuklarından birine girince Brian heyecanla bağırdı: "Aa, yumurta bırakacak!" Bahçenin arka duvarına asılı karton tüplerle ahşap bloklar arasında uçuşan düzinelerce arı başımızın üzerinde, kendi halinde vızıldıyordu. Yuvanın içinde gözlerden uzak olan arıysa, yegâne minik yumurtasını gün boyu uğraşıp topladığı polen ve nektardan oluşan yapışkan bir kütlenin, bir "arı ekmeği" topağının üzerine bırakıyordu. Bir sonraki seferini yumurtayı yuvaya sabitlemek için çamur aramakla geçirecekti. Sonra en baştan başlayıp, yuva ağzına kadar doluncaya dek polen, nektar, yumurta, çamur döngüsünü tekrarlayacaktı. "Bu duvarcılar bir harika gerçekten," dedi Brian, sonra arıların toprakla kili nasıl da tam kıvamında karıştırdıklarını, çenelerini, ön ayaklarını ve karınlarını birbiriyle uyum içinde kullanarak bu karışımı nasıl şekillendirip zımparaladıklarını anlattı. "Yuvaları ayırıp mikroskopla inceledim," diye devam etti hayranlıkla. "Duvarları cam gibi pürüzsüzdü."

Brian şimdi seksenlerinde, ikinci emekliliğini yaşıyor, o ilk günkü enerjisiyle yeni bir tutkunun peşinden gidiyor – özel tasarım ukuleleler yapıyor. (Tabii başarılı bir işadamı olarak, seksen tanesini dünyanın bambaşka yerlerinden müzisyenlere, koleksiyonculara satmış bile.) Ama bahçesinde küçük bir arı kolonisi bulundurmayı da ihmal etmiyor; bahar güneşinin altında bahçede oturup arıları izlerken gördüm ki coşkusundan hiçbir şey kaybetmemiş. Kalın, güçlü sesiyle, kartal bakışlarıyla, Brian'ın yaşını ele veren tek şey bembeyaz saçlarıydı. İkindi olmuştu, vakit ilerliyordu, ama belli ki o hâlâ gençliğin o eşsiz kaynağından besleniyordu: merak. Bir ara durup "Bakalım anne arılar bebeklerini bulabilecek mi?" dedikten sonra yuva kutularından ikisinin yerini değiştirdi. Saniyeler içinde, birkaç arı önceden yuvaların olduğu boş rafların etrafında şaşkın şaşkın dolaşmaya başladı. Her birinin kendine özgü feromon kokusu arılara hangi oyuğun kendilerine ait olduğunu söylese de, genel bir kroki içinde evlerini bulabilmek için görsel yer yön işaretlerine, uzamsal ipuçlarına ihtiyaç duyarlar – Sphecidae grubundaki eşekarılarından devraldıkları başka bir alışkanlık. Bu arılar sırası gelince santimlik değişimleri seçebilir, ama daha büyük değişiklikler bir yuva alanını onlar için tanınmaz hale getirebilir.

Aslında Brian'ın yuva bloklarını nereye taşıdığı çok da önemli değil, çünkü nasılsa bebeklerine daha fazla bakmayacaklardı, ama bunu bilsem de şaşkın annelere üzülmeden edemedim. Duvarcı arılar gibi yalnız türlerde, ebeveynlik akdi yalnızca ön hazırlığı kapsar. Yumurta kendisini bekleyen arı ekmeğiyle birlikte yuvaya yerleştirilip üstü kapatıldıktan sonra, anne arı yeni bir yuva inşa edip içini doldurmakla geçireceği bir aylık çılgınca maratonuna baştan başlar. Havalar iyi, çiçekler de bolsa, bir duvarcı arı güçten düşünceye kadar çalışıp otuzdan fazla yumurtaya yuva yapabilir. Bir defasında bahçemizde bitkin düşmüş bir anne bulmuş, mevsim değişmeden doldurmasını umduğum yeni bir yuva bloğunun üzerine koymuştum. Meyve ağaçlarıyla çevrili, kenarında çamurlu toprağı bile olan güneşli bir adacıkta, şahane bir yaşam alanıydı. Üzerine yerleştirdiğim bloğun kenarına doğru yürürken bir an bocaladı, yorgun gözlerle boş yuva deliklerine bakıyordu sanki, ardından cansız bedeni çimlerin üzerine düştü.

Birkaç hafta boyunca etrafta uçuşup duran duvarcı arıları izleyince kısa, hummalı bir hayat sürüyorlar gibi gelir, ama küçük kerpiç dairelerinin gözlerden uzak, sessiz karanlığında aylarca başka faaliyetlerde de bulunur ve en sonunda uzun bir dinlencenin tadını çıkarırlar. Brian'ın bahçe duvarındaki yuva bloklarında yumurtalar çatlamaya başlamıştı bile. Her şey yolunda giderse, bu küçük larvalar bahar ve yaz aylarını arı ekmeğini öğüterek geçirecekti, ta ki kat kat, ipeksi kozalar örecek kadar büyüyene dek. Hemen hepimizin bildiği, tırtılları yetişkin kelebeklere, güvelere dönüştüren o şekil değişimi gibi, arıların yaşam döngüsü de tam bir başkalaşım içerir.[2] İri, beyaz kurtçuklar olarak girdikleri o sert, su geçirmez kozaların içinden yetişkin arılardan bildiğimiz kanatlı, tüylü yeni bedenleriyle çıkarlar. Sonra sonbahar ve kışı uykuda geçirir, ilkbaharda havanın ısınmasıyla birlikte uyanırlar.[3] Gerek duvarcılarda gerek binlerce başka türde, bu süreç milyonlarca yıldır kendisini tekrar ediyor. Bu da demektir ki yılın herhangi bir zamanında herhangi bir yere baktığınızda yalnız arılar orada olacaktır; şayet etrafta uçmuyorlarsa, bilin ki gizli tünellerine, çatlakların arasına saklanmışlardır. Bu arı meraklılarının içini ısıtacak bir fikirdir, ama bir yuvanın içinde hayatın hep sakince yolunda gittiği anlamına da gelmez.

"İyi ki geldin, yoksa hiç ortalığa çekidüzen vereceğim yoktu," dedi Brian mahcup bir edayla. "Bu sene işleri iyice boşladım." Aslında bence arılarla gayet canlı görünüyordu bahçe, ama Brian başını iki yana salladı. "Baksana şunların haline," deyip üzerlerindeki çamur kapakların bozulmamış bir şekilde durduğu karton yuva tüplerini sökmeye başladı. Başımızın etrafında vızıldayıp duran sağlıklı, olgun arılar bu mevsime kadar çoktan yuvalarını terk etmişti. Kapağında belirgin bir çıkış tüneli bulunmayan yuvalardaki arılarsa telef olmuştu; akarlara, mantar enfeksiyonlarına, hatta belki daha da kötü musibetlere kurban gitmişlerdi.

"Şuna bak," dedi Brian farklı bir şey göstererek; karton tüplerden birinin kenarında küçük, yusyuvarlak bir delik vardı. Birileri ön kapıyı tercih etmemişti anlaşılan. "*Monodontomerus* cinsini bilir misin?" diye sordu, bir yandan da telef olan yuvaları incelemeye devam ediyordu. Sonra uzanıp avucumun içine metalik mavi renkte ufacık bir şey bıraktı. Büyüteçle bakınca, böcek gün gibi ortaya çıktı; pirinç tanesinden daha ufak, derisinin tamamı yanardöner renklerde parlayan kusursuz bir eşekarısıydı bu. Işık vurdukça renginin maviden yeşile, sarıya dönüşünü seyrederek öne arkaya hareket ettirdim. Eşsiz bir mücevheri andırıyor, böceklerin Fabergé'ı gibi görünüyordu. Ama bu miniminnacık süslü böcek ve onun gibi diğerleri duvarcı arılar için ölümcül bir tehdit oluşturuyordu.

"Sezonun sonuna doğru ortaya çıkıyorlar," dedi Brian, bir yandan yuva bloklarını düzeltmeye devam ederken. *Monodontomerus* –yahut daha çok bilinen kısaltmasıyla *Monos*– cinsi eşekarıları için erken gelmenin pek bir anlamı yoktur. Aslına bakarsanız *Monos* dişileri koza ve birikmiş gübre kokusuna gider: yuvadaki genç arıların iyice büyüyüp şişmanladığını gösteren işaretler. Sonrası korku filmlerinden aşina olduğumuz tüyler ürpertici bir katliamdır. İştahını kabartan kokuyu duyan *Monos* dişisi, önce kozayı delmek için uzun, iğne benzeri yumurtlama borusunu çamur kapıdan (hatta kimi durumlarda ahşaptan) içeri sokar, sonra da kozanın içindeki genç arının üstüne yumurtalarını bırakır. Eşekarısı larvaları hemen yumurtadan çıkıp konakçıyı canlı canlı yemeye başlar, böylece duvarcı arı yuvası başarılı bir şekilde eşekarısı yuvasına çevrilmiş olur. Karınları doyan *Monos* bebekleri, az evvel afiyetle yedikleri arının yapmakta olduğu gibi kozayı özgürlüğe kanat çırpmadan önce içinde dinlenecekleri, başkalaşım geçirecekleri bir barınak olarak kullanır.

Brian'ın bahçesindeki eşekarısı istilası, bana Michael Engel'in yaptığı bir yorumu hatırlattı. Arıları, eşekarılarını ve karıncaları içeren takımın tamamına atıfla, "Zarkanatlıların (Hymenoptera) gerçek öyküsünde başrol parazitlerindir," demişti Michael.[4] Başta eşekarıları olmak üzere, yaygın olarak erken dönemlerde gelişen bu alışkanlığın baskın yaşam tarzı olmayı sürdürdüğünü anlatmıştı. Böcekbilimciler *Monos* larvalarının yaptığı gibi evsahiplerini yiyerek ya da başka biçimlerde yok eden larvalara "parazitoidler" adını verir; hemen her arı türü bu parazitlerden en az biriyle mücadele etmek zorunda kalır. Örneğin Brian'ın bahçesindeki duvarcılara dört farklı *Monos* türü, en az bir *Chrysura* eşekarısı ve parazitoid bir sinek saldırır. (Konakçıyı teselli etmez tabii, ama birçok katil parazit başka katil parazitlere yem olup yuvadaki yaşam döngüsüne ürpertici bir katman daha ekler.) Tüm bunlar yetmezmiş gibi, arılar bir de kendi türlerinin ihanetini göğüslemek zorundadır.

"Bir guguk arısı görürüz bakarsın," dedi Brian tepemizde vızıldayan böceklere bakarak. Yuva oyukları epeyce bir düzene girmişti, izlemek için yakındaki bir tarhın tahta kenarına oturmuştuk. Aşağıdan bakınca, arılar en kendilerine özgü, en büyüleyici özelliklerinden birini sergiliyordu. Duvarcılar yuvalarını yeşillik parçalarıyla kaplayan yaprak kesenler ile tüylü bitkilerin liflerinden elde ettikleri bir keçe kullanan tarakçı arıların da dahil olduğu büyük bir ailenin üyesidir. İnşa yöntemleri değişse de, bu ailenin bütün üyeleri poleni aynı yerde taşır: karınlarında. Bunun sonucunda her anne arı parlak renkli minik bir önlük giymiş gibi görünür – hangi tür çiçekleri ziyaret ettiklerine bağlı olarak bu önlükler bazen sarı olur, bazen turuncu, pembe, kırmızı, hatta mor. Bu sevimli alışkanlıkları onları diğer arılardan ayırır; diğerlerinin hemen hepsinde, toplanan polen arka bacaklara geçirilmiş uzun çorapları andırır. Öte yandan, bir guguk arısı bulmak için Brian'la hangi arının hiç polen taşımadığını seçebilmemiz gerekiyordu.

"Guguk" (*cuckoo*) sözcüğü doğrudan doğadan gelir: Ortaçağ Fransızcasında, tarif ettiği kuşun iki notalı şarkısını taklit etmek üzere kullanılan bir yansıma sözcüktür. Guguklu tabir edilen duvar saatlerine sahip olanlar bu sinir bozucu sesi gayet iyi tanır, ama guguk kuşları aynı zamanda yumurtalarını başka kuşların yuvalarına bırakmasıyla meşhurdur.[5] Yumurtalarını bıraktıkları yuvanın sahibi yavrularını kendi yavrusu gibi büyüteceğinden, çevirdikleri dalavere onları çocuk yetiştirmenin tüm sancılarından kurtarır. Guguk arılarının yaptığı da bundan çok farklı değildir; ama tıpkı duvarcılar gibi, birçok arı yavrularıyla doğrudan meşgul olmaz, bu yüzden guguk arısının kaytardığı şey aslında polen ve nektar stoğu oluşturmaktır. Bu malzemeleri toplamaya elverişli çiçekler aramak için uzun saatler harcamak yerine, anne arının bir anlığına boş bıraktığı bir yuvaya dalıp kendi yumurtasını bırakır.

Düzenbazlığı fark edilmezse (ki guguk arıları yumurtalarını çok iyi kamufle eder), konakçı arı hiçbir şeyden şüphelenmeden yuvayı tamamlayıp kendi yumurtasıyla birlikte istilacının yumurtasını da mühürler. Yumurtalar çatladığında, istilacı larva kendine has orak şeklindeki iki çene kemiğiyle[6] yuvanın gerçek sahibini öldürüp gasp ettiği arı ekmeğiyle kendisine ziyafet çeker. Biyologlar hayatını başkalarından yiyecek çalarak sürdüren bu tür canlılara (Yunancada "hırsız" anlamına gelen *kléptēs* sözcüğünden türetilmiş bir adla) "kleptoparazit" der. Öğrenci yurtlarındaki oda arkadaşları için de rahatlıkla kullanılabilecek olan bu ad şaşırtıcı derecede çok sayıda arıyı tarif eder.

Dünyadaki arı türlerinin ne kadarının parazit davranışı sergilediğini sorunca, Michael Engel "En az yüzde yirmi... hatta muhtemelen daha da fazla," demişti kaba bir tahminle. Tıpkı yalnız yaşama alışkanlığı gibi, kleptoparazit yaşam tarzının benimsenmesi de arı evriminin anlatılmayan başarı hikâyelerinden biridir ve başarının ölçüsü bu yaşam tarzının görülme sıklığıdır. Tam bir rakam vermek güç olsa da, bilinen yedi arı ailesinden en az dördüne mensup binlerce türde çalma alışkanlığı toplama alışkanlığına baskın çıkar. Polen toplamaları gerekmediği için otlakçılar tüy ve benzeri tipik arı özelliklerini pek taşımazlar, ki bu da onları tespit etmeyi epey bir güçleştirir. Birçoğu eşekarısı gibi görünür, yine birçoğu aldatmaya dayalı yaşam tarzlarına uygun bir şekilde gözlerden uzak, gizli kapaklı bir hayat sürer. Ama büyük ölçüde bir veya birbirine akraba birkaç türde uzmanlaştıkları için, konakçı türlerin yanı başında çoğalırlar. Yeni arı türleri sürekli olarak yeni guguklar yaratır, bu da arıların evrim hikâyesine büyüleyici bir çeşitlilik ve karmaşıklık katmanı ekler.

Brian'la duvarcıların arasında bulmayı umduğumuz o guguk arısını hiç bulamadık. Tepemizde uçuşan, oradan oraya fırlayan arıların hemen hepsi altın sarısı polen önlüklerini giymişti ya da ağızlarında yumuşak çamur topları tutuyordu. Gerçi tek bir öğleden sonra değil de bütün bir mevsim izleseydik, yumurtaları için arı ekmeği ve kuru bir yuva bulma umuduyla mutlaka arzı endam ederlerdi. *Monos* ve başka parazitlerin istilası karşısında, yalnız arılar da basit görünümlü yuvalarını daha korunaklı, daha tehlikeli mekânlara dönüştürmüştür. Örneğin, duvarcılar bu tür tehditleri aktif olarak yiyecek arayışında olmadıkları zamanlar yuvalarına bekçilik ederek savuşturur. (Yuvaların içine baktığınızda, anne arının tüylü yüzünün de size baktığını görürsünüz genellikle.) Ayrıca, yuva girişlerini ekstra kalınlıktaki bir çamur tabakasıyla kaplarlar, bu tabakanın ardında –firavun mezarlarında olduğu gibi– önce boş bir hol vardır, gerçek yuva bu holün arkasındadır. Yine eski Mısırlılara çok benzer şekilde, duvarcılar en kıymetli hazinelerini tünelin en kuytu köşesine saklar.

"En iyi sonucu 15 santimlik tüplerin verdiğini gördüm," dedi Brian, birlikte atölyesini gezip yıllar içinde denediği farklı tasarımları incelerken. "Daha kısasını kullanınca erkek sayısı çok artıyor."

Onun bu tuhaf sözü arı biyolojisiyle ilgili temel bir şeyi açığa vurur: Erkekler gözden çıkarılabilir. Karıncalar, eşekarıları ve başka böceklerde olduğu gibi, anne arılar yavrularının cinsiyetini belirleyebilir: Döllenmiş yumurtalardan dişi, döllenmeyenlerdense erkek arı çıkar. Dişiler bu döngüyü, çiftleşme seferlerinde yumurtalıklarının altına yakın özel bir kesede depoladıkları spermleri idareli kullanarak kontrol eder. Bu sistem duvarcı arıların kıymetli dişi yumurtalarını yuvanın en derin noktasına yerleştirip riski azaltmasına imkân tanır, çünkü herhangi bir parazitin (veya duruma göre, aç bir ağaçkakanın) onlara ulaşabilmesi için diğer tüm hücreleri (odacıkları) aşması gerekir. Brian'ın elinde bu durumu

Şekil 3.2. Duvarcı bahçe arısının yuvasına ait bu kesit, daha kolay gözden çıkarılan, girişe yakın küçük erkek hücrelerinin arkasında, güven içindeki dişi hücrelerinin ne kadar iyi donatıldığını gösteriyor. İllüstrasyon © Chris Shields.

tüm açıklığıyla gösteren camdan bir yuva vardı; yuva ağzının yakınına yerleştirilen, erzakları sınırlı erkek hücrelerinin bir buçuk misli büyüklüğe sahip, içi arı ekmeğiyle dolu[7] dipteki dişi hücreleri biraz şımartılmıştı gerçekten de. Bu sistem, arı yuvası inşa edenlerin uygun derinliği bulmak için faydalanabileceği parametreleri ortaya koyuyor. Bu parametreler erkek arılar konusunda soğukkanlı bir mantığa işaret ediyor: Neslin devamını sağlamaya yetecek kadarı hayatta kaldığı sürece, telef olmalarına göz yumulabilir. Ama bahara kadar hayatta kalabilen erkekler sonrasında nispeten rahat bir hayat sürer. Konum ve tasarım itibarıyla yuvayı ilk onlar terk eder; aylaklık etmeye kalkarlarsa arkadan gelenlerce itilip kakılarak hareket etmeye zorlanırlar. Dışarı çıkınca yuvanın etrafında bir parça oyalanır, belki diğerleriyle biraz cebelleşir, sonra da bulabildikleri tüm dişilerin –çoğu zaman berikiler yuvadan kafasını çıkarır çıkmaz– üstüne atlayıp onlarla çiftleşirler. Çiftleşmenin ardından anneler sonraki nesiller için hayati işlerle uğraşırken, vazifesini yerine getiren erkekler de kendilerine kalan birkaç günü çarçur edebilirler.

Yuva tasarımları ve yaşam tarzları farklılık gösterse de, bir duvarcı bahçe arasının yaşamını belirleyen temel olaylar dünyadaki hemen her yalnız arınınkiyle benzer cereyan eder. Bazı türler yuva oyuklarını sert toprağa veya kuma açar, bazıları bunun için kurumuş dalları, kozalakları, ağaç kabuklarındaki oyukları kullanır. Organik gübre yığınlarına, kaldırım çatlaklarına, yakılmak üzere ayrılmış odunlara, kayalıklara, dürülmüş şemsiyelere, hatta bir sörf tahtasındaki çentiklere yuva yapmış arılar bile gördüm. Endonezya'da yaşayan bir arı türü faal termit höyüklerinin içine yuvalanır; İran'daki başka bir tür çiçeklerin pembe, mor taçyapraklarını birbirine yapıştırıp incelikli vazolar oluşturur. Avrupa ve Afrika'daki iki düzineden fazla tür yalnızca terk edilmiş salyangoz kabuklarına yuva yapar, Kuzey Amerika'da aynı şey için kurumuş inek dışkısını tercih eden en az iki farklı tür vardır.[8] Ama yuvalarını nereye yaparlarsa yapsınlar, tüm bu arılar aynı kadim döngüyü takip eder: doğum, çiftleşme, yuva inşası, erzak toplama, yumurtlama. Üstelik tıpkı duvarcılar gibi, hepsi yuvalarını bir dizi gugukla veya başka parazitle paylaşır, ki bu da herhangi bir arının yuvasından bambaşka arı türleri, hatta eşekarısı, sinek ve kınkanatlı da çıkabileceği anlamına gelir. Yalnız yaşam tarzının başarısı aşikârdır, ama kendine has tehlikeleri de yok değildir. Başlarından hiç eksik olmayan parazit belası ve av olma tehdidi, arılara özgü başka bir özelliğin evrimini açıklayabilir: Hepsi yalnız yaşamayı tercih etmez.

"Uzun zamandır aklımda bir soru var, dur sana da sorayım," dedi Brian Griffin, birlikte geçirdiğimiz ikindinin sonuna doğru. "Bunlar yalnız yaşayan arılarsa şayet, neden birbirlerine böyle sokuluyorlar?" Ön kapının yanındaki taş duvarın çatlaklarında, yuvalarını gerçekten de bir başlarına yapan birkaç arı gösterdi bana; ama yuva bloklarını nasıl düzenlerse düzenlesin, duvarcıların ekseriyeti hep belli bir alanda kümeleniyordu. "Sanki bir arada olmak istiyorlar," diye mırıldandı. "İyi de neden?"

Bazı arılar için bir aradalık, kaynakları kısıtlı yaşam alanlarının kaçınılmaz bir sonucudur; neticede uçurumların dik yüzleri, açık araziler, ağaç kabukları, dallar ve kütüklerdeki yuva kurmaya elverişli oyuklar genellikle ender rastlanan imkânlardır. Ama Brian'ın sorusunun bir yanıtı da "Birlikten kuvvet doğar" sözünde yatar. Mesela, tek başına dolaşan bir zebraysanız ve çalıların arasında saklanmış aç bir aslanın önünden geçiyorsanız, ölü bir zebrasınız demektir. Yanınızda koca bir sürünün olması hayatta kalma şansınızı epeyce bir artırır. Sürü halinde yaşamak, her bir zebranın karşı karşıya olduğu riski olasılık açısından azaltır. Ama bunun yanında hem grup savunması için hem de beyaz çizgiler gibi evrimsel inceliklerin gelişmesi için fırsatlar sunar. (Bazı uzmanlar bu çizgilerin yakınlardaki avcıları görsel açıdan yanıltabileceğine inanıyor.[9]) Aynı mantık yalnız arılar için de geçerlidir. Kümeler halinde yuvalanmak guguk arıları ve diğer parazitlerin doğurduğu riskin tek tek bireyler için azalmasını sağlar. Ama asıl ilginç olan kısım detaylardır. Yalnız bireyler nesiller boyunca bir araya toplandığında, sırf fiziksel yakınlık dahi yeni davranışlara kapı aralar.

Şekil 3.3. Birbirine yakın yuvalar kurmak, yalnız arılara sürüler halinde yaşayan hayvanların sahip olduğu bazı avantajlar sunabilir: yırtıcılar tarafından avlanmalarının güçleşmesi, grup savunması ve yeni evrimsel koşulların getirdiği hayatın cazip imkânları. Elbridge Brooks, *Animals in Action* (Hayvanlar İş Başında; 1901). Wikimedia Commons.

Duvarcı bahçe arıları gibi bazı türler yalnızlıklarından vazgeçmez: bir dişi, bir yuva. Ama kısa süreli yuva paylaşımından tutun da imece usulü erzak toplamaya, kuluçka bekçiliğinden savunmaya kadar birçok konuda işbirliğini deneyen türler de vardır. En az dört ayrı durumda, bu yolun izlenmesi uzmanların "gerçek sosyal" (*eusocial*) yaşam olarak adlandırdığı karmaşıklık düzeyleri ortaya çıkarmıştır. Gerçek sosyalliği, en iyi bildiğimiz türün, yani balarılarının son derece düzenli kovan yapma alışkanlıklarında görürüz. Ama alanın önde gelen düşünürlerinden biri haklıysa, aslında bu yaşam tarzına aşinalığımız çok daha derinlere uzanır.

Harvard Üniversitesi'nden biyolog E. O. Wilson 2012 yılında çıkan kitabı *Yeryüzünün Sosyal Fethi*'nde, gerçek sosyal yaşamın olmazsa olmaz önkoşullarını şöyle sıralar: beraberce yaşamış birkaç kuşak, işbölümü ve özgecilik. Karıncalar (kendisinin uzmanlık alanı) ve termitlerle birlikte bazı eşekarıları ve arılar da dahil olmak üzere, bu kombinasyona ulaşabilen az sayıda canlı türü genellikle doğada olağanüstü bir başarı göstermiştir. Ancak Wilson alışılmışın dışına çıkıp, bu kısa listeye insanın da eklenmesi gerektiğini öne sürer. Bir röportajında kendisinin kullandığı ifadeyle söylersek, gerçek sosyal yaşamın tüm kriterlerini karşılayan bir avuç türden biri –ve tek büyük hayvan– "Afrika'da yaşayan büyük bir primattı".[10]

Tabii beklenebileceği gibi, insanı böceklerin, birkaç karides türünün ve tüysüz köstebek faresinin egemen olduğu bir grupla aynı kefeye koyunca, Wilson'ın eleştiri oklarını üzerine çekmesi çok sürmedi. Oysa insan toplumlarıyla balarısı gibi canlıların yaşam tarzları arasındaki benzerliklere dikkat çeken ilk isim o değildi. "Yalnızca arılar yavruların bakımını paylaştıkları bir çatının altında beraberce yaşar, yasaların görkemine tabi hayatlar sürerler,"[11] diyen Vergilius'un zamanından bu yana, âlimler arı kovanını insanlık için bir model olarak almıştır. Wilson'ın iddiası etrafında dönen tartışmaların önemli bir kısmı, gerçek sosyal yaşamın *nasıl* evrildiğine ilişkin teorisine odaklanır. Wilson'a göre gerçek sosyal yaşam, geleneksel bakış açısının savunduğu gibi bireylerin hayatta kalma şansını nispeten yükseltmesi sebebiyle değil, tüm grupları etkileyen bir doğal seçilim vasıtasıyla gelişmişti. Bu düşünce biçimi, özgecilik meselesine sezgisel bir açıklama getiriyor. Bireyin kendini feda etmesini içeren kimi davranış ve özellikler (savaşlarda sergilenen gözü kara cengâverlik, üreme imkânlarından feragat etme vs.) "en iyi uyum sağlayanın hayatta kalması" ilkesiyle çelişiyormuş gibi görünse de, grubun tamamına yarar sağladığı ölçüde varlığını koruyabilir, hatta yayılabilir. Ama Wilson'ın modeli, akrabalık derecelerine bağlı matematiksel bir formüle dayalı olarak uzun yıllardır sürdürülen araştırmalara ters düşer (özgeciliğin gen havuzundaki yerini koruması, ancak yakın akrabalara sağladığı faydanın, azımsanmayacak kişisel maliyete baskın çıktığı bir durumda mümkündür). Konu karara bağlanmaktan hâlâ çok uzak olsa da, tüm uzmanlar en azından şu noktada hemfikir: Sosyal evrimin işleyişini incelemek istiyorsanız, bakıp bakabileceğiniz en iyi yer arıların yaşamıdır.

İyi bilinen diğer gruplarda, gerçek sosyal yaşama geçiş sadece bir kez görülmüş, o da bundan çok uzun yıllar önce gerçekleşmiş ve aşağı yukarı hepsi aynı biçimde yaşayan evlatlar üretmiştir. Termitler 140 milyon yıl önce, yalnız yaşayan, hamamböceğini andıran bir atadan, karıncalarsa bundan kısa süre sonra yalnız eşekarılarından evrilmiştir. Bugün yalnızca bu iki grup son derece sosyal olan tahminen 25.000 türü bünyesinde barındırıyor. Wilson'ın öncülünü doğru kabul edersek, primat cinsi *Homo* bundan 3 milyon yıl önce gerçek sosyal yaşam eşiğinden geçmiş, bir daha da ardına bakmamıştır (her ne kadar bazı üyeleri vaktinin çoğunu kulübelerde tek başına oturup kitaplar yazarak geçirse de). Oysa arıların ve bazı eşekarılarının hikâyesi bambaşkadır. Bir ömür boyu sürdürdüğü araştırmalar, usta böcekbilimci Charles Michener'a bu konuda daha temkinli olmayı öğretmişti. Biraz da bu yüzden olsa gerek, arılarda gerçek sosyal yaşamın kaç defa evrildiğini özetlemeye çalışırken, "Açıkçası bunun kolay bir yanıtı yok," diye yazmıştı.[12] Balarılarının ve akrabalarının sosyal olduğuna şüphe yoktu, ama bazı grupların bu alışkanlığı geliştirip sonradan terk ettiği, (sınıflandırması güç olmakla birlikte) bazılarının da eşikte kaldığı görülüyordu. Doğrusu, bir arı topluluğunun sosyallik derecesi, hatta tek bir arınınki bile, mevsimden mevsime değişim gösterebiliyordu. "Sorulan soru yanlış," sonucuna vardı Michener, en ilginç meselenin daha temel olduğunu ima ederek. Asıl sorulması gereken şuydu: Arıların sergilediği sosyal davranışların baş döndürücü bir çeşitliliğe sahip olmasının nedeni nedir?

Bu kitabı yazmaya birkaç yıl önce başlamış olsam, bu soruyu Michener'a doğrudan sorabilirdim. 2015 yılında doksan yedi yaşında ölene dek, kolayca ulaşılabilir olmasıyla (ve araştırmadan hiç kopmamasıyla) tanınırdı. Ona soramadığıma göre, arı meraklısı çoğu insanın tekrar tekrar yaptığı şeyi yaptım. (Sinefillerin herhangi bir Hollywood starını altı adımda Kevin Bacon'a bağlamaya çalıştığı “Altı Adımda Kevin Bacon” oyunu gibi bir şeydi bu aslına bakılırsa. Ama arılar dünyasında Charles Michener'a ulaşmak o kadar bile sürmez.) Halihazırda Michener'ın iki lisansüstü öğrencisiyle konuşmuştum zaten – kendisi 1950'lerde Jerry Rozen'ın, 1990'larda ise Michael Engel'in doktora tez komitesinde bulunmuştu. Ben de bir adım daha öteye gidip öğrencilerinin öğrencilerinden birini, henüz böcekler hakkında tek satır bilmiyorken bile sosyal yaşamın evrimi üzerine düşünen önemli bir böcekbilimciyi ziyaret ettim.

Seán Brady, “Üniversitede önce tarih ve dilbilim okudum,” dedi. Anlattığına göre gençlik yıllarında insanlarda sosyal gelişim konusuna yoğun bir ilgi duyuyormuş. Sonra bir gün karıncalarla ilgili bir kitap okumuş; evrimleri, geliştirdikleri karmaşık sosyal yapının kökenleri hakkında ne kadar az şey bildiğini fark edince de böceklerle daha yakından ilgilenmeye başlamış. “‘Ben bundan daha iyisi yaparım!' diye geçirmiştim içimden,” dedi bana. Onu çabucak karıncalardan arılara ve Cornell Üniversitesi'nde Michener'ın öğrencisi olan Bryan Danfort'ın danışmanlığında doktora sonrası araştırma pozisyonuna götüren bir kariyer kararı olmuş bu. Şimdi bölüm başkanlığı yaptığı Smithsonian Doğa Tarihi Müzesi'nde (Washington, DC) onu ziyaret ettiğimde, kendilerine özgü sosyal davranışlarıyla Charles Michener'ın da daimi tutkuları arasında yer alan bir grup ter arısının yanına geldi Seán, adeta kaçınılmaz bir şekilde.

“Bunların içinde Mich'in topladıkları var mıdır acaba,” dedi, birlikte minik siyah arılarla dolu bir kutunun içine baktığımız sırada. Zemine döşenmiş rayların üzerinde hareket eden, beyaz renkte sıra sıra yüksek dolabın arasında duruyorduk. Dolap sistemi her seferinde tek bir dar koridora erişim sağlayan sınırlı bir tasarıma sahipti, ama odanın kapasitesini iki misline çıkarıyordu; 35 milyondan fazla numuneyi düzenleyip saklamaya çalışınca yerden tasarruf etmek şarttı tabii. Gerçi bakmayın dünyanın en geniş böcek koleksiyonunu oluşturduklarına, arılar o kadar küçüktü ki iğnelerle sabitlemek bile mümkün olmamıştı. Onun yerine itinayla gövdelerinden iğnelere yapıştırılıp, ayırt etmenin bile güç olduğu sıralar halinde dizilmişlerdi. Bu durumun "morfolojik açıdan tekdüze" bir görüntü oluşturduğunu Michener bile kabul etmişti.[13] Bu arıları birbirinden ayıran daha ziyade yaşam tarzlarıydı.

"İklimin sosyallik düzeylerini etkilediğini biliyoruz," dedi Seán, sonra da o sırada incelediğimiz türlerin soğuk kuzey bölgelerinde yalnız yaşarken, güneyde gerçek sosyal yaşam tarzına sahip olduklarını, ılık havaların yuva kurma mevsimini uzatıp annelerle kızlara etkileşime girme fırsatı verdiğini açıkladı. Ardından, annenin bir yandan yuva yapımında çalıştırabileceği minik kızlar, diğer yandan da çoğalıp neslin devamını sağlayacak daha iri, daha iyi beslenmiş kızlar ürettiği tropikal bir türe ait resimler gösterdi. Başka örneklerde, anne sezonun başında sosyal, tamamı dişilerden oluşan yavrular yapıp can verebilir, bu durumda çiftleşme, erkek üretme ve yeni yuvalar kurup devamlılığı sağlama işi kızlarına kalır. Ter arıları balarılarının meşhur ettiği gelişkin kovan toplumlarına tam manasıyla ulaşamasa da, özgecilik gibi, bir arada yaşayan nesiller gibi, gerçek sosyal yaşam tarzının temel özelliklerini sergileyen yüzlerce türleri vardır. Onların evrimi, arıların neden diğer tüm böceklerin toplamından daha geniş bir yelpazede (ve daha sık) sosyal davranışlar geliştirdiğini açıklamaya yardımcı olur.

Arıların sosyalliğe neden bu kadar yatkın olduğunu sorduğumda, "Bunun yuva kurma davranışlarıyla bağlantılı bir şey olduğunu biliyoruz," dedi Seán. "Bilhassa düzensiz, kısıtlı alanlara yuva kurma eğiliminde" olduklarını söyleyip, bunun onları birlikte yaşamaya zorladığını anlattı. "Bir şekilde iyi geçinmeyi öğreniyorlar yani." Ama bu tür bir toplumsal yaşam kayda değer olmakla birlikte, sosyalliği de beraberinde getirecek diye bir şey yoktur – sonuçta Brian Griffin'in duvarcıları da yuvalarını yan yana kuruyor ama hemen hiç etkileşime girmiyorlardı. Belki de asıl önemli olan akraba olmayan dişilerin arasındaki ilişkiden ziyade bu dişilerin kızları arasındaki ilişkidir. Onları, en azından belli dönemlerde, çoğalmak için dağılmak yerine yuvada kalmaya, yardımlaşmaya sevk eden dürtü ne olabilirdi? Seán bu davranışın kökenini tespit etmenin zor olduğunu söyledi, ama eşekarısı ve karıncalarla ortaklıklar gösteren üreme sistemlerine, bu sistemin sosyal davranışı bir parça daha olası kıldığına işaret etti. Erkekler döllenmemiş yumurtalardan geldiği için, bir batındaki genetik çeşitliliğin azalmasına sebep olurlar, ki bu da bir yuvadaki tüm kız kardeşleri yakın akraba yapar.[14] Genetik açıdan, bu durum özgeciliği daha da işlevsel hale getirir – annenizin ve kız kardeşlerinizin gelecek nesillerin gereksinimlerini temin etmesine yardımcı olduğunuzda, kendi yumurtlama fırsatlarınızdan feragat etmiş olsanız bile genlerinizin çoğunu sonraki nesillere aktarmış olursunuz.

"Bu arılarda bir sosyallik düğmesi varmış gibi geliyor insana," dedi Seán daha sonra. Anlattığına göre bu davranış bundan 20 milyon yıl önce, iki-üç ayrı durumda gelişip ailedeki en büyük iki cins arasında yayılmış. Ama sonraki nesiller on iki ayrı durumda bu davranışı terk edip yalnız hayata dönmüş. Bu da gerçek sosyal yaşam tarzını bir kez benimseyip bir daha hiç terk etmeyen karınca, termit gibi diğer böceklerden oldukça farklı bir tablo ortaya çıkarıyor. Bu konudaki en önemli makalelerinden birinde, Seán ve çalışma arkadaşları ter arılarının sosyallik oyununda yeni olduğunu, o yüzden de bu alışkanlığı hâlâ oturtamadığını öne sürüyorlar (20 milyon yıl evrim açısından çok da uzun bir süre sayılmaz). "Gerçi henüz bilmediğimiz şeyler de olabilir pekâlâ," diye mırıldandı Seán, gözleri parlıyordu. Onu düşünürken izlediğimde, gerçek bir biliminsanının karşı argümanlara beslediği sevgiyi açıkça görebiliyordum, kendi iddialarını dahi insafsızca çürütmekten geri duramayan bir avukatı andırıyordu. "Cevap genetik verilerden çıkar belki de; onları sosyallik konusunda esnek hale getiren acayip bir şey bulabiliriz."

Böcek koleksiyonunun bulunduğu yerden Seán'ın ofisine geçtik, tek penceresi boş bir duvara bakan sade bir ofisti. Her yeri devam eden araştırmaların izleriyle doluydu: kutu kutu numuneler, küçük şişelerle dolu raflar, masaya, sehpaya hatta sandalyelere saçılmış kâğıt yığınları. Duvarları örten raflarda kitaplar, başka kutular ve görünce insanı gülümseten iki de saç kurutma makinesi vardı – numunelerin ıslaklık veya başka sebeplerle birbirine girmiş tüylerini kurutmak, kabartmak için zaruri bir ihtiyaç. Seán bitkin görünüyordu, yorgunluktan gözlerini ovuşturuyordu konuşurken. Böyle büyük bir entomoloji (böcekbilim) bölümüne başkanlık etmenin idari yükleri giderek daha çok vaktini alıyordu, sırf bu yüzden uzun süredir beklediği Güney Afrika'daki numune toplama gezisini bile iptal etmek zorunda kalmıştı. Ama araştırma grubunun ne üzerine çalıştığını sorunca yüzü tekrar aydınlanıverdi, koleksiyondaki arılardan ve eşekarılarından toplanan yığınla veriyi analiz etmeyi planladıkları iddialı bir genetik projeden bahsetti. Fosil bulgular sayesinde ulaşmayı umdukları aile ağacının, farklı arı türlerinin ve bu türlerin sergilediği çeşitli sosyal davranışların ne zaman ve nasıl geliştiğini anlamalarına yardımcı olacağını düşünüyordu. "On dokuzuncu yüzyılda doğabilimci olmak gibi bir şey," diye tarif etti yeni genetik araştırma ekipmanlarının sunduğu olanakları. "Şimdilik oltaları attık, bekliyoruz."

Çok şey öğrenmiş, ama arıların sosyal yaşamının karmaşıklığı karşısında da epey şaşırmış bir halde Seán'ın yanından ayrıldım. Charles Michener haklıydı belki de. En doğru cevap sormaya devam etmekti, ki Seán Brady ve başka uzmanların yaptığı da buydu aslında. Arıları sosyalleşmeye, sonra bundan vazgeçmeye sevk eden yol biraz genetik veriyle ve birkaç fosille aydınlığa kavuşacaktır belki. Şimdilik, yalnız arıların birbirine yakın yuvalar kurduğu her durumda sahnenin etkileşime uygun hale geldiğini bilmekle yetinmemiz gerekiyor. Genellikle pek bir şey olmasa da, bazen işbirliği yapmaya başlarlar, nadiren de olsa kızlardan biri annesine yardım etmek için evde kalır. Ve eğer bu belli belirsiz ilk adımlar başarılı olur, daha fazlasını getirirse, işte o zaman sonuç fevkalade olabilir.

Müzenin ikinci katı kalabalıktı, canlı kelebek sergisine girmek için bekleyen minik öğrencilerin ve yetişkinlerin oluşturduğu uzun bir kuyruğun içinden geçmem gerekti. Ama sonunda, koridorun köşesindeki Böcek Bahçesi isimli odanın duvarına inşa edilmiş, birçok insanın yeryüzündeki en gelişmiş sosyal canlı olarak gördüğü balarılarına ait kovanı uzaktan da olsa gördüm. Yalnızca balarısı davranışlarını –tek bir doğurgan kraliçenin tüm kızlarını nasıl etrafında topladığını; yiyecek bulma, savunma, temizlik, bal üretimi ve yavruların bakımı gibi tüm görevlerin paylaşıldığı sınıfsal olarak örgütlenmiş bir topluluğu nasıl oluşturduğunu– anlamaya adanmış yüzlerce bilimsel araştırma, sayısız kitap, makale vardır. Aralık ayındaydık ve görünüşe göre arılar başka kısımlara taşınmıştı. Birkaç işçi arı ölüsü ve kurumuş petekler dışında görecek pek bir şey yoktu haliyle. Ama yaz aylarında yaptığım bir önceki ziyarette, harıl harıl çalışarak etrafta uçuşan arıları izlemiştim; National Mall parkının rengârenk çiçeklerle dolu 120 bin hektarlık bahçesine açılan uzunca bir pleksiglas tüpten geçerek dış dünyaya gidip geliyorlardı. Böylesi bir polen ve nektar bolluğu içinde, tek bir kovanda rahatlıkla 50 bini aşkın birey barınabilir, ki bu da gerçek sosyal yaşam tarzına delil sayılabilecek bir rakamdır. Güney Avrupa, Asya, Avustralya ve tropik iklim kuşağının tamamında görülen belli başlı on bir balarısı türünün yanı sıra onların yakın akrabaları olan yüzlerce iğnesiz arı türü, bu yaşam tarzının farklı biçimlerini sürdürüyor. Evcilleştirilmiş veya yabani olmaları fark etmez, bu son derece sosyal türler bulundukları hemen her coğrafyada en çok rastlanan arılardır, bitkilerde tozlaşmanın gerçekleşmesinde ve bal üretiminde (kovan için olduğu kadar hırsız kuşlar ve memeliler için de) hayati bir rol üstlenirler. E. O. Wilson da bu hayvanlara ait yuva ya da kovanları tek bir kraliçenin yaşamının kıpır kıpır uzantısı olarak tarif eder; biyologların isabetli bir tabirle "süperorganizma" diye adlandırdıkları bir yapı içinde işbirliği yaparlar.

Böyle bir teşvik söz konusu olunca, sosyalliğe uzanan yolu birden çok kez kat etmiş olmaları pek de şaşırtıcı değil. Evrim böyledir işte, farklı durumlar karşısında sık sık aynı çözümlere ulaşan aralıksız bir yeniden icat sürecidir. Arılar yalnız yaşamın, komün hayatının ve sosyal yaşamın farklı farklı şeyler sunabileceği çok çeşitli habitatlarda yaşarlar. Evrim süreci boyunca, arı grupları kendi koşullarından en iyi şekilde faydalanabilmek için bu yaşam tarzları arasında geçişler yapmıştır. Bu kulağa çok mantıklı gelse de, bazı yönlerden çok daha temel sayılabilecek ısrarlı bir soru uyandırıyor kafamda: Madem bu kadar başarılılar, madem binlerce türle dünyanın bambaşka ekosistemlerinde hayati roller üstleniyorlar, polenle beslenme alışkanlığı niye başka türlere de sıçramadı? Milyonlarca yıldır etrafta vızıldayıp duran tüm o etobur eşekarıları arasında bu kritik eşiği neden yalnızca bir grup geçti, neden yalnızca onlar vejetaryen yaşam tarzını benimsedi? Bu soruyu Michael Engel'e sormaya karar verdim, cevabını da hemen aldım.

"*Krombeinictus!*" dedi coşkuyla, sonra da Sri Lanka tepelerinde tıpatıp arılarınkine benzer bir yaşam süren, Sphecidae ailesine mensup küçük bir eşekarısıyla ilgili bir makaleden bahsetti. Bahsettiği makale yirmi sene önce yazılmış, pek az referans gösterilmişti, ama biraz şans biraz da ısrarla yazarlarından birine ulaşmayı başardım. Ulaştığım kadın araştırmacı, Sphecidae ailesindeki bütün diğer arılardan farklı davranışlar sergileyen yeni bir türün bulunmasıyla sonuçlanan cüretkâr bir bilimsel keşif macerasının hikâyesini anlattı bana. Üstelik tamamen tesadüf eseri, anlattığı hikâye arıların ve hayatlarını sürdürmeleri için ihtiyaç duydukları çiçeklerin evrimine ilişkin bir şeyi de açıklığa kavuşturuyordu.

Arılar ve Çiçekler

Çiçekler olmadan arıların da var olamayacağını elbette bilirsiniz; peki arılar olmadan da birçok çiçeğin var olamayacağını bilir misiniz?

Charles Fitzgerald Gambier Jenyns
A Book About Bees
(Arılar Hakkında Bir Kitap; 1888)

4
Özel Bir İlişki

Çiçeklerin ne zaman açıp ne zaman solduğunu bilmek isteyen bir botanikçi arılarla daha yakından ilgilenmelidir.[1]

Henry David Thoreau, Günlük (1852)

1993 YAZINDA, muson yağmurları Gilimale, Sri Lanka'ya geç gelmiş, yaz boyu hiç durmadan yağıp kırsal kesimlerdeki yolları aşılması imkânsız çamurdan nehirlere çevirmişti. "Yağmur yağarken bir yere gitmek istediğinde," dedi Beth Norden o zamanları hatırlayarak, "ya file binerdin, ya yürürdün".

Beklenmedik yağmurlar onu saha çalışmasını kısa kesmeye, ince dalları gövdelerinden ayırıp daha sonra incelemek üzere eski şampuan şişelerine doldurarak geçirdiği çılgınca birkaç güne sığdırmaya zorlamış. Sonra, 1997'de Fulbright Bursu'yla oraya geri döndüğünde onu yine yağmurlar karşılaşmış, ama bu sefer bir şeyler keşfetmek üzere olduğunu biliyormuş. "Neler olduğunu anlamaya başladığımızda, 'Kimse bize inanmayacak, uydurduğumuzu filan düşünecekler kesin' demiştik kendi kendimize."

Beth'in Smithsonian Enstitüsü'ndeki laboratuvarına götürdüğü dallar, baklagiller ailesinden, karınca dostu olarak bilinen küçük bir ağaca aitmiş. Bu ağaç, dallarının uç kısımlarında karıncaların yuva yapabileceği oyuklar üretir, ayrıca içmeleri için de onlara bol miktarda nektar sunar. Bunun karşılığında, karıncalar da yapraklarını yemeye çalışan her şeye karşı ağacı canla başla savunur. (Akıllıca bir taktikle, ağaç çiçeklerinin yanı sıra tomurcukların ve genç yaprakların üzerindeki bezelerden de nektar sızdırıp, koruyucularını saldırılara karşı en savunmasız olduğu yerlere çeker.) Beth içi boş dalları açmaya başladığında, beklediği gibi bol bol karıncanın yanında, örümcekler, yaykuyruklular, arılar, parazit sinekler ile bir-iki tane de eşekarısı yuvası bulmuş; Sphecidae ailesine mensup olan bu küçük eşekarısı siyah, sarı ve kırmızımsı renkteymiş. Bu işte bir tuhaflık olduğunu da o zaman fark etmiş zaten.

"Eşekarısı larvaları sanki polenle besleniyorlarmış gibi sapsarıydı," dedi bana; söylediğine göre arı kurtçukları beslendikleri çiçeklerden izler taşıyan renklere bürünürmüş. Ama projedeki ortağı ve akıl hocası, merhum Karl Krombein onun bu tespitine kuşkuyla yaklaşmış. Onca yıla yayılmış araştırma deneyimiyle, Karl Krombein eşekarısı cemiyetinde Charles Michener'ın arılar dünyasında sahip olduğuna benzer bir itibara sahipti. Birçoğu Sri Lanka'da bulunan çok sayıda yeni tür keşfetmiş ve betimlemişti. Ama Beth'in dediğine göre Karl bunun gibi bir şeyi daha önce hiç görmemiş. Yuvalarda eklembacaklılara ait hiçbir kalıntı yokmuş – bu minik kurtçuklar her ne yemişlerse, bunun felç edilmiş sinek ve örümceklerden oluşan bilindik Sphecidae menüsü olmadığı belliymiş. Sonra başka bir ipucu bulmuşlar: ağzının çevresindeki tüylere polen zerrecikleri yapışmış bir dişi. En son, larva dışkılarının mikroskobik analizinde de bol miktarda sindirilmiş polene rastlamışlar. Düğümü çözen de bu olmuş zaten; tıpkı bir türlü bulunamayan Kretase'ye ait o ilk arı örneği gibi, Beth'le Karl'ın bulduğu bu yeni tür de avlanmayı bırakmış bir avcı eşekarısıymış.

"Doğru zamanda doğru yerdeydik işte," dedi Beth tevazuyla, telefondaki sohbetimiz esnasında. Uzunca bir süredir emekli olmasına karşın, hâlâ kendisinin ve Karl'ın soy isimlerini taşıyan türle (*Krombeinictus nordenae*) ilgili hatıralarını anlatmaktan memnun gibiydi. "Sanırım önce ağaçlara yuva yapmakta uzmanlaşmıştı," dedi düşünceli düşünceli, "sonrasında polene geçmek için fazlasıyla sebep bulmuştur zaten." Dalların ucundaki yuvalarına bir kez yerleştiklerinde, eşekarıları kendilerini karıncaların da beslendiği nektar kaynaklarının içinde bulmuş olmalılar, çiçeklenme mevsimi boyunca kendini gösteren zengin polen kaynakları da cabası. Avlanmayı bırakmak, bir eşekarısının bütün yaşam döngüsünü tek bir ağacın tepesinde tamamlamasını mümkün hale getirmişti ve Beth bu eşekarısının başka bir ağaçta bulunduğundan şüpheliydi. Bu durum Karl'ın daha önce Sri Lanka'ya yaptığı on dört ziyarette bir tanesini bile görmeyişini ve –Beth'in bildiği kadarıyla– o zamandan bu yana kimse tarafından bulunmamış olmalarını açıklayabilir. (Özellikle onları aradığınızda dahi, bulması zordur – binlerce içi boş dal açan Beth'le Karl bile topu topu dokuz yetişkin eşekarısı bulabilmiş, tabii o kadar az olunca teşrih için birine bile kıyamamışlar.)

Beth'in eşekarısının hikâyesi, bariz bir karşılaştırmayı ve soruyu beraberinde getiriyor. Arıların Sphecidae ailesine mensup olan ataları için, vejetaryenliğe geçiş akıl almaz bir bolluğa ve çeşitliliğe yol açmış, onları öne çıkarmıştı. Peki aynı beslenme alışkanlığına geçen *K. nordenae* nasıl böyle az rastlanır bir tür olarak kaldı? Ataları polenle beslenmeye yeni yeni başlamış, önünde parlak bir gelecek uzanıyor olabilir. *K. nordenae*'nin küçük, yalnız ve belirli çiçeklerde uzmanlaşmış ilkel arıların birçok özelliğini, davranışını sergilediğine şüphe yok. (Hatta ilginçtir, *K. nordenae* sosyal evrimin erken dönemlerinde olduğuna dair emareler de gösterir. Anneler son derece anaç ebeveynlerdir, yetişkin birer arı oluncaya dek her bir larvayla ilgilenirler, ki bu da farklı nesillerin bir arada, işbirliği içinde yaşamasına imkân tanır.) Ama diğer taraftan, polenle beslenen eşekarılarının büyük bir evrimsel sıçrama yapmadan ara sıra belirip kaybolması da pekâlâ mümkündür. "Etrafta aynı şeyi yapan başka türlerin de olduğundan hiç kuşkum yok," dedi Beth. "Sadece henüz onları tanımıyoruz."

Aslında, Beth'in sözünü ettiğinden çok daha az bilinen başka bir vejetaryen eşekarısı grubu vardır. Vespidae ailesi daha ziyade saldırgan dev sarıcalar ve sarı ceketlilerle bilinir, ama aşağı yukarı arılarla aynı dönemde evrilmiş, o zamandan beri de sessiz sedasız ama harıl harıl çalışan polen toplayıcı bir grubu daha bünyesinde barındırır. Bu "polen eşekarıları"[2] şu anda dünya genelinde birkaç yüz türe ulaşmış olsa da, yaşadıkları çevrelerde hiçbir zaman baskın olmadılar. Bu grubun bir üyesini çıplak gözle görmüş çok az insan vardır, ki onların da çok azı ne gördüğünün farkındadır. (Böceklerin evrimini konu alan kitabında, Michael Engel bile topu topu iki cümlelik yer vermiştir onlara.) Öyleyse, arıların yükselişini açıklamak için vejetaryen beslenme tarzı tek başına yeterli değildir. Arıların başarılarının bir sırrı da beslenme alışkanlıklarındaki bu değişimin onları, onların da kendilerine besin temin eden bitkileri dönüştürmesinde saklıdır.

Winston Churchill 1946 baharında yaptığı bir konuşmada "özel ilişki" diye bir tabir ortaya atmıştı;[3] dünya meseleleri üzerine unutulmaz bir konuşmaydı bu, Demir Perde terimi de ilk kez o zaman kullanılmıştı. Churchill bilhassa Birleşik Krallık'la Amerika Birleşik Devletleri'ni yan yana getiren kültürel, ekonomik ve askeri müşterek çıkarlara, iki ülkenin diğer tüm diplomatik ilişkilerinin üzerindeki istisnai bir ittifaka atıfta bulunuyordu. Şöyle bir düşününce, aslında bitkilerle hayvanların da böyle özel bir ilişkisi, olağanüstü sonuçları olan ekolojik bir birlikteliği olabilir. Etkileşimleri bir arada evrilmelerine yol açmış, bu karşılıklı dans partnerlerin kalıtsal özelliklerinde değişimler meydana getirmiş olabilir. Ders kitapları bu süreci genellikle karşılıklılık esasına dayalı bir eşleşme olarak tasvir eder, ama birden çok türün, zamana ve coğrafyaya göre epey farklılık gösteren çevresel koşulların da işin içine karıştığı bu ilişki hemen her zaman göründüğünden daha karmaşıktır. Çevrebilimci John Thompson, bu etkileşimler için kullanılan son derece isabetli bir terimle tanıştırdı beni: "eşevrimsel girdaplar" (*coevolutionary vortices*) – evrimin kendi geniş akıntısı içinde oluşup onunla birlikte sürüklenen minik anaforlar gibi.[4] Ama bütün karmaşıklığına rağmen, insanlar eşevrimi (ya da birlikte evrimi) büyük oyuncularda meydana getirdiği nispeten açık emarelerle özdeş tutar genelde – daha hızlı antiloplar daha hızlı çitaları beraberinde getirir vesaire. Arılara gelince, çiçeklerle aralarındaki tutkulu dansın en bariz sonucu tüylerdir.

Arıların tüyleri (*fuzz*) çocukların yazdığı hemen her şiirde geçer, çünkü en bariz özelliklerinden bir diğeri olan vızıltıyla (*buzz*) kafiye oluşturur. Ama biliminsanları bile inceledikleri arıları sınıflandırıp tanımlarken tüylere başvurur. Bir arıyı eşekarısından ayırmak için kadifemsi mantosuna bir kez bakmak yetebilir, özellikle de arı türlerinin eşsiz niteliklerini belirginleştiren bir büyüteçle bakıyorsanız. Eşekarısının pürüzsüz bedenine dağılmış sey-

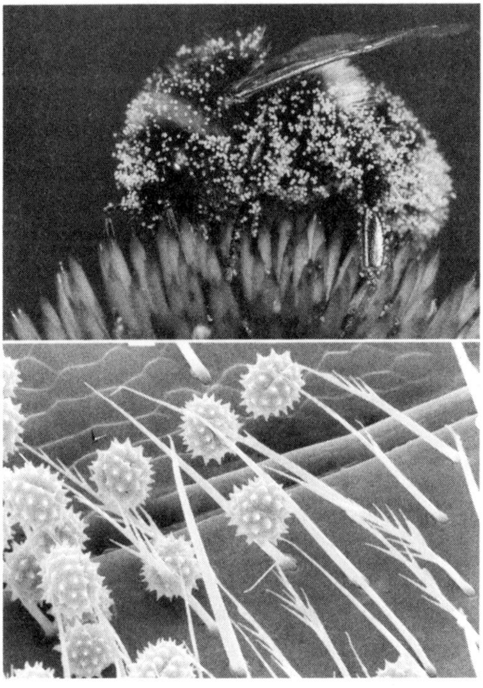

Şekil 4.1. Tüm bedeni polene bulanmış bir yabanarısı (üstte) bir ekinezyanın tepesinde yiyecek arıyor. Elektron mikroskobuyla taranmış görüntüsünde (altta), arının belirgin biçimde dallı tüylerine yapışmış polen zerreleri açıkça görülüyor. Üstteki fotoğraf © Richard Enfield; alltaki fotoğraf © Bath Üniversitesi, Birleşik Krallık.

rek tüyleri kısa, sivri iplikler gibi basit görünür. Arıların bedeni ise kabarık bir tüy yumağı gibidir; bazısı düz, bazısı kuştüyü misali yumuşacık, dallı budaklıdır.[5] Nasıl ki toz alma püskülleri kitaplıkların, abajurların üzerinde biriken tozları çabucak topluyorsa, arıların tüyleri de polen toplar. Karmaşık yüzeyleri polen tanelerinin yapışıp kalabileceği boşluklara sahip bir örgü gibidir, arıların tozlaşmadaki etkilerini büyük ölçüde artırır. Çiçekleri izlemeye vakit ayırırsanız bu faaliyetin tüm detaylarını görebilirsiniz – polenlerle bezeli arılar, pürüzsüz tenlerini kirletmeden nektar yudumlayan eşekarılarının yanı başında yiyecek arar genellikle. Ama bu fikri daha kesin bir teste tabi tutmak isteyenlere, buğday unu, hassas bir tartı ve deneyimize uygun bir çift böcekten başka bir şey gerektirmeyen basit bir deney önerebilirim.

Smithsonian gibi doğa tarihi müzelerinin koleksiyonları nemi, zararlı böcekleri, mantarları, yani sabitlenip etiketlenmiş haldeki numunelere zarar verebilecek her şeyi dışarıda tutacak şekilde tasarlanmış hava geçirmez bölmelerden oluşan raflarda muhafaza edilir. Ben numuneleri buzlukta saklıyorum. Soğuk atıştırmalıkları ve birayı soğuk tutmak üzere tasarlanmış, sızdırmaz kapaklı orta büyüklükteki bir soğutucu (ve birkaç naftalin topu) böcek muhafaza etmek için birebirdir. Yapmayı planlandığım deney için iki numune yeterliydi –çakıl yatağında izlediğim Sphecidae ailesine mensup bir kum eşekarısı ile benzer büyüklükte bir yabanarısı. Ofisimdeki tezgâhın üzerinde yan yana uzanırken birbirlerine çok benziyorlardı, arının eşekarısı atasından çok şey miras aldığı çıplak gözle bile görülebiliyordu – ikisi de temelde aynı vücut yapısına, birbirinin tıpatıp aynısı bir çift hassas kanada sahipti. Ama eşekarısı yalnızca sırtına ve bacaklarına yayılmış diken gibi kıllarıyla uzun ve zarif görünürken, arının kışın tüyleri uzamış küçük bir memeli gibi kalın bir kürkü ve tıknaz bir görüntüsü vardı. (Psikolojik olarak, insanların arılara beslediği sempatinin başka bir veçhesi olabilir bu: Bazıları okşamak isteyeceğimiz evcil hayvanlara benzer.) Her birini terazide dikkatlice tarttıktan sonra, petri kabının dibini unla kaplayıp ikisini de içine koydum.

Toz haline getirilmiş tahıl tanelerini cansız böceklerin üzerine serpiştirmek, polen toplamanın çok kaba bir taklidi gibi görünebilir, ama sonuçları şaşırtıcı ölçüde bilgilendirici oldu. Un, görevini fazlasıyla yerine getirip, böceklerin tüylerine yapışan polen zerrelerini andıran minik beyaz toplar oluşturdu. Meyve yetiştiricileri bunu gayet iyi bilir, hurma ve antepfıstığı gibi sürekli ilgi isteyen ağaçlarda tozlaşmayı yapay yollardan gerçekleştirmek istediklerinde polenle unu bire dokuz gibi yüksek bir oranla karıştırırlar. (Daha çok kişiye yetsin diye çorbaya su eklemeyi andıran bu teknikle, az miktarda polen çok sayıda ağaca yetecek kadar çoğaltılabilir.) Önce arıyı çıkardım petri kabından. Alışveriş merkezlerindeki Noel ağaçlarının üzerindeki suni kar gibi, bütün vücudu unla kaplanmıştı, bacakları ve unla temas eden tüylerinin hepsi baştan aşağı una bulanmıştı. Hafifçe bir sallayıp nazikçe üfledim, ama unun çoğu yerinden bile kımıldamadı. Tekrar tartınca ağırlığının yüzde 28,5 arttığını gördüm, bu rakam ortalama ölçülerde bir insan için yirmi üç kiloluk bir sırt çantasına denktir. Cansız, kaskatı bir numune için hiç fena bir rakam sayılmaz; ayrıca, bu rakama bakıp canlı arıların bundan daha fazlasını taşıyabileceğini düşünmek iyimserlik olmaz – kendi vücut ağırlıklarının yarısından fazla ağırlıkta polen taşırken yakalanan vahşi yabanarıları vardır. Gözlerimi eşekarısına çevirdiğimde, onun da bir miktar un taşıdığını gördüm. Ama arınınkine yoğun bir kar yağışı dersek, eşekarısınınki kayakçıları, snowboard yapanları ve okulların tatil olmasını bekleyen çocukları hayal kırıklığına uğratırdı. Karnı ve bacaklarındaki inatçı tüylere tutunabilmiş birkaç beyaz leke dışında, eşekarısının bedeni neredeyse tertemiz görünüyordu. Bir gramın yüzde birini ölçebilen hassas terazim, eşekarısının ağırlığında belirgin artış tespit edemedi.

Dallı budaklı tüylerin evrimi, arılara doğanın en hayati istatistiklerinden biriyle ölçülen bir avantaj sağladı: yavruları için daha fazla besin. Ama aynı zamanda da polenin bedenlerinin tamamına yayılmasına yol açarak, bu polenlerin bir kısmının başka çiçeklere bulaşma ihtimalini önemli ölçüde artırdı. Tüylerle kaplı bir vücudun "pasaklılığı", arıların diğer vejetaryen eşekarılarının hiç gelişmediği ölçüde gelişmesini açıklamak açısından önemli bir noktadır. Beth Norden bulduğu eşekarısının ağzının çevresindeki tüylerde polene rastlamış, ama bunu genellikle polenleri yutup yuvada kusmalarına bağlamıştı, ki Vespidae ailesindeki polen eşekarılarının yaptığı da tam olarak budur. Bu alışkanlık larvaların karnını tok tutsa da, dallı tüyler gibi dışsal özelliklere duyulan ihtiyacı ortadan kaldırıp tozlaştırıcı (polen taşıyıcı) olarak rollerini ciddi ölçüde sınırlandırır. Bir bitkinin bakış açısından, poleni vücutlarının *içinde*, hiçbir işe yaramayacak şekilde taşıyan tüysüz ziyaretçileri cezbetmenin ne gibi bir anlamı olabilir ki sonuçta? Denklemin botanik tarafına ciddi bir katkıları olmadığı için de eşekarılarının tozlaşma sürecinde önemli bir rol üstlendiğine pek rastlanmaz.[6] Çünkü bu ilişkiyi iki tarafın *birlikte* evrildiği bir ilişki haline getiren şey esasen çiçeklerin yaptığı yatırımdır, çiçeklerin arılar için yaptıklarıdır. İki tarafın da kendisini sürekli olarak polen naklinin maliyet ve getirilerine uyumlu hale getirmesiyle, arılar ve konakladıkları çiçekler farklı adaptasyonlar üreten ve çarpıcı oranda yeni türe önayak olan bir girdabın içinde, birlikte var olurlar. Bu ilişkinin sonuçları, on dokuzuncu yüzyılın ortalarına doğru bilimin en kötü şöhretli bilmecelerinden birini doğurmuştur.

Fosil kalıntılarında arılara nadiren rastlansa da, çiçekli bitkilere nispeten daha çok rastlanır. Nitekim Kretase'nin son dönemlerinden kalma tortulardaki çiçekli bitki fosillerinin beklenmedik çeşitliliği Charles Darwin'in yavaş ilerleyen evrim fikrine gölge düşürmüştü. Botanik uzmanı Joseph Hooker'a yazdığı bir mektupta, Darwin'in çiçekli bitkilerin yükselişini "lanet bir gizem" olarak nitelediğini birçok kişi bilir. Darwin aynı mektubun daha az bilinen bir yerinde, Fransız biliminsanı Gaston de Saporta'nın "çiçekleri ziyaret eden böceklerin gelişmesi ve melezleşmeyi desteklemesiyle damarlı bitkilerin şaşırtıcı bir hızla geliştiği" iddiasına atıf yapar.[7] Saporta ile uzun yıllar yazışan Darwin, eğer bitkiler gerçekten hızlı bir evrim geçirdiyse –ki Darwin'e göre büyük

Şekil 4.2. Charles Darwin, sakalları kendisininki kadar uzun olmasa da çiçekli bitkileri hızlı bir evrime yönelten şeyin böceklerle birlikte evrilmeleri olduğunu öne süren ilk biliminsanı olan Fransız doğabilimci Gaston de Saporta ile uzun yıllar yazışmıştı. Wikimedia Commons.

bir "eğer" idi bu– en iyi açıklamayı Saporta'nın böcek teorisinin sunduğunu kabul etmişti. Ama sonra, ikisinin de kısmen haklı olduğu kanıtlandı. Darwin şüphelerinde haklıydı, çünkü çiçekli bitkiler Kretase'den önce evrilmiş,[8] beklenmedik nüfus patlamasından önce de milyonlarca yıl ağır ağır gelişmişlerdi. Ama Saporta'nın da haklı olduğu bir nokta vardı: Çiçekli bitkilerin dünyanın karada gelişen tüm bitki örtülerinde baskın tür haline gelmesini sağlayan, sahip oldukları karakteristik özelliklerin pek çoğunu kazandıran şey böceklerle, özellikle de arılarla birlikte geçirdikleri evrimdi. Bu etkileşim olmasaydı, bahçelerimizden, parklarımızdan tutun da çalılara, çayırlara kadar her şey oldukça farklı görünür, farklı kokardı.

Henry Wadsworth Longfellow çiçekleri "öyle mavi, öyle sarı"[9] diye nitelerken arıların gözlerindeki reseptörleri düşünmüyordu muhtemelen, ama hakkında çok yazılıp çizilmiş rengârenk demetinin içinde o tonların öne çıkması da tesadüf değildi. Bu iki ton arıların görsel spektrumunun tam ortasına düşer, yani çiçekler polen taşıyan arıları baştan çıkarmak için bu tonlara bilhassa bürünür. Bir bitkinin taçyaprağının büründüğü rengin evrimi, çiçeklerini döllemek için izlediği stratejinin bir uzantısıdır genellikle – arıların sunduğu hizmetten faydalanmak, onları bu hizmeti sunmaya ikna etmek zorunda olmasalardı şayet, hardal gibi, peygamberçiçeği gibi çiçeklerin büründüğü renklerin her biri son derece istisnai olurdu, hatta muhtemelen bazıları hiç var olmazdı. Mor renk de az bulunurdu; gerçi nektarla beslenen kuşları cezbetmek için çiçeklerine arsız kırmızılar serpiştiren birkaç bitki olurdu yine.[10]

Yaygın biçimde arılarla ilişkilendirilen bir diğer özellik de koku almadır; bu açıdan bakıldığında, Walt Whitman "gündoğumunda hoş kokuların"[11] sardığı güzel bir çiçek bahçesine duyduğu özlemi dile getirirken, bilinçli bir şekilde olmasa da son derece isabetli bir biyolojik gözlem yapmıştır aslında. Gerçekten de birçok çiçeğin kokusu sabah saatlerinde daha yoğundur, çünkü sabahın ilk ışıklarıyla sıcaklık yükselip de aç arılar karınlarını doyurma telaşına düşünce ilk baktıkları yer gece boyunca nektarla dolmuş çiçekler olur. Bitkiler için bulunmaz bir tozlaşma fırsatıdır bu; reklam vermek için de en doğru zamandır. Eğer arılar bu denklemde yer almasaydı, Whitman yürüyüşlerini ay ışığında, güvelerin tozladığı çiçeklerden yayılan iğrenç kokuları alıp götürecek tatlı bir esinti eşliğinde yapardı muhtemelen. Gerçi o zaman bahçede gezinmek aklına bile gelmezdi herhalde, çünkü çiçeklerin çoğu sineklerle eşekarılarına çekici gelecek terpen kokuları, çürümüş et kokuları yayardı. (Arıların bizim şiirlere layık bulduğumuz kokuları tercih etmesi, doğanın hoş tesadüflerinden biri olarak kabul edilebilir.)

Rengin ve kokunun ötesinde, birçok çiçeğin şeklinin de kökeninde arılar vardır. Yuvarlak çiçekler polen ve nektar arayan (arılar da dahil) her böceğe hitap ederken, daha ayrıntılı çiçeklerin çoğu belirli ziyaretçilere uygun olarak evrilmiştir. Bir böceğin perspektifinden, "gel vatandaş gel!" çağrısıyla çok sayıda ziyaretçi toplayan yuvarlak çiçeklere hangi açıdan, hangi yönden yaklaşırsanız yaklaşın sonuç aynıdır. Claude Monet ayçiçeği natürmortlarına tozlaştırıcıları da dahil edecek olsaydı mesela, çeşit çeşit arının yanı sıra, çiçek sinekleri, arı sinekleri, kelebekler, eşekarıları ve kınkanatlılardan oluşan büyük bir kalabalığı işin içine katması gerekirdi. Diğer taraftan, yuvarlak şekli terk eden çiçekler kimi davet edecekleri, poleni nerede saklayacakları gibi konularda çok daha seçici olabilirler. Bezelye çiçeğinin geniş taçyaprakları yahut aslanağzının dudaklı taçyaprakları botanikçilerin tabiriyle zigomorftur: Yunancada iki öküzü birbirine bağlamakta kullanılan boyunduruk anlamındaki sözcükten gelen bir terim. Tıpkı koşumla birbirine bağlanmış iki hayvan gibi, bu yapraklar da ikiyanlı (bilateral) simetri sergiler (kendi yüzlerimizden de aşina olduğumuz bir simetridir bu – yüzün tam ortasına gelecek şekilde yukarıdan aşağıya bir çizgi çizildiğinde, bir taraf diğer tarafın ayna imgesi-

Şekil 4.3. Claude Monet natürmortlarına tozlaştırıcıları da dahil etseydi, soldaki yuvarlak ayçiçeği demetine arılardan tutun da sineklere, eşekarılarına, kelebeklere, kınkanatlılara kadar bir sürü böcek eklemesi gerekirdi. Oysa sağdaki daha özelleşmiş süsenler için yabanarıları eklemesi yeterli olurdu. Wikimedia Commons.

dir). Çiçekler açısından, bu tasarım açıkça tanımlanmış bölümlerin yanı sıra yukarıyla aşağı arasında belirgin bir fark yaratır ve ziyaretçilerin belirli bir yoldan içeri girmesini gerektirir. Bu özellik bir kez kazanıldığında, çiçeğin farklı kısımları belirli yerlerde, belirli şekil ve büyüklükteki böceklerin üzerine polen serpiştirmek için her türlü adaptasyonu geliştirebilir. Ama bitkilerin böyle spesifik bir yaklaşımı sürdürebilmesi için serpiştirdikleri polenin hedefine iyice tutunabilmesi şarttır, zaten arıları zigomorf çiçeklerin en sadık müdavimi haline getiren de budur. Ayçiçekleriyle kıyaslayınca, sarı süsenlerinin üzerindeki tozlaştırıcıları resmetmek Monet için çocuk oyuncağı olurdu herhalde, çünkü onlardan polen toplayabilen neredeyse tek böcek türü yabanarılarıdır. Derin tüpleri ve dikine gelişimleriyle sarı süsenler arıları belirli bir yere konup geniş, polen yüklü bir erciğin altından geçmeye zorlar; bu ercik –bir uzmanın tarif ettiği gibi– "bir yabanarısının sırtının üstüne cuk oturur".[12] Dişi organlar da oradadır, onlar da arının sonraki süsene konduğunda polen yükünü doğru yerde bırakmasını sağlarlar.

Çiçeklerin sahip olduğu ayırt edici motifler belirli bir grup tozlaştırıcıyı çekmek için tekrar tekrar evrim geçirdiğinde, botanikçiler buna "tozlaşma sendromu" diyorlar. Bu sendrom çiçeklerin renk ve boyut gibi en genel özelliklerinden, yaydıkları kokunun kimyası, nektarlarını tatlandıran şekerin türü gibi en özgül olanlara kadar birçok özelliğini etkileyebilir. Örneğin sinekkuşları kırmızı, sakkaroz bakımından zengin tüp benzeri çiçekleri tercih eder, bu da hanımeli, nane, sıracaotu, düğünçiçeği, ökseotu gibi çok çeşitli ailelere mensup bitkilerde görülür. Birçok başka hayvana hitap eden çiçek örüntüleri de vardır: Yarasaları hedef alanlar geceleri çiçek açar, soluk, korumasızdır; kelebekleri hedef alanlar büyük, rengârenk, hoş kokuludur; keselileri hedef alanlar ise fırça gibi, dayanıklı, donuk renklidir. Birden fazla grubu çeken, genele hitap eden çiçekler ve istisnalar her zaman olsa da, tozlaşma sendromları bitkilerle hayvanlar arasındaki etkileşimleri öngörmekte çok yardımcı olabilir. Örneğin güvelerin çiçek alışkanlarını bilmesi, Charles Darwin'in Madagaskar'daki uzun dilli bir türün varlığını türün keşfinden kırk yıl önce sezmesine imkân tanımıştı. Darwin adaya hiç ayak basmamıştı, ama birisi ona hoş kokulu, beyaz, otuz santimlik nektar dolu tüpüyle (mahmuz da denir) bir Madagaskar orkidesi gönderince, bu çiçekte tozlaşmayı başka hiçbir canlının kolay kolay gerçekleştiremeyeceğini bir bakışta anlamıştı. Vakit kaybetmeden Joseph Hooker'a bir mektup yazmış, çiçeği tarif edip şöyle demişti: "Bunu emen güvenin upuzun bir dili olsa gerek!"[13]

Tüm tozlaştırıcılar içinde en fazla çeşitlilik gösteren, sayıca en kalabalık tür olan arıların ziyaret ettiği çiçekler de muazzam bir çeşitlilik gösterir, çünkü arılar geniş bir yelpazedeki renk ve şekilleri çekici bulur, başka tozlaştırıcılara daha uygun olan çiçeklere gizlice sokulabilirler. (Örneğin çoğu arı kırmızıya kördür, ama sinekkuşu çiçeklerini –çevredeki yapraklarla aralarındaki ton farkları ve şekilleri sayesinde– tespit edebilirler.) Aslında arılara çekici gelen özellikler öyle çeşitlidir ki tüm bu özellikleri tek bir "arı sendromu" başlığı altında toplamak imkânsızdır. Arılar denklemin dışında kalacak olsa, çiçekler kendilerine çekicilik katan, doğal karşıladığımız tüm karakteristik özelliklerini yitirir. Bir adada mahsur kalarak Daniel Defoe'nun *Robinson Crusoe*'suna ilham kaynağı olan denizci bunu açıkça görmüştür herhalde.

Alexander Selkirk 1704 yılında Juan Fernández Adaları'nda demir atıp karaya çıkmayı talep ettiğinde, su sızdıran, her yanını kurtların kemirdiği gemiyi terk etmeye can atan mürettebatın da peşinden gelmesini bekliyordu.[14] Ama öyle olmadı, Şili'nin 650 kilometre açıklarında, kayalıklarla kaplı, soğuk bir Güney Pasifik adasında yapayalnız kaldı. Selkirk dört yıllık çilesi boyunca hiç günlük tutmadı, ama söylentilere bakılırsa, adada hayatta kalmak konusunda öyle becerikli hale gelmişti ki adanın vahşi keçilerini çıplak ayaklarıyla ve yalnızca ellerini kullanarak avlayabiliyordu. Eğer avcılıkta sergilediği bu beceriyi toplayıcılıkta da gösterdiyse, adanın bitki örtüsünü iyi tanımış ve neden karşılaştığı hemen her çiçeğin küçük ve yuvarlak olduğunu, neden hepsinin yeşile çalan bir beyaza büründüğünü merak etmiş olsa gerek.[15]

Tıpkı diğer ücra takımadalar gibi, Juan Fernández grubu da kıtalardan gelen bitkiler tarafından yavaş yavaş kolonileştirildi. Şimdilerde çayırlardan sık ormanlara kadar değişen habitatlarda iki yüzden fazla bitki türüne evsahipliği yapsa da, adada tek tük görülen yegâne arı kısa süre önce Şili kıyılarından gelen minik bir ter arısıdır. Bu arı henüz tozlaşmada önemli bir rol oynamaz, bu da buradaki volkanik kayalıkların denizlerden başlarını ilk çıkarmasından bu yana geçen milyonlarca yılda, adaya sonradan gelen ve arılara bağımlı olan hiçbir türün burada tutunmayı başaramadığını ya da kendi tozlaşma yöntemlerini adada mevcut olan yöntemlere, en başta da rüzgâr ve kuşlara uydurmak durumunda kaldığını gösterir. Şaşırtıcı bir şekilde, en az on üç farklı cinse mensup olan bitkiler tam da bunu yapmayı öğrenmiştir. Bazıları sinekkuşlarının gagasına daha iyi uyum sağlamak için çiçeklerinin boyunu uzatırken,[16] şimdi rüzgâra bağımlı olan diğerleriyse hiç ziyaretlerine gelmeyen arılara sunacakları ödülü yani nektarı bol miktarda üretmeye devam ederek tozlaştırıcılara bağımlı oldukları zamanları ele verir. Juan Fernández bitki örtüsü arıların yokluğunda oluşup gelişti; böyle bakınca, yeşil ve beyazın hâkim olduğu tekdüze çiçekleri arısız bir dünyanın neye benzeyebileceğinin ipuçlarını veriyor aslında. Diğer taraftan, yeni gelenlerden hiç değilse bazılarının tozlaşma stratejilerini hızlıca değiştirebilmiş olması da arılarla çiçekler arasındaki ilişkinin fiiliyatta nasıl işlediğiyle ilgili birçok şey söylüyor.

Birlikte evrim (ya da eşevrim) konusundaki hemen her tartışma çabucak, düşünürlerin "nedensellik ikilemi" adını verdikleri, bizimse genellikle "Tavuk mu yumurtadan çıkar, yumurta mı tavuktan?" sorusuyla ifade ettiğimiz meseleye gelip tıkanıverir. Konu arılarla çiçekler olduğunda, iki tarafın da partiye dansa hazır bir halde katıldığını biliyoruz. Görünüşe bakılırsa, dallı budaklı tüyler arıların evrimlerinin erken evrelerinden beri polene düşkün oluşlarının son halkasıdır; Seán Brady şöyle ifade etmişti bunu: "Bu tüylerden tüm arılarda var, dolayısıyla onlar da en az arılar

Şekil 4.4. Robinson Crusoe illüstrasyonları kazazedeyi çiçeklerle süslü sık, tropikal bir bitki örtüsüyle çevrili halde tasvir eder genelde. Oysa hikâyeye ilham kaynağı olan adalarda hemen hiç arı yaşamadığı için buralardaki bitki örtüsü büyük ölçüde küçük, tekdüze çiçeklerden ibarettir. İllüstrasyon: Alexander Frank Lydon, Daniel Defoe, *The Life and Adventures of Robinson Crusoe* (1865) içinde. Wikimedia Commons.

kadar eski olsa gerek."[17] Denklemin botanik tarafındaysa, bitkiler böceklerin aracı olduğu tozlaşmayı uzunca bir süredir deniyor, muhtemel taliplerini nektarla ya da yenilebilir çiçeklerle baştan çıkarmaya çalışıyorlardı. (Bu eski stratejilerin bazıları hâlâ kullanılıyor – örneğin Monet'nin meşhur nilüferleri bahçesinde tek bir arı olmasa dahi serpilirdi, çünkü nilüferlerde tozlaşmayı küçük, çiçek yiyen kınkanatlılar da gerçekleştirir.) Elimizde yeterli fosil kanıt olmadığı için, filmi geri sarıp dansın ilk adımlarını izleyemiyoruz, ama modern araştırmalar dansı başlatan tarafın genellikle bitkiler olduğunu gösteriyor. Örneğin pembe maymun çiçeklerini turuncuya boyayan araştırmacılar, önceden yabanarılarının gerçekleştirdiği tozlaşma ziyaretlerini bir nesil içinde sinekkuşlarının devraldığını tespit ettiler.[18] Güney Amerika petunyaları üzerinde yapılan benzer bir deney, çiçeklerin tek bir genin faaliyetini değiştirerek arıdan atmaca güvesine, atmaca güvesinden arıya geçiş yapabildiklerini ortaya koydu.[19] Bu bulgular, çiçeklerin evrimindeki nispeten küçük adımların tozlaştırıcılar için son derece önemli sonuçlar doğurabildiğini, bunun da bazı uzmanların arılarla çiçekler arasındaki ilişkiden bahsetme şeklini değiştirdiğini doğruluyor.

Herhangi bir biyoloji ders kitabının sayfalarını karıştıracak olursanız, tozlaşmanın hemen her zaman ışıltılı terimlerle tanımlandığını, çiçeklerin nektarı "yararlı" ziyaretçilerine sunulacak bir "ödül" olarak ürettiği gibi açıklamalara yer verildiğini görürsünüz. Biliminsanları bu tür ilişkileri "karşılıklı fayda birlikteliği" (mutualizm) olarak adlandırır. Ama biraz daha eşelediğinizde, bazı araştırmacıların daha isabetli bir dil kullandığını, "manipülasyon", "sömürme" gibi terimlere başvurduğunu görürsünüz. Çünkü bu devasa çiçek ziyafetinde her şey iyi niyet ve sadakadan ibaret değildir. Örneğin nektar üretmek bitkiler açısından epey maliyetli bir iştir, bu yüzden de bayram şekeri gibi her gelene ikram etmezler. Çiçeklerin çoğu nektarı doğrudan arıların ziyaret vakitlerine, nereye gittiklerine, gittikleri yerde ne kadar kaldıklarına göre belirlenen bir takvime uygun olarak, belli yerlerde, belli miktarlarda sunar. Üstelik bu nektar şeker içermekle birlikte, genellikle arıları ucu ucuna cezbedecek kadar tatlıdır, onların tercih edeceği kadar tatlı değil.[20] (Yemeği kendileri pişirince bal yapıyorlar ne de olsa.[21]) Bitkilerin tozlaştırıcıları manipüle etme yöntemlerinin çeşitliliği ve sergilediği yaratıcılık hayret vericidir. Bazı bitkiler nektarına kafein katar örneğin, bu da arıları o bitkileri hatırlamaya ve (ancak alışkanlık olarak tarif edilebilecek bir şekilde) tekrar tekrar ziyaret etmeye teşvik eder. Nektarın tüplerin dibine gizlenmesi, arıları nektara ulaşabilmek için başlarını içeri sokmaya, yol üstündeki anter ve erciklere temas etmeye mecbur bırakır. Bazı çiçekler poleni, hatta yenilebilir yağları yem olarak kullanarak arıları gözeneklerinin, keselerinin içine girip orada oyalanmaya, ödüllerini sallayarak ve kazıyarak elde etmeye zorlar. Aşağı veya yukarı bakan çiçeklerde arılar için konma ve tutunma yerleri vardır, bunların üzerindeki mikro dokular bile süreçte rol oynar. Bitkilerin diğer kısımlarındaki hücrelerin aksine, taçyapraklarının yüzeyindeki hücreler sivri uçları yukarı bakan birer koni şeklindedir. Laboratuvarda bu küçük yapılar ortadan kaldırıldığında, taçyapraklarına ulaşan arılar parke zeminde koşmaya çalışan köpekler gibi kaymaya, çırpınıp düşmeye başlar. Arıları etkileyen çiçek özellikleri en az tozlaşmanın kendisi kadar çeşitli ve yaygındır; ama arıları yönlendirmek konusunda hiçbir bitki grubu, çiçekleri kimi zaman göz göre göre hilekârlığa başvuran orkideler kadar yaratıcı değildir.

Yaşadığım yerdeki yaprak dökmeyen ormanların gölgesinde, baharın gelişini bilimsel adı *Calypso bulbosa* olan küçük pembe orkidelerin serpilmesi haber verir. Mercan parlaklığındaki bu bodur çiçekler, ilk kraliçe yabanarısının kış uykusundan uyanıp yiyecek aramaya başlamasıyla birlikte açılır. Orkideler yaydıkları hoş kokularla, geniş bir pisti andıran yüzeyleri, davetkâr şeritleri ve nektar vaadini cümle âleme ilan eden sığ tüpleriyle tam bir arı besini gibi görünür. Bazı çeşitleri polen görünümüne sahip sarıya çalan anter benzeri tüylere bile sahiptir. Ama bütün bu görüntü tezgâhtır ve bu tezgâha düşen hiçbir arı sırtına yapışan iki polen topundan başka bir şey elde edemez. Polen arının ulaşamayacağı bir noktada, toplar halinde yapışık durumdadır – arının hiçbir işine yaramaz, ama arının tezgâha düşmesi halinde bir sonraki adresine teslim edilmek üzere kusursuzca yerleştirilmiştir. Aslında arılar bu tür yalancı çiçeklerden kaçınmayı çabuk öğrenir, ama tek bir orkide on binlerce, hatta yüz binlerce minik tohum üretebildiğinde, bu tohumlar az miktarda tozlaşmayla çok geniş alanlara yayılabilir. Baharın başka bir habercisi olan hanım terliği orkidesi bu kandırma stratejisini bir adım daha ileri götürür. Arıları kokusuyla yemledikten sonra derin, kese benzeri dudağıyla onları kısa süreliğine kapana kıstırır. Kafası karışan arılar çiçeğin arka tarafındaki dar kaçış tüneline açılan "pencerelere" çekilir. Arılar çıkışa doğru emekledikçe polen toplar (daha doğrusu, kendilerini bekleyen poleni teslim alır).

Orkidelerin üçte biri tozlaşma için bir çeşit aldatmacaya bel bağlar, adil bir ödül vaat edenler bile bu ödüle ulaşmak isteyen arıları epey bir uğraştırır; onları ön bacakları üstünde sarkmaya, göletlerde yüzmeye, kaydırak benzeri oyuklardan yuvarlanmaya zorlar. Amerika'nın tropik bölgelerindeki erkek Euglossine arıları tüm bunları, hatta daha da fazlasını yapar, ama nektardan ziyade çiftleşme ritüellerinde önemli bir yere sahip olan çiçek parfümlerini toplamak için.[22] Yüzlerce farklı orkide yalnızca belirli arı türlerini çeken özel kokular üretir; bu arılara uygun şekle ve boyuta sahip incelikli polen aktarma yapıları da çiçekle tozlaştırıcı arasındaki bağı güçlendirir. Kokuyla çiftleşmenin oluşturduğu bu kombinasyon muhtemelen orkidelerin kullandığı stratejiler arasında en acayip olanını da tanımlar; ya çok fantastik ya da fazla uygunsuz geldiği için ilk gözlemcilerin tahayyül bile edemediği bir aldatma taktiğidir bu. On dokuzuncu yüzyıla damgasını vuran doğa tarihi çılgınlığı boyunca, bu gerçeği sezen tek kişi pek de tanınmayan bir amatör olmuştu.

Dedesinin ve babasının ardından, Muhterem Ralph Price da İngiltere'nin güneyindeki Kent bölgesine bağlı Lyminge kasabasında sırasıyla mahalle papazlığı, hamilik ve bölge papazlığı yap-

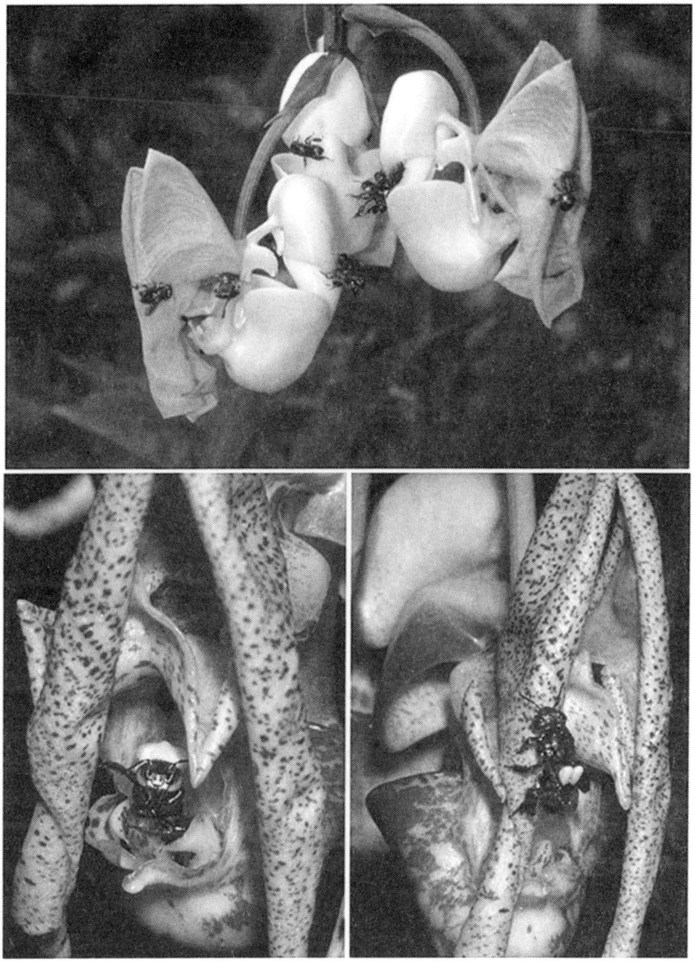

Şekil 4.5. Orta Amerika'daki erkek Euglossine arıları *Coryanthes* cinsi bir kova orkidesinin tuhaf çiçekleri etrafında toplanıyor (üstte). Arılar çiftleşme ritüelleri için koku damlacıkları toplarken kayıp içi sıvı dolu bir kovaya düşer, çiçeğin arkasındaki kaçış tünelini keşfedinceye kadar aşağı yukarı otuz dakika boyunca burada debelenirler. Özgürlüklerine kavuşmak için kendilerini dışarı atmaya çalışırken polen toplamış, daha doğrusu kendileri için hazırlanmış poleni teslim almış olurlar (sol altta). Arılar tekrar kanatlanmadan önce nefeslenip kurulanırken, üstlerindeki polen topları genellikle açıkça görülür (sağ altta). Fotoğraflar © Günter Gerlach.

Şekil 4.6. *Ophrys* cinsi arı orkideleri, çiçeklerle çiftleşmeye çalışırken farkında olmadan tozlaşmanın gerçekleşmesini sağlayan erkekleri kandırırken dişilerin şeklini ve kokusunu taklit eder. Sol üstten başlayarak saat yönünde: *O. bombyliflora, O. lunulata, O. insectifera, O. cretica*. Fotoğraflar © Orchi, Esculapio ve Bernd Haynold, Wikimedia Commons.

tı. Konumu ona gerçek tutkusu olan nadir bitkilerin peşinde, kırlarda uzun yürüyüşler yapabilecek kadar boş zamana sahip olduğu saygın bir hayat sağlıyordu. Bir botanikçi olarak, Price çançiçeği ailesinin alışılmadık bir üyesini yeniden keşfederek ve arıların sık sık *Ophrys* cinsi orkidelere "saldırdığına" ilişkin gözlemleriyle sivrildi. Kuşkusuz, *Ophrys* çiçekleri böceklerin bedenlerini, kanatlarını, hatta antenlerini taklit ettiği düşünülen tuhaf şekilleriyle uzun bir zamandır merak konusuydu. Ama daha önce hiç kimse böyle bir iddiada bulunmamıştı, öyle ki Charles Darwin bu iddiayı işittiğinde şaşıp kalmıştı: "Bu [Price'ın gözlemi] ne anlama geliyor, bilemiyorum."[23] Viktorya döneminin muhafazakâr tutumu bilimsel ihmallerle bir araya gelince, yarım yüzyılı aşkın bir süre boyunca hiç kimse bu konuda düşünmeye cüret edememişti. Ama 1930'larda, Fransa'dan Cezayir'e uzanan çok sayıda araştırmanın hepsi aynı sonuca işaret ediyordu: Arılar çiçeklere saldırmıyor, onlarla çiftleşmeye çalışıyordu.

Ophrys orkidesi için, başarılı çapraz tozlaşma üç aşamalı kurnaz bir oyun gerektirir. İlk adım, çiftleşmeye hazır, şehvetli bir dişinin kokusunu taklit eden bir koku yayarak erkek arıları (bazı durumlarda eşekarılarını) baştan çıkarmaktır. Sonrasında, orkidenin boyut, şekil ve koku bakımından gerçek bir böceği andıran çiçekleri, baştan çıkan erkek arıları bir dişi bulduklarına ikna edip üstlerine saldırmaya, onlara sımsıkı tutunmaya teşvik eder. Oyunu tamamına erdirmek için, çiçeği saran yoğun tüyler erkek arılarda tüylü bir dişiye temas ettikleri izlenimini uyandırıp bilimin isabetli bir biçimde yalancı çiftleşme (*pseudocopulation*) adını verdiği nihai eylemi tetikler. Neye talip olduğundan habersiz olan erkek arı hatasını fark ettiğinde, dikkatlice başının ve karnının üzerine yerleştirilen iki polen topu, libidosu dizginleri tekrar ele aldığı vakit bir sonraki çiçeğe teslim edilmek üzere çoktan hazırdır.

Öte yandan, arıların çiçeklere polen taşımasının nedeni de cömertlikleri ya da botanik bir şefkat duygusu değildir. Onların peşinde olduğu şey nektardır, polendir, ne ikram ediliyorsa odur, mümkün olan en verimli yoldan onu alırlar. Örneğin kısa dilli yabanarıları, çiçeğin özenle hazırladığı tozlaşma tertibini pas geçip doğrudan nektara uzanan bir yol açmak için bir haseki küpesinin nektar tüpünün tabanını ya da bir hanımelinin çiçeğini çiğneyerek delmekten imtina etmezler. (Bu delik açıldığında da, diğer her türden arı ve böceğin de bunu kullanmayı öğrenmesi uzun sürmez.)

Balarıları aynı şeyi hardallara yapar, ama ısırarak delik açmak yerine çiçeklere arkadan yaklaşır, taçyaprakları arasındaki boşluklardan dillerini sokarlar. Arıların yaptığı bu tür hırsızlıklar oldukça yaygındır, öyle ki bazı botanikçiler bunun yoncalar, naneler ve yıldızçiçeği ailesinin başka bazı üyeleri gibi sımsıkı bir arada duran, bu sayede sırt ve alt kısımları korunaklı olan çiçeklerin evrilmesine yardımcı olduğunu düşünür. Polen toplamayan arılar –örneğin başkalarının sırtından geçinen binlerce guguk türü– açısından, oyunu kurallarına göre oynamak için çok daha az evrimsel teşvik vardır. Çiçeklerden nektar toplamaya devam etseler de, birçoğu polen toplamalarını sağlayan tüylerini döküp hem pürüzsüz eşekarısı görünümüne kavuşmuş, hem de onlar gibi verimsiz birer tozlaştırıcı haline gelmiştir.

Arılar polen topladıklarında ve bunun için ön kapıyı kullandıklarında dahi, çiçeklere yardımı dokunacak fazladan bir adım atmazlar – tozlaşma bir niyetten çok bir sonuç olmuştur hep. Polenin verimli bir şekilde toplanıp nakledilmesi onların menfaatinedir, ziyaret edilen sonraki çiçeğin üzerine özensizce saçılmasını istemezler. Balarıları, orkide arıları, yabanarıları gibi son derece gelişkin gruplar vücutlarına yapışan başıboş polen tanelerini dikkatlice toplar, nektarla nemlendirip yapışkan toplar haline getirerek arka bacaklarındaki sık tüylerde biriktirir. Bu, poleni çiçekten kovana nakletmek için harika bir teknik olsa da, taşınan poleni yol boyunca ziyaret edilen diğer çiçekler için kullanılamaz hale getirir. Yine de bu tekniği kullanan arılar tozlaştırıcı olarak hâlâ kıymetlidir, çünkü kendilerini tımar ederken birkaç polen zerresini gözden kaçırır, sırtlarında birikenleri göremezler. Evrimsel bir bakış açısından, arılarla çiçekler arasındaki ilişki gerçekten özel bir ilişkidir, ama duyguların bu ilişkide hiç yeri yoktur: Arılar çiçekleri birer kaynak olarak görür, çiçekler de arıları işlevsel birer araç olarak kullanır. Bunun en iyi ifadesi kusursuz bir aldatmaca, su katılmamış bir arzunun eseri olan yalancı çiftleşmedir – *Ophrys* orkidelerine "saldıran" tüm o erkek arılar tozlaşmayı mükemmelen gerçekleştirir, üstelik bunu bir çiçeği ziyaret ettiklerini dahi bilmeden yaparlar.

Ralph Price kendi arı gözlemlerinin önemini sezmiş miydi acaba? Tarih bize bunu söylemiyor, ancak bugün tozlaşma stratejilerinin yeni türleri nasıl doğurabildiğini anlamaya çalışan uzmanlar dönüp *Ophrys* örneğine başvuruyor. Bu yerinde bir seçim, çünkü arılarla çiçekli bitkilerin birlikte geçirdikleri evrime ilişkin sorular Darwin'e ve Saporta'ya kadar uzanmasına karşın, bu bağlantıyı belgelemek şaşırtıcı derece zor. Arılarla bitkiler arasındaki herhangi bir etkileşim, birden çok tozlaştırıcının, taklidin, rakiplerin, zararlıların ve başka faktörlerin işin içine girdiği bir bağlamda, dinamik bir çerçevede gerçekleşir, bu da birlikte evrimin etkilerini tek tek bireysel adaptasyonların uğultusundan ayırmayı neredeyse imkânsız hale getirir. Bir diğer önemli mesele de zaman dilimidir. Aşağı yukarı her yüz bin yılda bir üç ila beş yeni soy dalı veren *Ophrys* orkideleri, bugüne kadar incelenen hemen her bitkiyle aynı hızda çeşitlenmiştir. Ama ortalama bir yüksek lisans öğrencisinin tezini tamamlamak için sadece iki ila dört yılı olduğunu, bütün bir kariyerin de ortalama otuz-kırk yıl kadar sürdüğünü düşününce, bu türleşmenin adım adım, gerçek zamanlı olarak incelenmesi imkânsızdır. Hal böyle olunca, yürütülen çalışmaların çoğu yaygın evrimsel şablonlara, simülasyonlara, tozlaşma sendromlarının ortaya çıkardığı bir sürü ikinci dereceden bulguya dayanan teorik araştırmalar olarak kalmıştır. Ama yakın zamanda, tozlaşma etkileşimlerinin yeni türleri nasıl doğurduğunu göstermek üzere geleneksel ve genetik yaklaşımlar bir arada kullanılmaya başlandı, bu araştırmaların incelediği başlıca örnek de *Ophrys*'in değişim geçirmiş çiçekleridir.

Arılar ve bitkiler hakkındaki bilimsel literatürün, zombilerin cirit attığı bir kıyamet romanına benzemeye başladığı yer de tam burasıdır, zira işin içine "mutasyon" ve "yayılım" (radyasyon) gibi kelimeler girer. Ama korku ve bilimkurgu yazarlarının aksine, biyologlar bu terimleri olumlu bir minvalde kullanırlar. Mutasyonlar, kimi zaman bir çiçeğin kokusu gibi ayırt edici özellikleri de etkileyen genetik kodlardaki kalıtsal, rasgele değişimlerdir. Evrim için gerekli değişimlerin çoğunu mutasyonlar sağlar, avantaj getiren kimi değişimler tek bir ortak atadan hızlıca yeni türler doğmasını tetikleyebilir. Yeni türlerin ihtişamlı bir ışık kaynağından etrafa yayılan ışınlar gibi görüldüğü bu sürece yayılım adı verilir. *Ophrys* üzerine yürütülen genetik araştırmalar küçük mutasyonların koku üretimini hızla değiştirebildiğini, bu sayede bambaşka türlerden erkek arıları çekebildiğini gösteriyor. Yeni arılar beraberlerinde yeni türlerin oluşumu için gereken hayati bileşeni de getirir – üreme yalıtımı. Önceki kokusunu koruyan çiçekleri çekici bulmadıkları için, yalnızca bu mutasyonu geçiren orkidelerden polen toplar, topladıkları poleni de yine bu orkidelere dağıtırlar, bu şekilde ziyaret ettikleri bitkileri ayrı bir evrim yoluna sokarlar. Bu bağın dışlayıcı doğası (başka tozlaştırıcı yoktur) alışılmadık derece belirgin bir evrim hikâyesi yaratır: Yeni koku yeni arıyı, yeni arı yeni türleri beraberinde getirir,[24] orkideler ne zaman kullanabilecekleri yeni bir arı grubuna rastlasa bu tür yayılımlar görülür.

Ophrys örneği, tozlaşma ilişkilerinin yeni türlere götürebildiği temel yollardan birini gözler önüne seriyor: özelleşme (*specialization*). Arıyla bitki arasındaki etkileşim ne zaman kendine has bir karaktere bürünse, ya bitkiler ya da arılar kendi türlerinin diğer üyelerinden farklılaşmaya başlar, yeni türlerin ortaya çıkabileceği bir ortam oluşur. *Ophrys* bu denklemin yalnızca bir tarafını, arıların bitki çeşitliliğini nasıl etkileyebildiğini gösterir. Diğer taraftan, bitkiler de yeni arı türlerine önayak olabilir, ama bunu gerçekleştirmek için arıların polen toplama biçimlerini değiştirmeleri yetmez, üreme biçimlerini de değiştirmeleri gerekir. Örneğin, *Andrena* cinsi dişi madenci arılar ömürleri boyunca yalnızca belirli bir çiçek türünü ziyaret eder, erkek akranlarının onları eliyle koymuş gibi bulabileceği tek yer de burasıdır. Çiçekler sadece davetlilerin bildiği gizli buluşma noktaları gibi iş görüp, türleşme için gereken yalıtımı sağlar. Bu durum, belki çok da şaşırtıcı olmayan bir biçimde, *Andrena* cinsini hemen hemen aynı görünen, yalnızca farklı çiçeklere düşkün olmaları temelinde birbirinden farklılaşmış 1300'ü aşkın türüyle tüm arı cinsleri içinde en fazla çeşitlilik sergileyen-

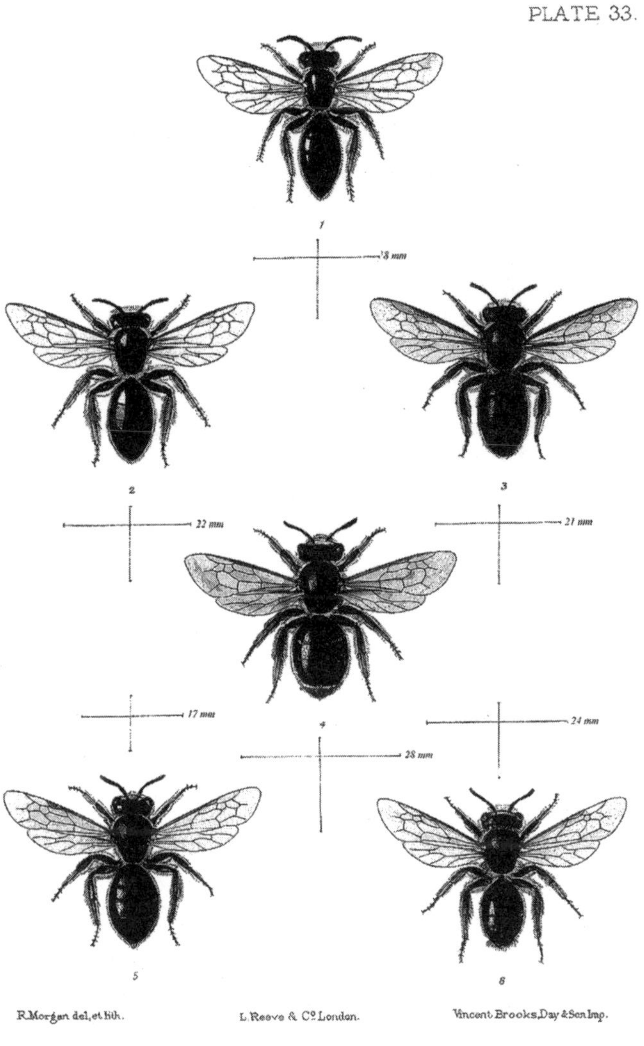

Şekil 4.7. Yeni türlerin kimi zaman sadece belirli tipte çiçeklere gösterdikleri bağlılık temelinde ortaya çıktığı bir grup olan *Andrena* cinsinden birbirine çok benzeyen altı madenci arı. Resimdeki arılar: *A. chrysosceles, A. tarsata, A. humilis, A. labialis, A. nana* ve *A. dorsata*. Edward Saunders, *The Hymenoptera Aculeata of the British Islands* (1896).

lerden biri yapar.

Orkidelerin o acayip tozlaşma taktiklerinden tutun da dil uzunluğu ile nektar tüplerinin derinliği arasındaki karmaşık dans figürlerine kadar, özelleşme arılarla bitkilerin evrimindeki birçok modelin merkezinde yer alır.[25] Ama çoğu arının bir sürü farklı çiçeği ziyaret ettiği, çoğu çiçeğin de bir sürü farklı tozlaştırıcıyı çektiği de bir gerçektir. Özelleşmiş olanlar adanmış bir partnere sahip olma avantajının tadını çıkarabilir, ama onlar da bağımlılıktan doğan riskleri göğüslemek durumdadır[26] – taraflardan biri hastalık, parazit yahut kötü hava koşulları sonucu zarar gördüğünde diğer taraf da yok olma tehdidiyle karşılaşabilir. Her çiçekten bal almak iyi bir sigorta poliçesine sahip olmak gibidir; bu yüzden de hem yıldızçiçekleri ve güller gibi epey başarılı olmuş farklı bitki aileleri arasında, hem de balarıları, yabanarıları ve iğnesiz arılar gibi doyuracak çok fazla boğazın olduğu sosyal gruplar arasında en çok görülen yaşam tarzıdır. Ayrıca bu iki strateji arasındaki gerilim de çeşitliliğe katkıda bulunur. Her iki yaklaşım da başarılı olabileceği için, genelcilerin torunları sık sık özelleşmeye doğru (özelleşmiş olanların torunları da aynı şekilde diğer tarafa doğru) evrilir; böylece birbirlerine yakın akraba olan arılar ve bitkiler yiyecek arama ve tozlaşma stratejileri bakımından inanılmaz bir çeşitlilik gösterebilir.

Arılarla çiçekli bitkiler arasındaki özel ilişki her iki grupta görülen tür çeşitliliğini tümüyle açıklamaz. Tozlaştırıcının yol açtığı her türleşme örneğine karşılık, yeni türlerin coğrafyaya, menzil genişlemesine, yahut yeni habitatlara, yeni çevresel koşullara hızlıca uyum sağlanmasına bağlı olarak ortaya çıktığı bir örnek vardır. Ama günümüzde hiç kimse tozlaştırıcı etkileşimlerinin evrim araştırmaları açısından bereketli bir zemin olduğundan kuşku duymuyor. Aslına bakılırsa Charles Darwin *Türlerin Kökeni*'nden sonra daha az bilinen bir başka eser kaleme almıştı: *The Various Contrivances by Which Orchids Are Pollinated by Insects* (Böceklerin Tozladığı Orkidelerde Gözlenen Farklı Tertibatlar; 1862). Kitap çok satmamıştı, ama Darwin'in etkileyici doğal seçilim örnekleri bulmak için vakit kaybetmeden arılarla çiçeklere yönelmesi manidardır. *Türlerin Kökeni* ağırlıklı bir şekilde HMS *Beagle* isimli gemiyle çıktığı uzun seyahatlere odaklanırken, Darwin tozlaşmaya dair gözlemlerinin çoğunu kendi bahçesinde, evinin yakınlarındaki tarlalarda, ağaçlıklarda yapmıştır. Bu yakınlık bize, arılarla çiçeklerin birlikte geçirdikleri evrim devasa zaman dilimlerine yayılsa da, bunun doğrudan ve dolaylı sonuçlarını yaşadığımız çevrede görebileceğimizi hatırlatır. Ben çöllerden tutun da tropik yağmur ormanlarına, dağ meralarından Afrika düzlüklerine kadar hemen her yerde arıları aradım durdum, ama bugüne kadar gördüğüm en geniş iki arı topluluğuyla evimin bulunduğu adada çıktığım günübirlik gezilerde karşılaştım. Hep birlikte, arılarla çiçeklere ihtiyaç duydukları her şeyi sunan bir coğrafyada nelerin mümkün hale geldiğini fark etmemi sağladılar.

5

Çiçeklerin Açtığı Yerde

Her arz kendi talebini yaratır.[1]

Say Kanunu, Jean-Baptiste Say'ye atfedilir (1803)

YABANARILARI oğlum Noah'nın bebekken yaptığı gibi sabah erkenden uyanır. Arılar açısından güne erken başlamak, hava uçmak için fazla serin olduğundan rakiplerin çoğunun hâlâ uyuduğu bir sırada karın doyurma fırsatı demektir. Yabanlarının sabahın en serin saatlerinde bile uçabilmesini sağlayan şey uçuş kaslarını titreterek ısıtabilmeleridir (bu sıradışı beceriye Yedinci Bölüm'de döneceğiz). Sıcakkanlı bir memeli olarak, Noah'nın bebekken erkenden uyanmasının vücut ısısıyla alakası yoktu. Yalnızca uyumayı sıkıcı buluyor, istemeye istemeye de olsa birkaç saatlik parçalar halinde katlanması gereken bir şey olduğunu sanıyordu. Tabii böyle bir yaklaşımla, ailece erkenden uyanıp yabanarıları eşliğinde sabah yürüyüşleri yapmamızda şaşılacak bir şey yoktu.

Bir keresinde, bizimkine çok uzak olmayan küçük bir adayı ziyaret etmiştik, eşimin de mensubu olduğu kabilenin epey bir üyesi burada, ormanın içine yaptıkları kulübelerde yaşıyordu. Bir doğal koruma alanından geçen patikamız tanıdıktı; eşimin her sabah erkenden kalkıp ilk iş sert bir kahve demleyen cana yakın aile büyüklerinin evine gidiyordu. Yolun iki yanında yabani güllerle kaplı uzun, sık çalılar vardı, gözüme ilk takılan da pembe çiçeklerin arasında gezinen sarı yüzlü, siyah kuyruklu hantal yabanarıları oldu. Bir an, kim bilir kaç tür vardır bu ormanda diye geçirdim aklımdan, ama doğrusu aklım fikrim kahvedeydi. Arılar ancak geri dönüş yolunda beni aniden durdurmayı başardı.

Her zaman söylerim, doğa yürüyüşünde daha fazla şey görmek istiyorsanız rehber kitapları bırakıp bir çocuğun peşine takılın. Noah'nın arılarla pek ilgilendiği yoktu, ama çocuk temposuyla attığı ağır aksak, minik adımları, beni yanından geçtiğimiz her şeye dikkatle bakacak kadar yavaşlatıyordu. Sabah güneşinin ısıttığı gül fidanları şimdi vızır vızır bir kalabalıkla dolup taşıyordu. Her bir çiçeğin tepesinde arılar vardı, boşlukta oradan oraya akan, yaklaştıkça etrafımızı sarıveren sabit bir akıntıyı andırıyorlardı, bu patika onlara tahsis edilmişti sanki. Noah'nın elinden tutmuş pürdikkat onları izlerken aniden iki şey fark ettim: (1) Daha önce hiç bu kadar yabanarısını bir arada görmemiştim; (2) Bunlar yabanarısı değildi.

Evde konuk olduğumuz, kahvelerimizi yudumladığımız saatlerde, sabah geçtiğimiz patikadaki tozlaştırıcı topluluğu tamamen değişmişti. Güllerin arasında yolunu bulmaya çalışan birkaç yabanarısı hâlâ vardı, ama karşımızda vızıldayan kalabalığın büyük çoğunluğu yalnızca görünüş itibarıyla yabanarısına *benzeyen* başka bir türün üyeleriydi. Bu türü daha önce bir kez, ABD Tarım Bakanlığı'nın Utah, Lohan'daki "Arı Laboratuvarı"ndan[2] uzmanlarla birlikte çıktığımız bir toplama gezisinde görmüştüm. O gezide, ilk başta profesyoneller bile görememişti farkı. Bu taklitçiler yabanarısı kuzenleriyle hemen hemen aynı boya, aynı vücut yapısına, aynı sarı-turuncu tüylere sahiptir – tek farkları arka bacaklarıdır. Polen taşımaya yarayan sepet benzeri minik keseler gerçek yabanarılarının bacaklarındaki dördüncü boğumda yer alırken, taklitçi kuzenlerinde fırça benzeri tüylerin kırmızımsı saçaklarının içindedir. Bu fark sayesinde karşımdaki arıların *Anthophora*[3] cinsi kazıcı arılar olduğunu anlayabilmiştim, ama bu akıl almaz kalabalık da neyin nesiydi? Normalde en iyi ihtimalle ender rastlanan bir arıdır bu, ama burada her yer onlarla doluydu, patikanın yakınlarındaki bir göletin kıyısından başlayarak körfeze tepeden bakan sarp kayalıkların ucuna kadar görülen bir çalının etrafına üşüşmüşlerdi. Derken bir şey oldu. Ben durmuş, ayaklarımın dibindeki arıları seyrederken, annesine yetişmeye çalışan Noah bir şeye takılıp tökezledi. İşte o an, tüm bu arıların nereden geldiğini anladım.

Adından da anlaşılabileceği üzere, kazıcı arılar kazar, yuvalarını çıplak toprak parçalarına, kil dolgulara, su kanallarının duvarlarına, kurumuş dere yataklarına, hatta bulabildikleri zamanlar kumlu kayalıkların dikey yüzeylerine açtıkları oyuklara kurar. Fransız böcekbilimci Jean-Henri Fabre yerinde bir yakıştırmayla bu arılara "dik bayırların çocukları" demiştir.[4] Yıllardır bu patikada yürür, her yanı kuşatan çiçeklerin tepesindeki arıları seyrederim aylak aylak, ama patikanın tam da böyle bir dik bayırı takip ettiğini hiç fark etmemiştim – deniz seviyesinin on beş metre kadar üstünde bir yüksekliğe ulaşan, çakıllı toprak ve kumdan oluşan dik bir yokuş vardı hemen yanında. O öğleden sonra, Noah' nın şekerleme kabilinden huzursuz uykusu derinleşir derinleşmez defterimi kaptığım gibi sahile koştum; aile içinde hâlâ "Babanın Arılı Tepesi" adıyla andığımız bölgeye yaptığım ziyaretlerin ilkiydi bu.

İnsanlar deniz kenarına gittiğinde hemen her zaman gözlerini dikip önlerindeki su kitlesini seyreder; sinirbilimcilerin "mavi zihin" dedikleri, suyla bağlantılı derin bir rahatlama hissiyle manzaraya çekilirler. Kıyının birkaç adım berisine kadar uzanan sekiz yüz metrelik bu ideal arı habitatını daha önceki sahil yürüyüşlerimin hiçbirinde fark etmemiş olmam bununla ilgili olabilir. (Gerçi, benim sahildeki halimi tanımlamak için "mavi sersemlik" daha yerinde bir tabir olabilir.) Altından yaklaşıp yakından bakınca, rengi atmış kerpiçten bir duvar gibi yükselen bir uçurum gördüm, yüzeyindeki tek tük kabartıları saymazsak tekdüzeydi. Ama arılarla ilgili birçok konuda olduğu gibi, uzaktan bakıp dişe dokunur bir şey öğrenmem pek mümkün değildi. Sahildeki tomrukların üzerine tırmanıp uçurumun dibine kadar sokuldum, tomrukların üzerinde ayağa kalktığımda nihayet tüm o hummalı hayatlardan yayılan güçlü uğultuyu görebiliyor, duyabiliyor, hissedebiliyordum. Yukarıdaki arılar bir akıntı gibi idiyse burada coşkun bir sel vardı; telaşla yuva oyuklarına ulaşmaya çalışan bir sürü arı son sürat bana çarpıp duruyordu. Yamacın ucuna kadar tırmanınca, sıcak kuma yaslanabileceğim bir yer bulup oturdum; kolay kolay rastlanmayacak büyüklükteki bir arı topluluğu çılgınca bir telaşla etrafımda uçuşup duruyordu.

Bu kazıcı türün eşkâline ilişkin detaylı ilk betimleme, sonradan dünyanın en geniş kişisel göktaşı koleksiyonunu bir araya toplamasıyla ünlenen Harvey H. Nininger'ın 1920 tarihli bir makalesinde yer alır. Uzaydan gelen tüm o kayaları tespit edip bir araya getirmesini sağlayan gözlem becerisi, Nininger'ı aynı zamanda iyi bir böcekbilimci yapmıştı belli ki, o makalede yer verdiği gözlemler hâlâ kıymetlidir: "Güneşli bir bahar günüydü, güneşin ısıttığı hava bu böceklerdeki hayat kıvılcımını tutuşturmuş, onları muazzam bir faaliyete sevk etmişti. ... Tüneller kazıyor, yuva oyukları açıp içine yumurtalarını bırakıyor, sonra da her bir yuvaya erzak depoluyorlardı. Bütün bu faaliyet büyük bir çalışkanlıkla yürütülüyordu."[5]

Benim gördüğüm de buydu işte, aynı faaliyet, aynı yaşam enerjisi; ama Nininger Kaliforniya'daki San Gabriel Dağları'nın arılı tepesinde yüz civarında arı yaşadığını tahmin etmişti, bense bir bakışta binlercesini görebiliyordum. Yakından bakınca, uçurumun dik yüzündeki kabartılar metrekare başına 630 yuva deliği düşen sık ilmekli bir halıya dönüştü. Ama bu haliyle bile, mevcut alana kıyasla arıların sayısı çok fazlaydı, yuva oyuklarına yerleşmiş dişiler davetsiz misafirleri savuşturup yuvalarını ellerinde tutabilmek için sürekli bir mücadele içindeydi. Hiç değilse birkaç kez, birbirine dolanmış bir çift arı tam üzerime düşüp aşağı yuvarlandı, ama beraberce yamaçtan aşağı yuvarlanırken bile dövüşmekten vazgeçmiyorlardı. Eğer benzerleri değil de gerçek yabanarıları olsalardı, sokulma tehlikesiyle karşı karşıya kalabilirdim. Ama kazıcılar iç içe geçmiş oyuklara yuva kursalar da esasen duvarcı arılar gibi yalnız arılardır, güçlü iğnelerden, sosyal türler-

Şekil 5.1. Yüz binlerce kazıcı, yaprak kesen, madenci ve ter arısıyla birlikte, onlara eşlik eden guguk arıları, eşekarıları ve daha birçok otlakçı türe evsahipliği yapan Babanın Arılı Tepesi'ne ait bir fotoğraf. Fotoğraf © Thor Hanson.

deki gibi organize savunma taktiklerinden yoksundurlar. Aslında, benim arılı tepemdeki kazıcı arılar benzerlerinde görülen pasifist eğilimi bir adım öteye taşımıştı. Daha tehlikeli bir türü taklit ederek klasik bir evrimsel blöf yapıyorlardı;[6] başlıca savunma taktikleri tehditkâr bir görünüme bürünmekti.[7] Hakiki yabanarıları sokmaya devam ettiği sürece, kazıcı benzerleri de korku salmaya devam edecektir, kendi savunma ekipmanlarını, taktiklerini geliştirmek için bir gram enerji harcamadan üstelik. Göstermelik bir iğneleri vardır gerçi, ama zamanında bir gözlemcinin dikkat çektiği gibi, hoyrat bir muamele karşısında bile "sokmaya sevk edilemezler".[8]

Başımı uçurumun dik yüzüne çevirip yuva oyuğunun ağzını elden geçiren bir dişiyi izledim; yuvanın ağzına ince, kabarık bir biçim verinceye dek karnıyla nemli toprağı yumuşattı. Diğer yuvalara benzer şekilde, tadilatın sonunda Nininger'ın "kilden yapılmış eğri, tuhaf bir baca" diye betimlediği, üç-beş santim uzunluğunda, aşağı doğru kavisli bir yapı ortaya çıktı.[9] Bazı uzmanlar bacaların yuvayı parazit sinek ve eşekarılarından gizlemeye yaradığını düşünürken, yuvanın sıcaklığını dengeliyor olabileceğini, yahut tek işlevinin yağmur damlalarını, komşu kazılardan ortalığa saçılan tozu toprağı dışarda tutmak olabileceğini öne sürenler de var. Hangi amaçla inşa edildikleri bir yana, bu bacaların koloniye etkileyici bir mimari detay kazandıkları kesin; bir arının bakış açısından yamaç, harcını çamur ve sazlıkların oluşturduğu minik kulelerle kaplı genişçe bir çöl şehri gibi görünüyor olmalı. Bu karmaşık coğrafi yapı anne arılar için hayati önemde bir navigasyon aracıdır; bacakları polenle, bal keseleri nektarla dolu halde eve dönerken kendilerine ait yuva oyuklarını bulmalarına yardımcı olur.[10]

Kazıcıların yaşam döngüsü duvarcı arıların ve yalnız yaşayan başka arılarınkine benzer, ama düz bir tüpü uzunlamasına yumurta odalarıyla doldurmak yerine, kazıcılar her bir sapağında bağımsız odaların bulunduğu tünellerden oluşan bir ağ inşa eder. Anne arılar her birinde polenle nektardan oluşan nemli bir karışımın

Şekil 5.2. Kazıcı arılar, yuva oyuklarının girişine parazitlerden gizlenmelerini, olumsuz hava koşullarından sakınmalarını sağlayacak ayrıntılı kavisli bacalar, minik kuleler inşa etmek için ciddi bir zaman, hatırı sayılır bir emek sarf eder. Bu ufak kulelerin harcında kullanılan malzemenin bir kısmı, sezonun sonunda tünelin ağzını kapatacak şekilde tıpa olarak kullanılır. Fotoğraf © Thor Hanson.

üzerine bırakılmış tek bir yumurtanın bulunduğu odaları selofan inceliğindeki su geçirmez, çürümeye dayanıklı bir salgıyla kaplayarak yumurtaları koruma altına alır. (Kazıcı arıların bildik arı ekmeğinden çok bulamacı andıran yemeğine iştah kabartan bir isimle "arı pudingi" dendiği de olur.) Bütün bu hummalı kazma, erzak depolama işi, yüzeyde görülen canlılığa rağmen, arılı tepedeki asıl faaliyetin gözlerden uzakta, odalar ve koridorlardan oluşan karmakarışık labirentlerde gerçekleştiği anlamına gelir. İçerdeki arıların neler yaptığını görmek için yüzeyi kaplayan toprağı eşeleyemedim, ama hiç değilse içerde kaç tane arı olduğunu bilmek istiyordum. Daha önce buna benzer bir şeyi hiç görmemiştim, ki biyoloji dünyasında bu genellikle kayda değer bir şeye rastladığınız anlamına gelir.

Doktorasını bakteriler üzerinde deneyler yaptığı bir laboratuvarda tamamlayan baldızım, sahadaki biyoloji uygulamaları konusunda bana takılmayı pek sever. "Onu bunu saymaktan başka bir şey yaptığınız yok sizin," der. Tüm iyi sataşmalar gibi, söylediklerinde kısmen de olsa haklılık payı var. Kariyerim boyunca, tohumlardan eğreltiotu sporlarına, palmiye ağaçlarından ayılara, kelebeklere, goril dışkılarına, akbabaların gagalama hareketlerine kadar saymadığım şey kalmadı. Hal böyle olunca, arılı tepe projesinden baldızıma hiç bahsetmemeye karar verdim. Yuva oyuklarını sayacak kadar düştüğümü bir duysa, ömrü billah dilinden kurtulamam. Kulağa pek eğlenceli gelmediğini kabul ediyorum, ama bütün o arı sürüsünün yarattığı görsel karmaşayı pas geçip isabetli bir tahmin yapmanın tek yolu oturup tek tek saymaktı. Babanın Arılı Tepesi'nde yaptığım yuva sayımları aile gezilerimizin düzenli bir parçasına dönüştü, o kadar ki en az 125 bin dişi kazıcının bu uçurumu evi bellediğini rahatlıkla söyleyebilirim. Yakınlarda yaşayan erkek arılar da gül çalıları ve başka çiçeklerden oluşan adaları sahiplenmiş, çiftleşme fırsatları kovalıyordu. Erkeklerin sayısı dişileri en az ikiye katlıyordu, dolayısıyla yetişkinlerin toplam sayısı sıradan bir bahar gününde 400 bine yaklaşıyordu. Etkileyici bir sayıydı bu, türün bilinen diğer topluluklarından yüz misli daha kalabalıktılar. Ama orada vakit geçirdikçe fark ettim ki kazıcılar sadece bir başlangıçtı.

İlk ziyaretimi yaptığım öğleden sonra, topladığım iki numuneyi sahilde bulduğum boş bir reçel kavanozuna koymuştum, ama sonraki ziyaretlerimde çabucak çıkarıp istediğim yere fırlatabildiğim katlanabilir favori böcek ağımı hiç yanımdan ayırmadım.[11]

Arıları usulca takip etmenin onları anlamak açısından hayati önemde olduğunu daha Jerry Rozen'dan aldığım ilk ağ atma derslerinde fark etmiştim. Tıpkı yeni yeni yürümeye başlayan bir çocuğa eşlik etmek gibi, ağır, dikkatli adımlarla belli bir şeyi takip etmek duyularımı keskinleştirip bana yepyeni bir perspektif kazandırdı. Arılı tepede fark ettiğim ilk şeylerden biri, kazıcıların taneleri belirli bir boyut ve yoğunluktaki toprakta kümelendiği oldu. Toprağın fazla kumlu yahut fazla sert olduğu yerlerde farklı türde arılar görülüyordu – yaprak kesenler, madenciler, uzun antenliler ve ter arıları. Kum eşekarılarıyla yamacın her yanında devriye gezen yırtıcı kaplan böceklerini de unutmamalı. Mevsim ilerledikçe, anne arıların yuvadan ayrıldığı zamanları kollayıp gizlice yuva oyuklarına girip çıkan guguk arıları ile farklı türde parazit eşekarıları da ortaya çıktı. Kazıcıların dikkatimi çektiği ilk yer uçurum olsa da, zamanla hikâye karmaşık bir hal almaya başladı – yakınlardaki çiçeklere, birbirlerine, hatta yuvalandıkları çevredeki her uygun yuva oyuğuna dadanan bir böcek topluluğu karşıma çıktı. İçlerinde, yukarıdaki kazılardan dökülüp uçurumun dibinde biriken gevşek, eğimli tortunun içine tüneller kazanlar bile vardı. Bütün bu ilişkileri birbirinden ayırmak için genel entomoloji bilgimden fazlasının gerektiğini biliyordum. Eşekarıları, sinekler ve diğer türler şöyle dursun, yalnızca gördüğüm tüm arılara isim vermek için bile bir sınıflandırma uzmanının yardımına ihtiyacım vardı. Neyse ki kimi arayacağımı biliyordum.

John Ascher'ı Arı Kursu'ndan tanıyordum, kadrodaki diğer eğitmenlerden neredeyse yirmi yaş gençti. Bizi birbirimize bağlayan şey arılardı tahmin edebileceğiniz üzere, ama araştırma merkezindeki hırpalanmış eski piyanonun başına geçip yaptığı doğaçlamayı dinledikten sonra, aramızdaki bir diğer bağ da müzik oldu. Piyanoda maharetliydi, eskiden bir caz grubunda çaldığımı söylediğimde, o da ilk gençlik yıllarında iki büyük tutkusu müzikle entomoloji arasında seçim yapmakta zorlandığını anlattı.

"Üniversiteyi bitirdikten sonra, birkaç müzisyen arkadaşımla New York sokaklarında takıldım," dedi, uzun doğaçlama çalışmalar yaptıklarından, hiçbir konser fırsatını kaçırmadıklarından bahsetti. Ama caza gönülden bağlı olmasına rağmen, arkadaşlarındaki bir şeyin kendisinde olmadığını hissetmiş. "O kadar iyiydiler ki, sabahlara kadar çalışsam da onlar kadar iyi olmam imkânsızdı," deyip bana keskin bir bakış attı. "Ama arılara yoğunlaşırsam en iyisi olabileceğimi biliyordum!"

Nitekim John bu konuda hatırı sayılı bir yol kat etmişti bile. Biz tanıştığımızda, o uzun yıllardır Jerry Rozen'la çalışıyor, bir yandan da Amerikan Doğa Tarihi Müzesi'ndeki geniş arı koleksiyonunun küratörlüğünü yaparak yeteneklerini biliyordu. Sonradan profesör olarak Singapur Ulusal Üniversitesi'ne geçti, orada bir yandan Asya'daki arılar üzerine çalışırken bir yandan da FedEx'le gönderilen Kuzey Amerika türlerini teşhis etmeyi sürdürüyor. (Neyse ki kurutulmuş arılar pek ağır değildir, ayrıca üzerinde "Ölü Böcek Numuneleri" yazan kutular vergiden muaf olduğu için gümrükte de takılmaz.) John'un çalıştığı taksonomi dalı doğa bilimlerinin temel bir veçhesidir, türleri tanımlayıp hayat ağacında birbirleriyle nasıl bir etkileşim içinde olduklarını öğrenmeyi içerir. Gerçi giderek artan bir ölçüde teknolojiye dayalı tekniklerin ve uzmanlıkların hükmüne giren bir çağda, hakkının teslim edildiğini söylemek güç. Üstelik, geleneksel usullere bağlı taksonomi uzmanları emeklilik yaşlarına ulaştıkça, John gibi genç meslektaşlarının önüne yığılan işler de biriktikçe birikiyor. Saha araştırması yürütenler, numunelerin profesyonel biçimde tanımlanması için genellikle yıllarca bekliyor. Neyse ki arılı tepedeki kazıcı nüfusundan bahsettiğimde, John araştırmama dahil olma konusunda hevesliydi. "Bu türü hareket halindeyken görmüştüm," diyordu gönderdiği e-postalardan birinde, "ama olsa olsa birkaç düzine kadardılar."

Arılı tepenin evsahipliği yaptığı sıradışı kalabalık, arz talep konusunda basit bir ders veriyordu. 1979 tarihli klasik eseri *Bumblebee Economics*'de (Yabanarısı Ekonomisi), biyolog Bernd Heinrich de benzer fikirleri ele alır. Bir arı yuvasının yaşam döngüsü içinde gerçekleşen enerji akışlarının izini süren Heinrich, girdilerin (nektar, polen) çıktılar (üreme başarısı) üzerinde dolaysız bir etkisi olduğunu ortaya koyar. Ulaşılabilir çiçek kaynakları artarsa, yuvadan daha çok arı çıkar. Benim yaşadığım yerdeki kıyılarda, kazıcıların yuvalanmasına elverişli uçurumlar genellikle bir yanında tuzlu su diğer yanında iğne yapraklı sık ağaçlar olan çiçek fukarası bir bölgede yer alıyor. Ama şans eseri, arılı tepemin yukarısındaki terk edilmiş geniş çiftlik alanlarında ağaçlardan ziyade, arıların pek sevdiği güller, böğürtlenler, kar üzümleri ve diğer çiçekli bitkiler yetişiyor. İlkbahar ve yaz başında birer birer çiçek açıp, kazıcıların yuvalandığı geniş habitatın hemen yanı başında bir nektar ve polen bolluğu oluşturuyorlar. Dolayısıyla ne kadar enerji girerse o kadar enerji çıkar ilkesi gereğince, arı topluluğu aslında mevcut kaynaklarla uyumlu ölçüde genişlemişti. John kendisine gönderdiğim numunelerde, kazıcıların yanı sıra uçurumlara ve toprağa yuvalanan on farklı tür ile dokuz farklı guguk arısı daha teşhis etti. Bütün bu topluluklar çiçek ekonomisini yöneten aynı ilkelere yanıt veriyor olmalıydı. Kenarlarında güller olan o patikanın hummalı bir faaliyetle uğuldamasına şaşmamak lazım – sayıları muhtemelen milyonları bulan çeşitli ve üretken bir arı topluluğunun ortasından geçiyordu ne de olsa.

Doğada, büyük arı kolonilerinin oluşumu çiçek bolluğu ile yuva alanlarının tesadüf etmesine bağlıdır. Hastalıktan, kötü hava koşullarından kaynaklanan aksilikler süreci baltalamadığı müddetçe, arz er geç kendi talebini yaratır. Yerel balarısı yetiştiricileri bu ilişkiyi görüp, açan çiçeklerin peşinde kovanlarını oradan oraya taşıyarak sistemi lehlerine çevirmeyi öğreneli binlerce yıl oldu. Bu uygulama daha fazla arı üretmekle kalmaz, arıların kendileri için ürettikleri ama üreticilerin toplayıp satabildiği altın balın ve bu balı depoladıkları balmumu peteklerin miktarını da artırır. Bir bu kadar önemli olan bir başka nokta da, bu durumun sanayi ölçeğindeki düzenli bir tozlaşmaya imkân tanımasıdır. Çiftliklerde, bahçelerde yüzlerce, hatta binlerce dönümün bir tek mahsule ayrılması, özellikle de sınırlı yuvalanma olanağı barındıran bayındır arazilerde yerel arı nüfusunun yetersiz kaldığı kısa ve yoğun bir çiçeklenme dönemini beraberinde getirir. Bunun çözümü kazançlı bir tozlaşma hizmeti pazarından geçiyor, nitekim günümüzde birçok ticari arı yetiştiricisi yıllık gelirinin yarısından fazlasını kovanlarını çiftçilere kiralayarak elde ediyor.

Bahar ve yaz ayları boyunca, arı kovanlarıyla dolu kamyonlar kırsal kesimde oradan oraya dolaşır; (Onuncu Bölüm'de daha detaylı inceleyeceğimiz) badem, elma, balkabağı, kiraz, karpuz, yabanmersini ve arıya bağımlı başka mahsullerin istikrarlı bir şekilde olgunlaşmakta olduğu yerlere gider. Taşınabilir arılı tepeleri andıran bu kovan yüklü kamyonlar arılara yuva kurabilecekleri geniş bir habitat sağlarken, birbiri ardına sıralanan tarlalar, bahçeler de sürekli bir nektar ve polen kaynağı oluşturur. Bunun sonucunda, tek bir kamyonun sırtındaki balarısı nüfusu 10 milyon bireyi bulabilir, bunu en iyi bilenler de römorklardan biri devrilince olay yerine çağrılan otoyol devriyelerinde görevli talihsiz memurlardır. Trafiğin getirdiği riskler bir yana, kovanların uzak mesafelere nakledilmesi arıların sağlığı açısından da önemli riskler doğurabilir, Dokuzuncu Bölüm'de bunu biraz daha açacağım. Yerli arı nüfusunu artırmak, en azından bazı mahsuller açısından cazip bir alternatif sunar. Brian Griffin'in emekli olunca gayet iyi öğrendiği gibi, örneğin duvarcı arılar suni bloklara kolayca yerleşip, kendi haline bırakılmış meyve ağaçlarına polen taşırlar. Günümüzde Japon elma üreticileri duvarcıları yaygın olarak kullanıyor. Buna benzer bir imkânı bazı yaprak kesen arılar da sunar, kaldı ki yalnızca çalıları kendi haline bırakmanın dahi bir sürü arıyı çekmeye yetip yabanmersininden kabağa kadar birçok bitkide tozlaşmayı sağladığını gösteren ciddi bulgular da var. Soya fasulyesi gibi kendi kendine tozlaşmanın söz konusu olduğu mahsullerin bile arıların desteğiyle daha iyi bir performans gösterdiği görülüyor. Saha denemeleri yapılmaya devam ediyor, ama tüm zamanların en başarılı yerli arı projelerinden biri aslında hiç de yeni bir fikre dayanmıyor. Tıpkı benim gibi belirli bir arı türünün cazibesine kapılmış olduklarını hayal ettiğim Batı Amerika'daki küçük bir çiftçi grubu, yarım yüzyılı aşkın bir süredir bu başarılı tekniği uyguluyor. Buradaki yabani yonca çiftçilerinin *Nomia* cinsinden milyonlarca alkali arı için yuvalanma yatakları inşa ettiğini duyduğum an, oraya gidip bunu kendi gözlerimle görmem gerektiğini hissetmiştim.

"Ne kadar çiçek, o kadar arı. Ne kadar çiçek, o kadar arı." Mark Wagoner bir yandan bu sözü tekrar ederken, diğer yandan da sanki ailesine ait olan bu teşebbüsün büyüklüğünü göstermek istercesine hayali bir terazinin birbiri ardına yükselen iki kefesi gibi önce bir elini, sonra diğerini havaya kaldırıyordu. Ne de olsa bu ilke nesillerdir geçerliliğini koruyordu. "Dedem burayı çalıları temizleyerek açmış," dedi Mark, belimize kadar gelen hepsi çiçeklenmiş kaba yoncalarla dolu bir tarlada turlarken. Mark'ın oğlu da işletmenin ortağıydı, hatta arkadan da emin adımlarla torunu geliyordu – ailenin en genç üyesi henüz iki yaşında olmasına rağmen en sevdiği şeylerden biri dönen fıskiyelerdi. Amerika'nın kırsal bölgelerinde nesilden nesle devredilen bu tür aile çiftliklerine giderek daha ender rastlanıyor, ama Kolombiya Havzası'nın ortasındaki sulak bir vahayı andıran Washington'a bağlı Touchet Vadisi'nde kaba yonca yetiştirmenin sıradışılığı bununla sınırlı değil.

Çiftlikteki başka bir tarlaya bakınırken, "Aşağı yukarı 120 ton tuz kullanıyoruz," dedi Mark. Toprağı ıslah etmek için kullanılan tuz, genellikle ekili alanları düşmanlarından arındırmak için birebirdir, ama Mark çiftliğin bu köşesinde alışıldık bir ürün yetiştirmiyordu. Arı yetiştiriyordu, tuz da toprağın üstünde nemi içeriye hapseden sert bir tabaka oluşturuyordu, tıpkı kendi arı yataklarını tasarlarken örnek aldığı alkali yüzeylerde doğal olarak olduğu gibi. Arıların tepkisine bakılırsa, gerçeğine hayli yakın olduğu belliydi. Çıplak gözle takip edilemeyecek kadar hızlı hareket eden minik bedenlerden oluşan akıl almaz bir kalabalık tuzlu toprağın üzerinde dolaşıyordu. Bu görüntü benim arılı tepemi andırıyordu, ama düzleştirilmiş ve arı yoğunluğu onla çarpılmış gibiydi. Minik kuleler yerine, buradaki arılar yuva oyuklarının etrafını, çamurlaştırıp koni biçimi verdikleri kazı toprağıyla çevirmişti, binlerce minyatür maden ocağının atıkları bir araya toplanmış gibiydi.

Şekil 5.3. Washington eyaletine bağlı küçük bir kasaba olan Touchet'de arabalar da kamyonlar da kağnı gibi ilerliyor, ama trafik yüzünden değil, kaba yoncaları tozlayan yerli arıları korumak için. Fotoğraf © Thor Hanson.

Ama arılı tepeyle arı yatağı arasındaki en büyük fark yuvaların nasıl yapıldığından çok neden yapıldığıyla ilgiliydi. Bu arılar rastlantı eseri burada değillerdi, özel olarak yetiştirilmişlerdi, Mark bu arıların ihtiyaçlarını karşılaşmak için epeyce bir zahmete girmişti.

Toprağa yuvaları su altında bırakıp çürütmeyecek, ama kazılabilecek kadar da serin ve sıkı tutacak miktarda su sızdıran beyaz plastik borularla bu borulara su akışı sağlayan vanalara dikkatimi çekip, "Arazinin tamamı toprağın 50 santim altındaki bir sistemle sulanıyor," dedi Mark. "Önceliğimiz arılar tabii," diye ekledikten sonra, ekinleri sulamayı bırakmak zorunda kaldıkları, insanların kısa duşlarla idare edip çimenlerin ölmesine izin verdiği geçen yılki kuraklığı anlattı. O kuraklık içinde bile, yuvalanma döneminin yoğun günlerinde arı yataklarına tahsis edilen payı hiç aksatmamışlar. "Kimsenin bulamadığı suyu onlara verdik," dedi, evladı için yaptıklarını gururla anlatan bir ebeveynin memnuniyeti vardı sesinde.

Tam o sırada, artık yedi yaşında bir arı delisine dönüşmüş olan oğlum Noah, arıları yakalamak için elimizde tuttuğumuz şeffaf plastik şişelerden biriyle vızıldayıp duran bir dişi yakalayıverdi. (Sık sık yaptığımız bu arıları yakalayıp serbest bırakma faaliyetine aile arasında "arıları tüplemek" diyoruz.) Yakaladığı arıyı gösterince, ev sevdiğim arı türüne özgü o muhteşem yanardöner şeritleri hemen tanıdım. Ama genellikle nadir olduğu düşünülen, benim de o âna kadar yalnızca bir kez görüp yakalayabildiğim bu türü etrafımızda vızıldanıp duran kabalıkla bağdaştırmak güçtü. Mark'ın ve kaba yonca yetiştiren komşularının arı yatakları "Sen yap, onlar gelir" cümlesinin cisimleşmiş hali gibiydi.[12] Toplamda 120 hektarı aşkın alana yayılan bu arı yatakları tahminen 18 ila 25 milyon dişiye yaşam alanı sağlıyordu, bu dişilerin peşindeki en az o kadar erkeği saymıyorum bile. Ticari amaçlarla yetiştirilen balarılarını dışarıda tutarsak, arı uzmanları arasında dünyanın sekizinci harikası kabul edilen bu vızıldayan metropol şimdiye kadar görülen en kalabalık tozlaştırıcı nüfusuna evsahipliği yapıyordu.

Wagoner çiftliğindeki turumuz bu yerli arı türünün işletme için nasıl ve neden bu kadar hayati bir rol üstlendiğini çok geçmeden açıklığa kavuşturdu, ama öğrendiğim ilk şey bundan çok daha önemliydi: Mark Wagoner alkali arıları benden bile çok seviyordu. Noah yakaladığı arıdan ayrılmak istemeyince, nazik ama gayet ciddi bir tonla, "Onu alamazsın. Benim o," dedi ve hep birlikte minik arının şişeden uçup vızıldayan kalabalığın içinde kayboluşunu izledik. Sonra, başka bir arı yatağındaki toprağın nem oranını kontrol ederken, çerçöple dolu bir küreği kazara bir yuva deliğine boca edince kendine sövdüğüne kulak misafiri oldum. Alkali arılarla ilgilenmek, Mark için her biriyle tek tek ilgilenmek anlamına geliyordu. Daha Noah'nın yaşlarında bir çocukken babasının onu aç kuşları kovalasın diye havalı tüfekle arı yatağına yolladığı günlerden başlayarak bu ahlakla yetiştirilmişti. Çiftliğin idaresini devraldığından beri, alkali arıların kaba yonca çiftçileri ve bölge halkı tarafından tanınması, korunması için komşularıyla, yerel idarecilerle birlikte durup dinlenmeksizin çalışıyordu. Vadideki tüm yollara üzerinde "Alkali Arı Bölgesi" yazan ve hız sınırının saatte 30 kilometre olduğunu belirten levhalar yerleştirilmişti. Ama kendisi bu sınırın bile altında, aheste aheste sürüyor, önüne arılar çıktıkça da bizi uyarıyordu: "Camlarınızı kapayın, içerisini arı dolduracaksınız!"

Mark altmış dört yaşındaydı, bağlarda, bahçelerde geçmiş bir hayatın sonucunda sağlam bir bedene, yanık bir tene sahipti; kot pantolonu, botu ve beyzbol şapkasından hiç vazgeçmiyordu. Belimize kadar gelen sıra sıra kaba yoncaların arasında geziniyorduk, başıyla işaret edip "485 hektar kaba yonca ekili burada," dedi. Bütün bu mahsulü kurutmak için yetiştiriyor olsaydı hikâyemiz oracıkta biterdi herhalde, ama Touchet Vadisi'ndeki kaba yonca çiftçileri tohum üretiminde uzmanlaşmıştı, bunun için de tozlaşma şarttı. Mark'ın tarlaları, yaydığı keskin çiçek aroması çok uzaklardan bile duyulabilen küçük mor çiçek salkımlarıyla ışıldıyordu. Dört bir yana dağılmış bol miktarda polen ve nektar vaat eden bu yoğun koku arılar için baş döndürücü olmalıydı. Ama arılar bu vaade kanıp çiçeklere ulaştıklarında ödülleri öylece kendilerini beklemiyordu. Yonca çiçekleri nektar ve poleni katlı haldeki taçyapraklarının içine gizler, yalnızca arılar üzerine konunca açılan yaylı sistem erkek ve dişi organları yukarı doğru iterek karşılar onları. Bu beklenmedik hareket arının vücuduna veya başına birçok türün sineye çekmeyeceği sert bir darbe indirir. Örneğin balarıları nektarı taçyapraklarının arasındaki boşluklardan aşırıp mancınığı andıran bu mekanizmayı alarma geçirmeden, yani polene bulanmadan istediklerini almayı çabucak öğrenirler.[13] Ama neredeyse sadece kaba yoncadan oluşan bir menüyle beslenmelerine, keyiflerini bozmadan bir çiçekten diğerine zıplamalarına bakılırsa, alkali arılar bu darbelere pek aldırış etmez. Touchet Vadisi'ndeki çiftçiler bu minik arıların ne yaptığını fark ettiklerinde, kusursuz bir tozlaştırıcı bulduklarını anlamışlardı.

"1930'lara dönüp alkali arıları bir de o zaman görmek isterdim," dedi Mark bir noktada, kaba yonca üretiminin başlamasından hemen önceki bir dönemi düşünerek. "Buralarda bir yerlerde yaşamışlardır herhalde." Vadide kullanılan sulama suyunun kaynağı olan Walla Walla Nehri civarında doğal arı yatakları oluşmaya devam ediyor, bazı alkali arılar kurak çalılık bölgelerdeki yerel kır çiçeklerini ziyaret ediyor. Ama nüfusun büyük bölümü zamanlamasını, bölgedeki yerel bitkilerin birçoğundan geç açan ve uzun süreli çiçek veren kaba yoncaya uydurmuş gibi görünüyor. Arıların yuvalarından çıktıkları vakti değiştirmesi büyük bir ekolojik intibak demektir, ama Mark ve diğer yerli üreticiler de değişmiş, arılara daha uygun çiftçilik pratikleri benimsemişler. Tarlalarını sulamak için havanın karardığı, arıların güvenle yuvalarına çekildiği geç saatleri bekliyorlar. Kurdukları arı yataklarının tasarımını ve idaresini sürekli değiştirip, sonuçları değerlendirmek için böcekbilimcilerle işbirliği yapıyorlar. Eyalet ve hükümet yetkilileriyle görüşmeler yapıyor, üniversitelerde arı dostu böcek ilaçları üzerine yürütülen araştırmalara kaynak aktarıyorlar. Mark'ın emekleri yakın bir zamanda karşılığını bulup, Kuzey Amerika Tozlaştırıcıları Koruma Seferberliği tarafından genellikle üniversitelerde çalışan akademisyenlere, biliminsanlarına, koruma uzmanlarına, küçük ölçekli organik işletmelere verilen bir ödülle taçlandırıldı. Touchet Vadisi, bugün yüksek zirai üretim kapasitesine sahip çiftliklerde yerli arıların kullanımı konusunda bir örnek vaka olarak görülüyor. Ama bütün bu şana, şöhrete rağmen, dediğine göre Mark alkali arılar konusunda kendisini yolun hâlâ çok başında hissediyormuş: "Bildiklerim bilmediklerimin yanında o kadar az ki."

Turumuzun sonunda, Mark kamyoneti yavaşlatıp sigorta poliçesi dediği, dört tarafı açık kulübelerden birini gösterdi. O da arılarla dolup taşıyordu, ama buradakiler Mark'ın kötü hava şartları, hastalıklar, ilaçlama kazaları gibi arı yataklarına zarar verebilecek krizlere karşı tedbir olarak satın aldığı Avrupa'dan ithal yaprak kesenlerdi. Duvarcı arıların kuzeni olan yaprak kesenler, tıpkı onlar gibi her yere nakledilebilen ahşap bloklara ve karton tüplere yuva yapar; kaba yonca çiftçileri Kanada'daki ticari üreticiler kanalıyla bu arılardan her yıl milyonlarca satın alır. Ama Mark'a kalırsa, yerli türler gibi değiller. "Bakma satın aldığıma, sevmiyorum bu arıları," dedi, sonra alkali arılara beslediği hisleri sözcüklere dökmeye çalıştı: "Onlar farklı, ailenin bir parçası gibiler. ... Anlatması zor." Bir an duraksadıktan sonra ekledi: "Bugün kaba yonca ekip biçiyorsam bunun sebebi alkali arılardır."

Noah'yla birlikte Touchet Vadisi'nden ayrılırken son bir defa arıları dinlemek için durdum. Motoru susturup camları açtım, çıkardıkları muazzam titreşim sesi bir yaylı çalgıdan dökülen notaların tarlaların üzerinde yankılanmasını andırıyordu. Mark ve diğer yerli çiftçiler için, bu müzik geçim kaynaklarının sesiydi, hayatlarının fon müziğiydi. Yalnızca arılarla çiçekler arasındaki ilişkinin değil, bir sonraki bölümde değineceğim daha derin başka bir bağın, arılarla insanlar arasındaki hayati ve şaşılacak ölçüde eski bağın da cisimleşmiş haliydi.

Arılar ve İnsanlar

Yok eğer sokulmadan onlara yakın olmak istiyorsanız, onları gücendirecek şeylerden sakınmalısınız: Sade ve temiz olmalısınız, kendileri tertemiz, el değmemiş olduklarından saflığını yitirmiş, kirlenmiş şeylerden hiç hoşlanmazlar; pırasa, soğan, sarımsak gibi şeyler yedikten sonra leş gibi kokan bir nefesle ya da ter kokusuyla yanlarına bile yaklaşmamalısınız. ... Tıka basa yememeli, sarhoş olmamalısınız; üstlerine üstlerine oflayıp puflamamalı, aralarında telaşla hareket etmemeli, sizi tehdit eder göründüklerinde bile kendinizi hararetle savunmayıp sakince ellerinizle yüzünüzü kapamalısınız. ... Sözün özü, sade, temiz, nazik, ölçülü, sakin olmalı, size alışmalarına izin vermelisiniz; böylece sizi sevecek, diğer herkesin içinde tanıyacaklardır.

Charles Butler, *The Feminine Monarchie*
(Dişilerin Monarşisi; 1609)

6

Bal Kuşları ve İnsansılar[1]

Arı yoksa, bal da yok.[2]

Erasmus, *Adagia*
(Özdeyişler; yak. 1500)

KORUMA BİYOLOJİSİ DERNEĞİ'nin (Society for Conservation Biology) yaklaşık iki bin üyesi, her yıl beş günlük bir konferans için bir araya gelip yeni bağlantılar kurar, bulgularını paylaşır, tehdit altındaki türlerin ve coğrafyaların incelenmesinde, korunmasında karşılaştıkları güçlükleri tartışır. Toplantı her yıl farklı bir yerde yapılır, ama seçilebilecek en egzotik toplantı yeri bile bu buluşmaların iç mekânda, boğucu odalarda, yani saha araştırmacılarının bulunmak isteyeceği son yerde yapılması gerekliliğinin doğurduğu ironiyi değiştiremez. İlk bir-iki günün ardından huzursuzlanmalar başlar, bazıları gruplar halinde araba kiralayıp en yakın milli parka kaçar. Oysa bazen görülebilecek en iyi şeyler konferans salonunun penceresinin hemen dışındadır.

Birkaç yıl önce Güney Afrika'nın evsahipliği yaptığı toplantı, Port Elizabeth şehrinin eteklerindeki Nelson Mandela Metropolitan Üniversitesi'nde gerçekleştirildi. Kampüsün ana binaların bulunduğu grubun dışındaki 830 hektarlık büyük bölümü, Afrikaans dilinde "narin çalı" anlamına gelen *fynbos* adlı kuru, ağaçsı çalılardan oluşan el değmemiş bir habitatın içinde kalıyordu. İkinci gün, öğleden sonra sunumumu yapıp birkaç da soru cevapladıktan sonra, sıradaki oturum başlarken pencereden şöyle bir dışarıya baktım. *Fynbos* denen bu çalılar uzaktan bakınca gayet sıradan görünüyordu, güneşin kavurduğu geniş bir alana hafif dalgalıymış izlenimi veren bir fundalıktı işte. Ama sonra yeşillikler arasına serpiştirilmiş minik, renkli adalar gözüme ilişmeye başladı. *Fynbos* çiçek açıyordu, birden doğru zamanda doğru yerde olduğumu, görülmeye değer bir şeylere tanık olabileceğimi fark ettim. Hemen izin isteyip dışarı fırladım. Benim gibi pencereden dışarı bakan birileri vardıysa çalıların arasında kayboluşumu görmüştür muhtemelen, arılarla insanlar arasındaki ilişkinin kökeninde yatan etkileşimi görmeyi umuyordum.

Arıları bulmam hiç uzun sürmedi. Aşina olmadığım bu çalıların pembemsi, alev çiçeğini andıran çiçeklerinin üzerinde tam da peşinde olduğum türün toplaştığını fark ettim. Kuzey Amerika'dan gelen biri için, tek başına bu manzara bile ziyafet sayılırdı: doğal yaşam alanlarındaki balarıları. Evdeyken, bu büyüleyici yaratıklarla ilgili çelişkili hislere kapılıyordum ister istemez, biyolojilerine duyduğum merakla balarılarının yerel türler üzerindeki etkileri hakkında bildiklerimi bağdaştıramıyordum.[3] Kaba bir tahminle, tek bir ticari kovandaki balarısı nüfusu kazıcılar, duvarcılar, yaprak kesenler ve diğer yerli türlere ait yüz bin yuva hücresine erzak temin etmeye yetecek kadar polen ve nektar tüketir. Ama buradaki balarıları ait oldukları yerdeydi, türlerini –ve tabii bizimkini de– meydana getiren o kurak Afrika coğrafyasında uçuşuyorlardı. Nektar toplayışlarını izledim, bazen bir çiçekte iki arı birden oluyordu, sonra istediğini alıp yuvaya dönen birkaç tanesini kovana kadar izlemeye çalıştım. Ama imkânı yoktu – yoğun çalıların arasında izledikleri güzergâhı birkaç adımdan fazla izleyemedim. Sonunda vazgeçtim, yardım bulma umuduyla çalıların arasına oturup bekledim, çıkardıkları sesleri dinledim.

Roman yazıyor olsaydım, tam bu noktada, yanı başımdaki incecik dala kahverengiye çalan narbülbülü kadar bir kuşun konup dikkatimi çekmek için heyecanlı heyecanlı şakıdığını söylerdim. Sonra o bir daldan diğerine zıp zıp zıplarken nasıl peşine takıldığımı, beni dosdoğru vızıltıların kaynağına, arıların evine götürdüğünü anlatırdım. Böyle bir şey olmadı, ama işin ilginci, olabilirdi

Şekil 6.1. Anavatanında bir balarısı – yerli bir *Apis mellifera* işçisi Güney Afrika'daki bir buzçiçeğiden nektar topluyor. Fotoğraf © Derek Keats, Wikimedia Commons.

de. Büyük bal kuşu (ya da bal kılavuzu), ismini tam da tarif ettiğim davranışından alır; dikkat çekecek bir şekilde sekerek, kanat çırparak, arı kitaplarında tarif edildiği gibi hiç durmadan "ke, ke, ke, ke, ke, ke, ke!!!" diye şakıyarak insanları arı kovanlarına götürür. Geleneksel bal avcıları, Sahraaltı Afrika gibi geniş bir coğrafyanın tamamına yayılan bu kuşu gördükleri her yerde onun eşsiz yeteneğine güvenir.

Bu konuda yürütülen bir araştırma, bal kuşlarını takip etmenin kovan tespit oranını yüzde 560 artırdığını, kuşların avcıları istikrarlı bir şekilde kendi başlarınayken keşfettiklerinden daha büyük, daha verimli kovanlara götürdüğünü ortaya koydu. İnsanlar bir arı kovanının yerini tespit edip onu ele geçirdikten sonra, bal kuşu insanların geride bıraktıkları artıklarla kendisine ziyafet çeker – bal kuşunun kendine has beslenme şekli, balmumunu sindirebilmek gibi sıradışı bir beceri geliştirmesini sağlamıştır. Avrupalı ilk gözlemcilerden birinin dikkat çektiği gibi, insanlar kuşlardan aldıkları yardımı dikkatle hesaplanan bir miktar bal peteğiyle ödüllendirmeyi âdet edinmiştir: "Arı avcıları kılavuzlarına küçük bir porsiyon bırakmayı hiç ihmal etmez, ama açlıklarını yatıştıracak kadar çok bırakmamaya da özen gösterirler. Çünkü kuş ancak ağzına çalınan bir parmak balla iştahı kabartıldığında, daha dolgun bir maaş umudu belirdiğinde ikinci bir ihanete, başka bir kovan keşfetmeye ikna olur."[4] Kendimi çalıların arasına bıraktığım o öğleden sonra bir tanesi bile bana yardım etmeye yanaşmasa da, bal kuşlarının alışkanlıkları kuşbilimciler açısından olağandır, iyi bilinir, bu yüzden de gelmiş geçmiş en şahane bilimsel isimlerden biriyle ölümsüzleştirilmiştir: *Indicator indicator.**

Bal kuşları üzerine yayımlanan ilk araştırma makalesi Aralık 1776'da, Londra Kraliyet Cemiyeti'nin bir toplantısında okundu. Makalede bal kuşlarının doğal muadili olduğu sanılan bir hayvandan, *ratel* ya da bal porsuğu adındaki memeli bir kovan talancısından bahsediliyordu. İki yüz yılı aşkın bir süre boyunca sağduyu ve bilimsel bilgi birikimi, kılavuzluk davranışının kuş ile porsukta birlikte evrildiğini, insanlarınsa bunu fark edip onların davranışından faydalanmayı öğrendiklerini söyledi. Derken 1980'lerde Güney Afrikalı bir grup biyolog tüm bu zaman boyunca bariz olması gereken bir şeye işaret etti: Bal porsukları neredeyse tamamen gecedildir. Uyanık oldukları saatler şafak zamanı bal kuşlarınınkiyle kısa bir süreliğine örtüşse de, bu kadar sınırlı bir imkânın birlikte evrim için iyi bir başlangıç noktası oluşturduğunu söylemek zordur, hele de böyle karmaşık bir etkileşim söz konusu olduğunda. Şüpheciler biraz daha eşeleyince bal porsuklarının miyop ve ağır işiten hayvanlar olduğunu, kuşların ifşa ettiği ağaç tepesindeki kovanlara ulaşmak için de nadiren tırmandıklarını öğrendiler. Tutsak porsukların kayıttan dinletilen bal kuşu çağrılarına tepki vermediği gözlendi, dahası literatürde iki türü birbirine bağlayan her raporun anekdotlara dayalı olduğu ortaya çıktı. Bir kuşun bir porsu-

* *Indicator* sözcüğü Latincede "gösteren, işaret eden" anlamına gelir. *–y.n.*

Şekil 6.2. Kuş gündüzleri, porsuk geceleri faal olduğu halde, insanlar uzunca bir süre büyük bal kuşunun (üstte) olağanüstü kılavuzluk davranışını bal porsuğu (altta) öncülüğünde geliştirdiğini varsaydı. Ama günümüzde, uzmanların çoğu kuşun olağanüstü becerisini ilk insanlarla kurduğu ortaklık çerçevesinde geliştirdiği hususunda hemfikir. Wikimedia Commons.

ğu bala götürdüğüne tanık olmuş bir tek biyolog, doğabilimci, bal avcısı veya safari turisti yoktu. Bu mit doğa tarihi makalelerinde, hatta çok satan çocuk kitaplarında kendine yer bulmayı sürdürse de, bal kuşlarının sergilediği davranışın ardındaki gerçek hikâyeyi bulmak için biyologların farklı bir bilim dalının kapısını çalmasını gerekiyordu.

"Benim uzmanlık alanım beslenme," dedi Alyssa Crittenden. "Her şeyin başı beslenmedir. Beslenme düzeni insanın evrim hikâyesinin başladığı yerdir, bittiği yer değil." Alyssa'nın ofisi Nevada Üniversitesi'nin Las Vegas'taki antropoloji binasında, dar bir koridorun sonundaydı. Bir beslenme antropoloğu olarak prestijli bir profesörlük unvanına sahipti, ama ekoloji üzerine de araştırmalar yapmıştı. Bu ikili perspektif, Alyssa'nın insanın yeme alışkanlıklarını çevresel bir bağlamda ele almasını sağlıyordu. Konuşurken "insanları yiyecek kaynaklarıyla ilişkilendirmek" gibi ilgi çekici ifadeler kullanıyor, bugünkü halimizi belirleyenin atalarımızın yemeyi seçtiği şeyler olduğuna ilişkin ikna edici açıklamalar yapıyordu. Söyledikleri doğruysa şayet, insanlarla bal kuşlarının epeyce bir ortak noktası olabilir.

"İnsanın evrildiği çevrede yaşayan avcı-toplayıcıları incelemek istiyorsan, araştırma çerçeven hemen daralır," diyen Alyssa, Tanzanya'daki Hadza kabilesiyle girdiği uzun soluklu işbirliğini nasıl başlattığını anlattı. Hadza kabilesinden yaklaşık üç yüz birey, Eyasi Gölü'nü çevreleyen kurak ovalarla ormanlık alanlarda küçük gruplar halinde katı bir geleneksel yaşam sürüyor. Yaşadıkları bölge, bulunan fosiller, ayak izleri ve taştan aletler sayesinde insanların üç milyon yıldan uzun zamandır o civarda yaşadığının belgelendiği Olduvai Boğazı'yla Laetoli'ye en fazla 40 kilometre uzaklıkta. Alyssa hemen Hadza kabilesi gibi grupların modern gruplar olduğuna, kendilerine has bir kültürel yapıya sahip olduklarına işaret etti; ama besinlerini türümüzün ortaya çıktığı coğrafyada toplayıcılık ve avcılıktan sağlayan bu insanların bize öğretecek çok şeyleri var.

Alyssa Hadza kabilesiyle birlikte ilk mevsimini, kadınların ve çocukların temin ettiği yemiş ve yumru köklerden erkeklerin avladığı antilop, kuş ve başka hayvanlara kadar uzanan günlük hasadı tartıp sınıflandırarak geçirmiş. Besin kaynaklarındaki mevsimsel dalgalanmaların aile hayatı üzerindeki, özellikle de kadınların ne zaman ve kiminle çocuk sahibi olacağına karar vermesi üzerindeki büyük etkisi ilgisini çekmiş. O dönem beslenmeye odaklanan antropolojik çalışmaların çoğu Alyssa'nın "et mi, patates mi?" şeklinde özetlediği, ilk insanların davranış ve gelişimine avcılıktan elde edilen kalorilerin mi, toplayıcılıkla alınan kalorilerin mi daha fazla katkısı olduğuna ilişkin öteden beri süren bir tartışmayla meşgulmüş. Alyssa hikâyenin bundan fazlasını barındırdığından şüphelenmiş ve her iyi biliminsanı gibi gözünü kulağını dört açmış. "Ben daima verileri takip ederim," dedi bana. Ama günbegün takip ettiği verilerin bala işaret etmeye başlaması onu bile şaşırtmış.

Hadza kabilesinin geleneksel bal avına tanık olduğu o ilk seferinde, kendi ifadesiyle "ağzı açık kalmış". Erkeklerin gelişigüzel ahşap çiviler çakıp kocaman bir baobab ağacının gövdesine tırmanışını, bir meşale yardımıyla kovanı dumana boğuşunu, sonra da her tarafından altın sarısı bal akan peteklerle aşağı indiğini izlerken büyülenmiş. Ama ganimet kampa getirildiğinde insanların ona verdiği tepkinin yanında, bu hiçbir şeymiş. "Çocuklar deli gibi koşuşturmaya, şarkı söylemeyip dans etmeye başladı. Balın paylaşımı herkesi çok heyecanlandırmıştı, en iyi parçaları seçip birbirlerine, bana verdiler. Daha önce gördüğüm hiçbir şeye benzemiyordu." Bu sahne zihnine kazınmış ve onu düşüncelere sevk etmiş. Hadza halkının ne kadar bal yediğini düşünmüş. Kendisinin ve antropolog meslektaşlarının balın onlar için ne kadar mühim bir kalori kaynağı olduğunu gözden kaçırmış olabileceklerini düşünmüş. Araştırdıkça daha da ikna olmuş. "Hakkında bilgi sahibi olduğumuz her toplayıcı grup balı hedef alıyor. Her kuyruksuz maymun türü bal tüketiyor," dedi bana, düşüncelerinin üzerinden tek tek geçerek. "Bal besin değeri bakımından zengindir. Çok

Şekil 6.3. Hadza kabilesinden bir bal avcısı, yabani balarısı kovanından söküp aldığı taze petekle poz veriyor. Fotoğraf © Alyssa Crittenden.

tercih edilir. Dünyanın neresine gidersen git önemli bir besindir, bu şimdi de böyle, evrimimizin erken aşamalarında da böyleydi. Bir şeyleri kesinlikle gözden kaçırmıştık!"

Alyssa da neredeyse gözden kaçırıyormuş. Üniversiteye başladığı yıllarda antropoloji aklından bile geçmiyormuş. Doktor olmak istiyor, güzel güzel tıbba hazırlık dersleri alıyormuş, ama bir gün İnsan Evrimine Giriş isimli bir derste buluvermiş kendini. "Apışıp kalmıştım," dedi, derste anlatılanların o güne dek düşündüğü şeyleri nasıl da birbirine bağlayıverdiğini hatırlayarak. Entelektüel açıdan, kariyer planlarındaki ani değişimi Alice'in tavşan oyuğuna dalıp Harikalar Diyarı'na çıkıvermesi gibi tarif etti. "Zihnimi kurcalayıp duran bir sürü soru vardı," dedi, ki sohbetimizden anlayabildiğim kadarıyla hâlâ da var. Yaptığı her şeyi sınırsız bir enerjiyle, bir beslenme uzmanından beklenebilecek zindelikle yapan Alyssa, genç yaşından beklenmeyecek başarılara imza atmış. Kampüsteki kahveciye uğramak dışında ara vermeden sohbet ettiğimiz iki buçuk saatte, balın kimyasından tutun da Hadza halkının kullandığı okların üstündeki tüylere, akademik yazıları düzenlenmenin zorluğuna kadar birçok konuya değindik. Çalışmalarımla en az benim onunkilerle ilgilendiğim kadar ilgileniyor, dostça bir samimiyetle sorduğu soruların peşini bırakmıyordu. Hadza kabilesinden nasıl onca şey öğrendiğinin açıklaması da bu olsa gerekti.

"Hadza halkının en sevdiği besin bal," dedi bana. Yaptığı görüşmelerin her birinden aynı sonuç çıkmış – her yaştan kadın, erkek ve tabii çocuk, balı her tür meyvenin, hatta etin bile önüne koyup en çok bal yemeyi sevdiklerini söylemiş. Erkeklerle büyük oğlanlar her gün bal arıyor, hatta balarısı kovanlarıyla da yetinmeyip en az altı farklı iğnesiz türün daha kovanlarını yağmalıyormuş. Kadınların da iğnesiz kovanlardan bal topladığı oluyormuş, ama gelenekleri gereği ağaçların, kütüklerin tepesindeki kovanları yarmak için balta taşımıyorlarmış. Alyssa'yla meslektaşları yıllarca süren gözlemlerden elde edilen verileri birleştirdiğinde, Hadza halkının kalori ihtiyaçlarının yüzde 15'ini baldan karşıladıklarını tespit etmişler. "Ki bu temkinli bir tahmin," diye uyardı beni; en az balın kendisi kadar iştahla tüketilen arı larvaları ve polenin içerdiği besin değerlerinin bu hesaba dahil edilmediğini anlattı. Keza, kampın dışında tüketilen arı ürünleri de hesaba katılmamış. Erkeklerin baldan aldığı kalori kadınlara oranla çok daha yüksek oluyormuş, çünkü bal tutan parmağını yalıyormuş, paylaşmak üzere eve getirdikleri balın üçte biri ila üç katını buldukları yerde kendileri tüketiyormuş. "Durmadan susuzluktan şikâyet ediyorlardı bir de," dedi gülümseyerek, ne de olsa vücudun bütün bu şekeri işleyebilmek için epeyce bir suya ihtiyacı vardı. "Cadılar

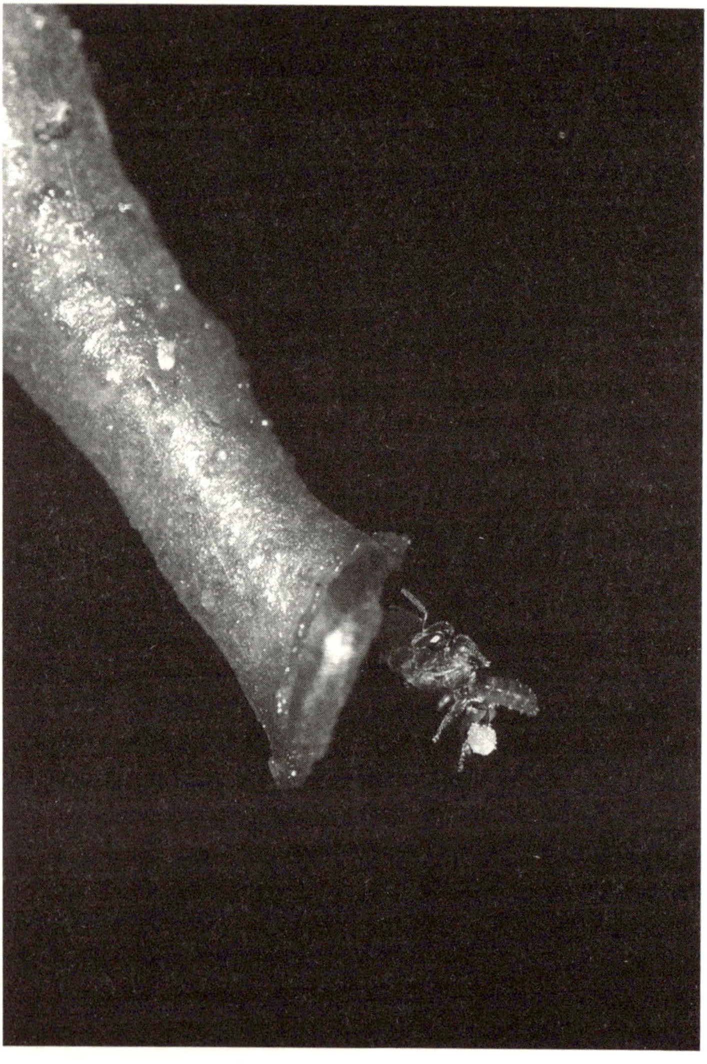

Şekil 6.4. Hadza kabilesindeki bal avcıları, kovanlarının girişine reçineden incelikli tüneller inşa eden *Hypotrigona* cinsinin üyeleri de dahil yedi farklı yerli arı türünün kovanlarını yağmalar. Bölgesel lehçelerden birinde, bu iğnesiz tür için "kahve çiçeklerini ziyaret eden minik sakin böcek" şeklinde tercüme edilebilecek bir isim kullanılıyor. Fotoğraf © Martin Grimm.

Bayramı'nda benim kızım da öyle olur." Ama "şaka mı şeker mi" diyerek kapı kapı dolaşan çocuklar topu topu yılda bir gece şeker komasına girecek kadar şımarırken, Hadza halkı her gün bal arayıp duruyor. Eğer bu habitatı işgal ettikleri sırada atalarımız da aynı şeyi yaptılarsa, bu durum bal kuşlarının tuhaf alışkanlığına dair çok şey söyleyebilir.

"Ben aslında kuşlarla pek ilgilenmiyorum," diye itiraf etti Alyssa, her ne kadar Hadza halkı her fırsatta onları takip etse de. Ama kendisi bal kuşlarıyla insanların nasıl etkileşime girdiğini incelemeyi başkalarına bıraksa da, araştırması bu ilişkinin nasıl başlamış olabileceğine ilişkin epeyce bir şey söylüyor aslında. Alyssa bala düşkünlüğümüzün bize primat atalarımızdan geçtiği fikrini savunuyor, ki yaşayan tüm büyük kuyruksuz maymun türlerinin de bal arayışı içinde olması bu fikri destekliyor. Eğer bal kuşları genetik bulguların işaret ettiği gibi üç milyon yıl önce evrildiyse, o zaman Doğu Afrika'da, atalarımızın en eski sakinleri arasında bulunduğu ve her yere ayak izlerini bıraktığı, ormanlarla ve çayırlarla kaplı bir sahnede ortaya çıkmış olmalılar. Bu bağlamda, ilk bal kuşları neden gececil porsukların dikkatini çekmekle uğraşmış olsun ki? Bugün kabul gören teori, bal kuşunun iki ayak üzerinde durabilen ve başları yukarıda bütün gün bal arayıp duran ilk insansılarla birlikte evrildiğini öne sürüyor. Dolayısıyla günümüzde bal kuşlarının özel olarak insanlara odaklanması[5] pek de şaşırtıcı değil – nihayetinde, *Homo* cinsinin dikkatini çekmek için milyonlarca yıldır başvurdukları bir numara bu. Ama gerek Alyssa'ya, gerek beslenme konusunda çalışan başka antropologlara göre, bal hikâyesinin asıl ilgi çekici kısmı kuşlarla ilgili değildir, daha ziyade türümüzü tanımlayan kritik bir evrimsel adımla ilgilidir.

"Beyin glikozla çalışır," dedi Alyssa, insan biyolojisine ilişkin çok temel bir bilgiyi hatırlatarak. Beyin hem sinir sinyallerinin iletimi hem de temel hücre işlevleri için ayrı ayrı enerji harcadığından, beyin dokuları fizyologların tabiriyle "metabolik açıdan masraflı"dır. Ortalama bir insan beyni vücut ağırlığının yalnızca yüzde ikisini oluşturur, buna karşın aldığımız günlük enerjinin yüzde yirmisini tüketebilir. Üstelik tüm bu enerjiyi glikoz formunda talep eder.[6] Vücut beynin bu talebini karşılayabilmek için ya tükettiğimiz gıdalardan gelen nişastaları parçalar ya da karaciğer ve böbrekler aracılığıyla proteinlerde, lipitlerde bulunan enerji miktarını yeniden düzenler. Ancak insanların tükettiği doğal gıdaların hiçbiri balın sunduğu gibi saf, sindirilebilir ve yüksek miktarda glikoz içermez. Bir kaşık balda bulunan toplam kalorinin üçte biri saf glikozdur, geri kalan kısmın büyük bölümü de benzer bir şekerden, früktozdan oluşur. "Doğada enerji bakımından en zengin besin baldır," dedi Alyssa, dolayısıyla bal peşinde koşup durmamız kocaman, aç beyinlerimizi doyurma ihtiyacıyla açıklanabilir.

İnsan evrimi hakkındaki iyi ders kitaplarının hepsi, Mary Leakey'nin 1959'da Olduvai Boğazı yakınında bulduğu, "Fındıkkıran Adamı" ismiyle bilinen *Australopithecus*[7] cinsine ait kafatası örneğinin bir resmine mutlaka yer verir. Nispeten küçük bir kafatasına ve büyük azıdişleriyle dolu bir altçeneye sahip oluşuyla kendisine yakıştırılan ismi hak etse de, bu insansıyı insandan ayırmak çok kolay değildir. Oysa küçük çene ve dişleri, yassı yüz yapısı, gri maddeye ayırdığı daha büyük alanla *Homo* cinsine ait kafatasları acemi gözler tarafından bile ayırt edilebilir. Beyin büyüklüğündeki ani sıçramalar soyağacımızın ayırt edici özelliğidir, öyle ki modern insanın beyin kapasitesi ihtiyar Fındıkkıran'ınkinin iki buçuk katıdır. Alyssa gibi beslenme konusunda çalışan antropologlar açısından, atalarımıza ait kafataslarındaki en ufak değişiklik bile beslenmeyle ilgili önemli sorular ortaya çıkarır. Temin edebildikleri kalori miktarında artış olmadığı sürece, ilk insanların büyük beyinlerin metabolik maliyetini karşılayabilmesi mümkün değildi. Hikâyenin bir kısmını giderek küçülen dişler anlatır: Daha küçük dişler daha yumuşak, daha zengin besinlere geçildiği anlamına gelir. Bugüne dek ortaya atılan teorilerin çoğu, bu durumu avcılıkla birlikte et tüketiminin artmasına yahut yumru köklü bitkileri ve diğer yiyecekleri toplayıp yemek için hazırlamaya yarayan aletlerin geliştirilmesine bağlar. Olası bir başka etken de ateşin kontrol altına alınmasıyla birlikte ortaya çıkan pişirmenin beslenme açısından sunduğu avantajlardır. Alyssa ve meslektaşları beslenme alışkanlıklarındaki iyileştirmelerden oluşan bu listeye, beyin üzerinde tüm besinlerden daha tesirli olan balı da dahil ediyorlar.

"Şu sıralar yukarı doğru bir ivme var," dedi Alyssa bir noktada. "Bala ilgi arttı." Sonra çok yakın bir tarihe kadar eski zamanlardaki bal tüketimini belgelemenin nasıl olanaksız olduğunu anlattı. Beslenmeyle ilgili diğer alışkanlık ve ilerlemelerin aksine, eski zamanlardaki bal tüketimi ardında ne belirgin araç gereçler, ne kömürleşmiş ocak taşları, ne de üzerinde kasaplık emareleri olan kemikler bırakmıştır. Bu durum, yalnızca ardında net izler bırakan olayları ön plana çıkaran "yanıltıcı muhafaza"nın bir başka örneği olabilir. Bal yakın bir zamana dek göz ardı ediliyordu, çünkü görülemiyordu. Ama yeni tekniklerle, artık en ufak kalıntılardan, hatta lekelerden bile kimyasal parmak izleri toplanabiliyor. Araştırmalar binlerce çanak çömlek parçasında ve görünüşe göre dünyanın ilk diş dolgusunda balmumu kalıntıları olduğuna dair ikna edici kanıtlar bulmaya başladı bile. Bu bulgular Neolitik çağın başına ait güçlü bir bal bağlantısını doğruluyor.[8] Alyssa daha eski bir zaman dilimiyle ilgilendiği için, umutlarını antropologların eskiden bir kusur olarak gördüğü şeye –diş plağına– bağlamış.

"Eskiden diş örneklerini temizlerdik," dedi bana, elleriyle bir numuneyi fırçalıyormuş gibi yaparak. "Ama artık bunu yapmamak gerektiğini biliyoruz." Kirden arındırılmış bir fosil müze teşhirinde göze hoş gelebilir, ama fosili temizlemek kıyısında köşesinde saklı çok önemli verilerin de yok edilmesi demektir. Fosilleşmiş diş plağı eski beslenme alışkanlıklarıyla ilgili şaşırtıcı miktarda bilgi barındırır, hatta sosyal davranışlara ilişkin önemli ipuçları bile sunabilir. Örneğin, yakın zamanda Neandertallere ait diş plaklarında insan ağzına özgü mikropların keşfedilmesi bu iki türün bir zamanlar öğünlerini paylaşmış, hatta bununla da kalmayıp tarihöncesine ait bir öpüşme sahnesinde rol almış olma ihtimallerini gündeme getirmiştir.[9] Alyssa doğru zaman dilimine ait diş plaklarını analiz etmenin evrim tarihimizin tüm kilit noktalarındaki bal izlerini açığa çıkacağına ikna olmuş durumda. Tıpkı hayvan avlamak gibi, bal bulmak da karmaşık bir görevi başarıyla tamamlamalarının karşılığında atalarımıza ödül olarak zengin bir besin sunardı. Bu bal arayışları işbirliği yapmanın, paylaşmanın yanı sıra,[10] alet kullanmayı ve ateşe hükmetmeyi de teşvik ediyordu. Avlanan hayvanları öldürme ve parçalamada verimliliği artıran el baltaları, taştan yapılma satırlar ve başka aletler, aynı zamanda ağaç tepelerinde gizli daha büyük arı kovanlarını da ulaşılabilir kılıyordu. Keza ateş, bir yandan beraberinde getirdiği pişirme olanaklarıyla gıdaların sindirimini kolaylaştırırken, diğer yandan da dumanıyla balarılarını kovandan uzaklaştırmaya yarıyordu. Eğer atalarımız gerçekten de bugün Hadza halkının yaptığı gibi[11] düzenli bir bal arayışına girmişlerse, bu gelişmelerin her birine şekerden aldıkları kalori miktarındaki ciddi bir artış eşlik etmiş olmalıydı. Ayrıca sohbetimiz esnasında Alyssa'nın birçok defa hatırlattığı gibi, arı kovanlarındaki polen ve larvalar da protein ve önemli mikrobesinlerin yanı sıra fazladan kalori barındırır. Hepsi birlikte ele alındığında, beslenmeyle ilgili tüm bu iyileştirmeler güçlü bir iddia ortaya koyuyor; arıları (ve bal kuşlarını) izlemeyi öğrenmenin atalarımızın büyüyen beyinlerinin çıkardığı masrafı karşılamalarına yardım edip insan evrimini derinden etkilediğine, antropolojik terminolojiyle söylersek "diğer türlere beslenme şekliyle üstünlük sağladığına" işaret ediyor.[12]

İnsanlar *Homo sapiens*'i böyle büyük beyinli, baskın bir tür haline getiren etkenleri tartışmaya devam edecektir muhakkak, ama Alyssa ve meslektaşları bu tartışmaya balı da dahil etmeyi başardılar. Ortaya attıkları teori çabucak kendine yer edindi çünkü mevcut paradigmanın yerine bir başkasını geçirmekten ziyade onu tamamlıyordu. Kimse bizi insan yapan şeyin bal yemek olduğuna inanmıyor, ama günümüzde uzmanlar balın eski beslenme alışkanlığımızda önemli bir yer tuttuğundan, taşıdığı besin değeriyle kıymetli bir yiyecek olduğundan pek şüphe duymuyor. Alyssa ve meslektaşlarının öne sürdüğü fikir başlarda arılarla bağlan-

Şekil 6.5. Hadza kabilesinin yabani kovanlardan topladığı her petek piyango gibidir; akışkan baldan gelen şekerli kalorilerin yanı sıra, larvalarla ve polenle dolu hücrelerinde de protein ve çeşitli besin öğeleri barındırır. Fotoğraf © Alyssa Crittenden.

tımız hakkında söyledikleri yüzünden ilgimi çekmişti, ama daha sonra bu teorinin geliştirilme biçimine –ilginç bir gözlemden yola çıkıp basit bir önermeye, ardından da çok daha kapsamlı bir sonuca varmalarına– hayran kaldım. Alyssa'nın internet sitesinde yer verdiği yayın listesi her şeyi anlatıyor aslında; birlikte çalıştığı insanların, üzerine çalıştığı konuların yıllar içinde hızla çeşitlendiği, baldan ve sindirim sisteminden tutun da taştan aletlerin ve diş minesinin üzerindeki aşınma izlerine kadar uzandığı rahatlıkla görülebiliyor. (Başkalarının çalışmalarını karıştırmak bilim camiasındaki tuhaf hazlardan biridir.) Sohbetimizin sonunda, Alyssa başlarken söylediği bir şeyi, tüm çalışmalarını birbirine bağlayan temel soruyu tekrarladı: "Nasıl oldu da bu bedenlerle dolaşmaya, böyle yaşamaya başladık?" Sonra kızını anaokulundan almaya gitti, bu da bana araştırmasındaki başka bir hattı, Hadza çocuklarının besin toplama alışkanlıkları üzerine bir dizi makaleyi hatırlattı.

Avcı-toplayıcı gruplardaki gençlerin tatlıya düşkün olması bizleri şaşırtmamalı. Çocukların, hele de kemik gelişiminin sürdüğü, kolayca sindirilebilen kalorilerden süratle alınacak enerjinin vazgeçilmez olduğu yaşlardaki çocukların şeker toleransı yetişkinlerden belirgin ölçüde daha yüksektir. Hadza kabilesinin gençleri şeker ihtiyaçlarını başlarda incir, dutsu meyveler, yumru kökler ve baobab ağacının meyveleriyle karşılar, ama bazı iğnesiz arı türlerinin kovanlarını içi boşalmış ağaç dalları, hatta ayaklarının altındaki toprak gibi kolayca ulaşabilecekleri yerlere inşa ettiğini öğrenmeleri çok uzun sürmez. Oğlanlar geleneksel olarak erkeğin kullandığı bir alet olan baltayı ellerine alacak yaşa geldiklerinde, önce ağaçlara yuvalanan arılar konusundaki ihtisaslarını tamamlayıp, sonra da en büyük, en zengin kovanlara ulaşmak için bal kuşlarını izlemeyi öğrenirler. Bulunan tatlı hazinenin büyük kısmı –muhtemelen ergenlik çağındaki delikanlılarda görülen hızlı büyüme sürecine yakıt sağlamak için– hemen oracıkta tüketilir. Bitmez tükenmez bir şeker açlığı ile gelişmekte olan bedenlerden oluşan bu kombinasyon, dünyanın dört bir yanındaki çocukların, bal arama alışkanlığı kendi kültürlerinde kaybolup gittikten çok sonra bile yabani arı kovanları arayıp durmasını açıklayabilir.

Evcilleştirme balarısının tarımsal faaliyetlere erkenden dahil olmasını sağlayıp, düzenli olarak bal arama ihtiyacını büyük ölçüde ortadan kaldırdı. Ancak kovanları bir çiftliğin bünyesinde güvence altındayken bile, balarıları saldırgan, savunmacı tutumlarını korudular; bu da kovanlarını (ve ballarını) terk etmelerini sağlamak için –büyük ölçüde yetişkinlerin gözetimi altında– duman ve başka tekniklerin kullanımını gerektirdi. Ama daha uysal türler, şipşak yenebilecek tatlı bir ikram peşinde koşanlara karşı savunmasızdı, kısa bir süre öncesine kadar da kırsal kesimlerde yaşayan çocuklar onların alışkanlıklarını gayet iyi biliyordu. Ni-

Şekil 6.6. Çocuğun hızla büyüdüğü, vücudun kaloriye doymadığı dönemlerde, şeker arzusu tavan yapar. Bu nostaljik reklamlarda övülen dekstroz gibi ucuz rafine şekerlerin piyasaya çıkmasından önce, kırsal kesimlerdeki çocuklar şeker tutkularını topluca yabani arı kovanları arayarak bastırıyordu çoğunlukla. Görseller © Sally Edelstein Koleksiyonu.

tekim ünlü Fransız böcekbilimci Jean-Henri Fabre, böceklere olan merakının bir ders kitabından ya da üniversitede aldığı bir dersten değil duvarcı arı kovanlarını soyan çocukları izleme deneyiminden kaynaklandığını söylemişti. Çocukların arı ekmeğinin tadını balla karıştırılmış soya unundan yapılan popüler bir şekerlemeye benzettiği Japonya'da, yaygın duvarcı türlerinden biri yerel dilde hâlâ *Mame-ko bachi*, "soya unu arısı" olarak biliniyor. Bununla birlikte, yabanarıları diğer türlere göre çok daha cazip bir hedef olmuştur hep; lezzetli bir balla dolu mütevazı zulaları birkaç iğneyle burun buruna gelmeye değmiştir. On dokuzuncu yüzyıl boyunca, yabanarısı kovanlarını yağmalamak o kadar standart bir çocukluk aktivitesiydi ki bu aktivite şiirlerde bile kendine yer bulabiliyordu; aşağıdaki tekerleme *Jingles and Joys for Wee Girls and Boys* (Minik Kız ve Oğlanlara Eğlenceli Tekerlemeler) isimli popüler bir derlemeden:

Haydi minik arılar,
Biraz bal yapın bana,
Sonra uçun uzaklara,
Petekleri doldurmaya...
Orada mısınız diye
Gelir bakarım size,
Tatlı balınız için
Teşekkürler hepinize.[13]

Bal arama pratikleri en azından 1909'a kadar yaygınlığını korudu. O yıl yayımlanan bir yazıda, okul projesi olarak arı gözlemlenmesi teşvik ediliyor ve şu hikâye aktarılıyordu: "Dün sabah bir oğlan odama gelip çocukların büyük yabanarılarının kovanını yağmaladıklarını, çaldıkları balın miktarını anlattı. ... Eğer bu ülkenin kırsal kesimlerindeki yahut küçük kasabalarındaki sıradan çocukların diğer hepsinden iyi bildiği bir böcek varsa, o da yabanarısıdır, hele de ikinci kırmızı yonca hasadının çiçek açtığı mevsimde."[14]

Ama yirminci yüzyılın ikinci bölümünde bir şeyler değişmişti. 1970'lerde küçük bir kasabada büyümüş sıradan bir çocuk olarak, yerli arılarla ilgili tek bir deneyimim olmadı. Ne bir duvarcı yuvasından ekmek kopardım, ne de yabanarısı kovanlarını yağmalayan arkadaşlarıma katıldım. Canımız tatlı bir şeyler çektiğinde, diğer tüm çocukların yaptığını yapar, şeker alırdık. Tutumlardaki değişimle rafine şekerin yaygınlığı bir araya gelince, koca bir jenerasyon –doğayla ilgili olanlarımız dahi– arı arayıp bulma dürtümüzü yitirdik. Şimdi orta yaşlı bir biyolog olarak, sık sık o kayıp zamanı telafi etmek isterken buluyorum kendimi. Kendi oğlum Hadza çocuklarının bal aramaya başladığı yaşa geldiğinde, fark ettim ki bir de işbirlikçim varmış.

7

Yabanarısı Yetiştirmek

Bazı uğraşlar vardır ki, öyle çok da şairane yahut özgün olmasalar bile doğayla daha soylu, daha zarif bir ilişki telkin ederler. Mesela, arı yetiştirmek ... güneş ışınlarına yön vermek gibidir.[1]

Henry David Thoreau, "Paradise (to be) Regained" (Geri Kazanılan Cennet; 1843)

NOAH OYUNCAK KEPÇESİNDEN kafasını kaldırıp, "Arı vızıltısı duydum!" diye bağırdı. Onun yaşındaki oğlan çocuklarının birçoğu gibi oyuncak kamyonlara, dozerlere karşı engellemez bir merakı vardı; zaten o haykırıştan önce de koca bir saati ofisimin önündeki çamurlu toprakta oluşan bir tümseği sabırla düzelterek geçirmişti. (Ofisim dediğime bakmayın, bahçemizin eski sakinleri anısına aile içinde "Rakun Kulübesi" dediğimiz elden geçirilmiş bir barakada çalışıyorum.) Arının oğlumun ilgisini çekebilmiş olması beni ziyadesiyle memnun etti; dile kolay, günlerdir tek bir arı bile görmemiştik sonuçta.

Arı kulübenin bir köşesinden dönüp sundurmayı incelemeye başladığında ikimiz de hiç kıpırdamadan izlemeye koyulduk. Sundurmanın yan tarafındaki budak deliğiyle başlayıp, kırlangıçlar yuvalansın diye yaptığım dar bir raf boyunca sağa sola toslayarak saçaklara doğru ilerledi. O aşağılara inip, sundurmanın kafesli bölmesine çivilenmiş tuhaf mekanizmaya yaklaşırken, birden nefesimi tutmuş halde buluverdim kendimi. Tıpkı kırlangıçların sağlam, kuru çıkıntıları cazip bulması gibi, arının da bizim tuhaf ahşap kutumuzu cazip bulmasını umuyorduk. Daha önceki başarısızlıklarımızdan sonra bu sezon bir yeniliğe gitmiştik: Eski bir yağmur çizmesinin burnunu kesip boğazı bahçedeki ağaçlara bakacak şekilde kutunun yan tarafındaki bir deliğe sıkıca yapıştırmış, bir tür giriş tüneli haline getirmiştik. Arı saçaklarla kafesin tam ortasında, bir anlığına öylece havada durdu. Sonra, sanki kaynağı belirsiz çekim gücünün etkisine girmiş gibi öne doğru eğilip doğruca çizmenin içine daldı.

Noah iyiden iyiye arı delileriyle dolan evimizde kulak misafiri olduğu Latince bir ismi kullanıp, "*Bombus* muydu o?" diye sordu hevesle. Başımı salladım. Arıların türünü tespit etmek bu kadar kolay olmaz genelde; sabitlenmiş numuneler, teşrih mikroskobu ve kanat damarlarının, dil uzunluğunun, hatta bazı durumlarda erkek cinsel organındaki girinti çıkıntılar gibi birçok özelliğin net biçimde görülebildiği aydınlık, ferah bir ortam gerektirir. Ama uçmakta olan bir arı gördüğünüzde hemencecik türüne karar vermenizi sağlayabilecek hoş bir kaide vardır: Başınızda yünlü bir bere, içinizde iki kat fanila ve üstünüzde kaztüyü yelek varsa, bir yabanarısına bakıyorsunuz demektir. Çok az böcek serin havalara böylesine iyi adapte olabilmiştir; yabanarıları kanatlarını geçici olarak uçuş kaslarından ayrı hareket ettirme becerileri sayesinde sadece kaslarını titreterek göğüskafeslerini ısıtabilir, sonra da bu ısıyı iyi yalıtımlı, tüylü gövdelerinin tamamına yayabilirler. Bu beceri en zorlu koşullarda bile vücut ısılarını uçuş için gereken seviyeye çekebilmelerini sağlar; dolayısıyla öyle rüzgârlı bir akşamüstünde ancak onların etrafta uçabileceğini biliyordum. Üstelik daha martın ikinci günü olduğu için, o yabanarısının kış uykusundan yeni uyanıp soğuğa aldırmadan kendi kolonisini kuracağı yeri arayan bir kraliçe olması gerektiğini de biliyordum.

Arı çizmenin burnundan kutunun içine doğru ilerlerken, boğuk boğuk duyulan bir vızıltı sayesinde nerede olduğunu tahmin edebiliyorduk. Karanlığın içinde, onu baştan çıkarmak için kullandığımız şeylerin kokusunu alışını, onları hissedişini gözümde canlandırmaya çalıştım: Kutunun içine yuvasına astar olsun diye pamuktan bir yatak, yüksük büyüklüğünde bir kap da yakıotu balı koymuştuk. İngiliz böcekbilimci Frederick William Lambert Sladen kendi kutularını elleriyle yolduğu çimenlerle, tiftik tiftik ettiği keten lifleriyle donatır, arıları bir mürekkep damlalığıyla besleyecek kadar da abartırmış. Hatta balmumunu eritip "önceden suyla nemlendirdiği bir tahta çubuğun yuvarlak ucuyla" kalıp çıkarır, arılar için suni bal küpleri bile yaparmış.[2] Bütün bu ayrıntılı öneriler, 1912 tarihli *The Humble-Bee: Its Life History and How to Domesticate It* (Yabanarısı: Yaşamöyküsü ve Evcilleştirme Yolları) isimli kitabını *Bombus* yetiştiricileri için tam bir başucu kitabı haline getiriyor. Yayımlanmasından bu yana geçen bir asırlık sürede, insanlar o pek tatlı *humble-bee* ismini kullanmaz oldu, daha da eski versiyonuysa şimdilerde sadece *Harry Potter* hayranları tarafından biliniyor: *dumbledore*. Ama neticede bu arıları yakınımızda tutmaktan hâlâ vazgeçmedik. Böcekbilimciler arılar âleminin "ayıcıkları" diyor onlar için, bazı türleri tıpkı balarıları gibi önemli ekin tozlaştırıcıları haline gelip ticari bir değere bile kavuştu. Özellikle uzmanların "sonikasyon" ya da "vızıltılı tozlaşma" gibi isimler verdiği şeyde, yani kanatlarını belli bir frekansta titreştirerek domates gibi bitkilerde bulunan kapalı çiçekleri sallayıp içindeki poleni düşürmekte çok iyidirler (Dokuzuncu Bölüm'de bu konuya tekrar döneceğiz). Gerçi, Sladen hayatta olsaydı Noah'yla bana soracağı ilk soru yabanarısıyla ilgili çalışmaların ahvali olmazdı herhalde. Çizmeyi sorardı muhtemelen.

Doğada, kraliçe yabanarıları koloni kurmak için terk edilmiş fare ve tavşan yuvaları, çatlak kayalıklar, içi boşalmış kütükler, ağaçkakanların arkalarında bıraktığı ağaç oyukları ararlar. Sezonun sonuna doğru nüfusu birkaç yüz bireye ulaşabilen bir koloniye yetecek büyüklükte, etrafı kapalı kuru bir yer bulmaları gerekir. Koloni kurmaya müsait bir yer bulmak ise bu yuvaların hepsinin paylaştığı bir özelliği aramayı gerektirir: karanlık bir giriş tüneli. Kraliçe yabanarısının bu mecburiyeti onu insanlar âleminde fazla fazla bulunan loş oyuk ve gediklere ziyadesiyle meraklı hale getirir. Eski bir Wiltshire deyişi, mırıldanma sesini bir sürahinin

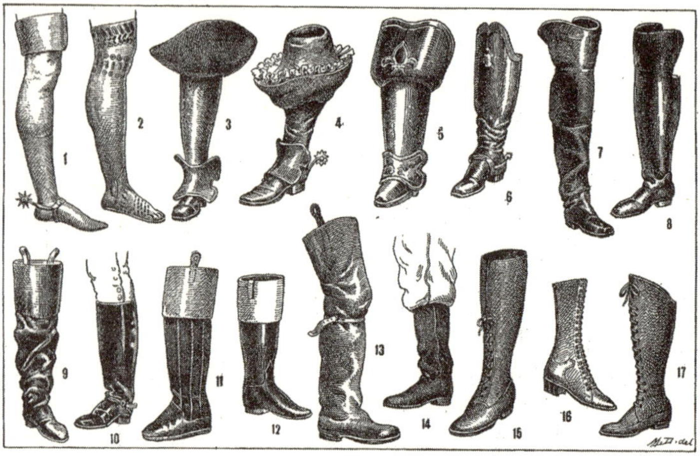

Şekil 7.1. Uzun, karanlık boğazları, kuytuda kalan burunlarıyla, çizmeler kraliçe yabanarısının yuva kurması için son derece elverişlidir, hele de baharda öylece verandaya bırakılmış, yan yatmışlarsa. Paul Augé, *Larousse du XX siècle* (1928).

içinde vızıldayan yabanarılarına benzetir; bu da demektir ki sürahilerin, ibriklerin içinde yabanarısıyla karşılaşmak bir zamanlar herkesin başına gelebilen yaygın bir deneyimmiş. Gerçekten de, çaydanlıklardan su kovalarına, aktarma borularına, bacalara, egzoz borularına, hatta rulo haline getirilmiş halılara kadar, insanlar en umulmadık yerlerde yabanarısı yuvaları bulmuşlardır. Ben bu listeye bir de lastik çizmeleri ekledim: tahmin edilebileceği üzere, çizmeyi ayağıma geçirdiğimde acımasızca sokularak.

Bahsettiğim olay Rakun Kulübesi'nin hemen önünde olmuştu, içerde çalışmaya dalıp birkaç saatliğine çamurlu çizmelerimi sahipsiz bırakmıştım. (Diz boyu lastik çizmeler evle kulübe arasındaki yolun yer yer çamura bulandığı kış ve bahar aylarında ofis kıyafetlerimin tamamlayıcısı oluyor.) Kraliçe bu karanlık, rahat ortamı bulur bulmaz sahiplenip temizliğe girişecek kadar sevmişti belli ki. Benim ayak parmaklarım içeri dalıp da her şeyi berbat edinceye dek yani. Acıyı duyduğum anda botu tekmeleyip çıkardım, hemen sonra da kraliçenin daha huzurlu bir muhit aramak üzere uçup gittiğini gördüm, ama hissettiğim acıya, şaşkınlığa rağmen o an içimi bir umut kaplayıverdi. Nihayet kraliçeleri yuva kutularına nasıl çekeceğimi öğrenmiştim galiba! Yıllardır Rakun Kulübesi'nin sundurmasına bir yabanarısı kolonisi kurup gözlemlemeye çalışıyordum, ama tüm girişimlerim başarısızlıkla sonuçlanmıştı. Halbuki çiçekli meyve ağaçlarıyla, böğürtlen çalılarıyla çevrili, gölgeler içinde sessiz sedasız duran kulübemiz bu iş için çok uygun görünüyordu. Üstelik, eşimin giderek genişleyen bereketli çiçek bahçesinin de dibinde sayılırdı. Ama gider borusundan saksıya ve ucundaki plastik hortum parçasından geçilerek girilen karton kutulara kadar her şeyi denememe rağmen olmadı, tek bir kraliçe bile gelmedi, hatta bırakın gelmeyi, şöyle alıcı gözle bakanı bile olmadı bildiğim kadarıyla. Bir önceki sezon Noah'yla birlikte genç kraliçeler yakalayıp, Brian Griffin'in şirketinden aldığımız süslü bir gözlem kutusunun içine koymuştuk, ama ilk fırsatta hepsi uçup gitmişti. Oysa şimdi, daha çizmeyi kutunun ağzına geçirdiğimizin ikinci gününde bir kiracı adayımız vardı.

Birden vızıltı güçlendi ve kraliçe kendisini gösterdi, giderek genişleyen daireler çizerek önce çizmenin, sonra sundurmanın etrafında uçmaya başladı. "Yeri ezberliyor," diye fısıldadım oğluma. Arılar yönlerini bulmak için polarize ışık ve güneşin konumu da dahil olmak üzere birçok görsel referans kullanır, ama minik beyinlerinin ayrıntılı zihinsel haritalar oluşturup çevreleriyle ilgili detayları hatırlayabildiğine işaret eden sağlam bulgular da var. Karanlık kutulardaki yuvalarından çok uzağa nakledilen yabanarıları ve balarıları on kilometreyi aşan mesafelerden evlerinin yolunu bulabilir, hatta bir keresinde bir orkide arısı yirmi üç kilometrelik bir yolcuğun ardından evine ulaşmıştır. Sabırla gerçekleştirdikleri dairesel uçuşlar, arıların belli başlı referansları tanımlayıp hafızalarına kazımalarını, bir yuvayı, iyi bir yiyecek kaynağını konumlandırmalarını sağlar. Brian Griffin'in duvarcı arılarıyla bana bizzat gösterdiği gibi, geçici bir süre için bile olsa bu referans noktalarının yerini değiştirmek dönüş yolundaki bir arıyı afallatabilir. Bir an yabanarısı komşular edinmek için çim tırmığını, merdiveni, şezlongu yahut verandadaki diğer şeyleri yerinden bile oynatmamam mı gerekir acaba diye düşündüm. Tam o sırada kraliçe ok gibi fırlayıp meyve bahçesine, oradan da çalılıklara geçip sert bir rüzgârın içinde gözden kayboldu. Ama dakikalar içinde geri döndü, kafasında kurduğu haritayı test ediyor gibiydi, çizmeli kutunun etrafını ezberlemeye devam etti. Ağzım kulaklarımda, "Çak bir beşlik," dedim oğluma. Hiç fena bir başlangıç yapmamıştık.

Aristoteles ve Pisagor'la başlayan tanınmış arıcılar listesi Augustus, Şarlman ve George Washington gibi isimlerin yanı sıra, modern zamanlardan Henry ve Peter Fonda, Scarlett Johansson ve Martha Stewart gibi birçok ünlüyü içerir. Edebiyat dünyasına gelince, Vergilius gibi, Tolstoy gibi isimler sayılabilir (Tolstoy *Savaş ve Barış*'ta, tahliye edilmiş halde Napolyon'un ordularını bekleyen Moskova'yı "kraliçesiz kalıp ölümü bekleyen bir kovana"[3] benzettiği bölüme iki koca sayfa ayırır). Keza kendisi hiç arıcılık yapmamış olmasına karşın Sir Arthur Canon Doyle, arıcılığın, emekliliğinde Sherlock Holmes'ün zihnini oyalayabilecek yegâne doyurucu faaliyet olduğunu ima eder. "Son Görev" isimli öyküsünde, son bir vaka için kendisine başvurulan Holmes Watson'ı kenara çekip hayranlıkla arılardan bahseder: "Bir zamanlar Londra'nın suç dünyasını nasıl izlediysem minik işçilerden oluşan bu çeteyi de aynı öyle izledim."[4] Arıcılık kanonu[5] Shakespeare metaforlarından tutun da bilimsel anılara, pratik elkitaplarına kadar uzanır, ama aslında hemen her tarihsel, edebi yaklaşım sadece bir türden söz eder, o da balarılarıdır. Oğlumla birlikte yabanarısı yetiştirmeyi seçtiğimizde, çok daha az gidilmiş, çok daha az övgüye mazhar olmuş bir yola çıkmış olduk. Aslına bakarsanız, *Bombus* cinsi arılar üzerine gerçekten ne yazdığını bilerek kalem oynatmış şöhretli tek bir isim zikredilebilir, ama onun da bunu yaptığını pek az insan fark etmiştir.

Sylvia Plath ömrünün son senesinde arıcılıkta başı çeken eğilime uyup balarıları yetiştirmiş, hatta onlarla ilgili birkaç şiir bile yazmıştır, ama asıl arı metaforlarıyla, farklı türde arı göndermeleriyle dolup taşanlar daha erken yıllarda verdiği eserleridir.[6] *Hibernaculum* (kış uykusu yuvası) terimini, hamile bir kraliçe yabanarısının kışı geçirdiği sığ bir oyuğa atıfla ve de tam isabetle kullanan tek büyük edebi figür odur. Çocukluğunu Kuzey Amerika'nın en büyük yabanarısı uzmanıyla birlikte geçiren Plath, bu aşinalığı olabilecek en doğal biçimde kazanmıştı. Edebiyat eleştirmenleri Otto Plath ismini kızının şiirlerindeki meşum bir figür olarak tanısa da, böcekbilimciler onu sevgiyle hatırlıyor. Klasikleşmiş kitabı *Bumblebees and Their Ways* (Yabanarıları ve Yaşam Tarzları) Sladen'ın ünlü eserinin Amerikan muadili gibidir. Eh, armut dibine düşermiş: Çocukluk arkadaşları genç Sylvia'dan bahsederken onu doğayı hevesle gözlemleyen biri olarak tanımlıyor; yazıları yalnız arılardan istilacı, parazit eşekarılarına kadar her konuda entomolojik parantezler içeriyor. Otobiyografik öyküsü "Yabanarıları Arasında"da, babasından esinlenerek yarattığı karakterin, elinin üstünde zararsızca vızıldayan erkek arıları keyifle yakaladığını anımsar.[7] Oğlumun bizim kendi arı maceralarımızdan neler hatırlayacağını kestiremiyordum, ama kutumuza yerleşen kraliçe koloni kuramazsa ne olacağını gayet iyi biliyordum: Bölüm çok kısa kalacaktı. Korktuğum gibi de oldu nitekim, birdenbire her şey ters gitmeye başladı.

Yuva kutumuzun temel özelliği –çizmeyi saymazsak– kapağın içine yerleştirdiğimiz, kutunun içini gösteren plastik camdan bir pencereydi. Bu çerçeve sayesinde, ahşap kapağı kaldırdığımızda kutunun sakinlerini rahatsız etmeden (ve dışarı kaçmalarına fırsat vermeden) içerde ne olup bittiğini görebiliyorduk. İçeri baktığımız ilk sefer, pamuk yatağın üzerinde bir hareketlilik gördük. Kraliçe etrafa çekidüzen veriyordu. Hemen kapağı kapatıp, Noah'ya arı yeni evine yerleşinceye dek birkaç gün onu kendine haline bırakmamız gerektiğini söyledim. Her şey yolunda giderse, çok geçmeden bal küpleri yapıp yumurta bırakmaya başlayacak, kısa sürede kutu birçok kanadın vızıltısıyla uğuldayacaktı. Ama kısa bir süre sonra, bizim Rakun Kulübesi'nin sundurmasından oldukça farklı bir ses geldiğini duydum – bir çalıkuşunun kendine has, öfkeli yaygarasıydı bu. Gidip bakınca arının gitmiş olduğunu, çizmenin çalı çırpıyla dolduğunu gördüm,[8] çalıkuşu sonunda altı gürültücü civciv için kuluçkaya yatacağı yuvasını hazırlamıştı bile. Kuşları severim, o yüzden bu aksilik karşısında soğukkanlılığımı korumaya çalıştım. Ama Noah çok kızmıştı, kıymetli kraliçemizi kovalayıp yuvasına el koyan bu çalıkuşu ailesini ebedi düşmanı ilan etti. Sonradan öğrendik ki, kraliçemizin yuvasını çaldıkları yetmezmiş gibi bölgedeki diğer arılara da saldırmışlar. Sezonun sonunda, kuru dallarla, kuş tüyleriyle dolu derme çatma yuvayı çizmeden çıkarınca bir de ne görelim, yuvanın narin çanağı, olsa olsa bozulmuş bir tarakçı arı yuvasının kalıntısı olabilecek tiftik tiftik keçeyle kaplıydı!

Çalıkuşları yabanarısı kolonisi kurmak için karşımıza çıkan şahane fırsatı elimizden almış olsa da, hiç değilse yaşadıklarımızdan bir şey öğrenmiştik. Bahar tekrar geldiğinde, yakınımızdaki ikinci el dükkânına yaptığımız düzenli seferlerden envaiçeşit eski çizmenin yanı sıra, çaydanlıklar, su şişeleri, ibriklerle geri döndük – hem çalıkuşlarını hem de başka bir kraliçeyi mutlu etmeye yetecek bir sürü boş dairemiz olduğunu umuyorduk. Aslına bakılırsa, tüm yaptığımız balarılarını çekmek için kullanılan çok eski bir numarayı yabanarılarına uyarlamaktan ibaretti. Hadza halkı gibi geleneksel avcılar ağaç tepesindeki bir kovanı yarıp açtıkları zaman, oluşan hasarı taş ve çamurla yamar, sonra da arıların evlerine dönecekleri umuduyla kovanı buldukları yere geri asarlar. (Onarılmış kovanlar avcılara iki bariz avantaj sunar: Hem kovanların yerini ezbere bilirler hem de kovan arılarla dolduğunda tekrar yarmak kolay olur.) Afrikalı ilk arıcılar bir sonraki adımı da atmıştı: Arıların ziyaret ettiği noktalara içi oyulmuş kütükler yerleştirip kendi kovanlarından ayrılan yabani balarılarını yakalıyorlardı. Birçok kırsal bölgede geçerliliğini hâlâ koruyan bu uygulama sebebiyle, Afrika'daki balarısı nüfusunun bir kısmı yarı evcil yarı vahşi, tuhaf bir hayat sürüyor.

Balarılarında kimi zaman yılda birden fazla defa gerçekleştiği görülen oğul verme (kovandan ayrılma), yeni kraliçeler üretip bö-

Şekil 7.2. Afrika'daki arıcılığın geleneksel bir biçimi, kovanını terk etmiş yabani sürüleri içi boş kütüklere veya başka cazip evlere çekmekten oluşur. Etiyopya'da çekilen bu fotoğrafta, bir akasya ağacına kuş yuvasını andıran onlarca potansiyel kovan asıldığı görülüyor. Fotoğraf © Bernard Gagnon, Wikimedia Commons.

lünebilecek kadar büyüyen her kovanda meydana gelebilir. Oysa yabanarısı kolonilerini cezbetmek için tek uygun zaman yeni kraliçelerin doğup kendi kolonilerini kurduğu bahar ayları ve yaz başıdır. Kovanı terk etme davranışlarındaki bu bariz mevsimsel karşıtlık, iyi bilinen bu iki arı türü arasındaki birçok farklılığın açıklamasını da sunar. Balarıları, düzeni sürdürmek için kendine özgü sosyallik ve iletişim biçimlerine gereksinim duyan büyük kalabalıklara evsahipliği yapan kovanların yıl boyunca faal kalabildiği tropikal ve subtropikal iklimlerde evrilmiştir. Diğer taraftan yabanarılarının hemen hepsi, kraliçelerin yattığı kış uykusunun hayatta kalmanın en etkili yolunu oluşturduğu sert kışların görüldüğü coğrafyalarda yaşamaya adapte olmuşlardır. Biyolojik yapıları pratikliği öne çıkarır; kısa sürmesi muhtemel bir sezon boyunca işçiler gerektiğinde üretkenliği korumak için çeşitli görevler ve sosyal roller arasında geçiş yapabilir. Alpler'de veya Kuzey Kutbu civarında yaşayan yabanarılarında, koloninin bütün yaşam döngüsünü birkaç hafta içinde tamamlaması gerekir. Doğalarına özgü bu kısa süreler, Noah'yla birlikte kalkıştığımız yabanarısı evcilleştirme işinde neden pek başarılı olamadığımızı da açıklıyor. Yıl boyunca yaşamlarını sürdürecek şekilde evrildikleri için, balarıları on binlerce işçiyi kurak mevsimler, ani soğuk hava dalgaları, musonlar gibi çiçeklerin kıt olabildiği dönemlerde de hayatta tutabilecek kadar büyük miktarlarda bal üretirler. Yabanarıları da balarılarınınkiyle boy ölçüşebilecek kadar lezzetli bir bal üretir, ama onların ürettiği bal sıradan bir yağmurda bile birkaç öğünden fazlasını çıkarmayacak kadar azdır.

Baharla birlikte, yaşadığımız adanın havası düzeldi, bahçenin dört bir yanına yerleştirdiğimiz çizmelere, çaydanlıklara ilişkin büyük umutlarımız yeşerdi. Bir yandan da ne olur ne olmaz diyerek, arı izleme sanatıyla ilgili bulabildiğim ne varsa okumaya başladım. Bal kuşlarının sunduğu kolaylık olmayınca, avcı-toplayıcılar çiçeklerin üstünde yiyecek arayan işçi arıları yakalayıp sırtlarına taçyaprakları, yapraklar, hatta tüyler yapıştırmayı, bunun arıların eve dönüş rotasını belirlemeyi kolaylaştırdığını öğrenmişlerdi. Keza, kulaklarını dört açmak da önemli bir izleme taktiğidir. Kongo'nun doğusundaki Mbuti kabilesine mensup bal avcılarının, yalnızca vızıltıları dinleyerek her avda *kişi başı* iki-üç kovan tespit ettiği, hepsinin de kamplarına yürüyüş mesafesinde olduğu söyleniyor. Bu tür istatistikler bana umut veriyordu – demek ki arılar bizim yuvalarımızdan birine yerleşmeyi seçmezse, sezon boyunca biz onların yerleşmeyi tercih ettikleri yuvaları bulmanın bir yolunu bulabilirdik. Ama yapması hiç de söylemesi kadar kolay olmadı tabii.

Baharın ilk günlerindeki güneşli hava çok uzun süredir beklediğimiz şeyi, yılın ilk arılarını da beraberinde getirdi, ama sonra yağmurlar geri döndü, bir dizi soğuk, rüzgârlı fırtınayı da peşinden sürükledi. Zaten yağmurlu geçen bir kışın ardından gelince, bu havalar Kuzeybatı Pasifik'te doğup büyüyenlerimize bile fazlasıyla sert gelmişti. Ama arılar için durum çok daha vahimdi. Üstlerindeki uyuşukluğu yeni atan kraliçeler, kendilerini görünürde tek bir çiçeğin olmadığı serin bir coğrafyada kıymetli enerjilerini boşa tüketirken buluverdiler. Günler birbirini izlerken, bu havada açmaya cüret edebilmiş nadir çiğdem veya nergislere tutunmaya çalışan bitkin, sırılsıklam yabanarılarına rastladık. Sonunda havalar tekrar ısındı, ama tersliklerle dolu bu başlangıcın faturası çok ağır oldu. Bahçemize yerleştirdiğimiz yuvalarda bulabildiğimiz tek arı siyah-turuncu kuyruklu genç bir kraliçe yabanarısıydı; diğer birçoğu gibi soğuğa, yağmurlara, açlığa yenilmeyip güçbela da olsa Rakun Kulübesi'nin verandasındaki çizmeye ulaşmayı başarmış, ama oracıkta ölmüştü.

Neyse ki tüm yabanarıları eşit yaratılmamıştır. Sylvia Plath'ın gayet iyi bildiği gibi, bir kraliçenin kış uykusuna yattığı yuvayı terk etmesi bir başlangıçtan fazlasını simgeler – aynı zamanda bir süreklilik tir bu. Baharda ortaya çıkan yabanarılarının sayısı, durumu, sağlığı gibi birçok faktör doğrudan bir önceki yazın başarı ve başarısızlıklarına bağlıdır. Eski kraliçe, işçiler ve erkek arılar sezon bitiminde ölür, bütün umutlar geride kalan birkaç seçilmişin sırtına yüklenir. Bernd Heinrich'in iktisadi terimleriyle söylersek, kış uykusuna yatan genç kraliçeler net kârı, aynı kovanı paylaştıkları diğer arıların sarf ettiği tüm enerjinin, bütün çiçek ziyaretlerinin getirisi olan üretkenliği temsil eder. Yeni kraliçeler –ve çiftleştikleri erkek arılar– sezonun sonunda, içine doğdukları koloni kaç tanesini doyurabilecek kapasiteye sahipse o sayıda üretilir. Kıt kaynaklara sahip yahut parazitlerden, hastalıklardan mustarip bir kovan çiftleşecek tek bir kraliçe bile üretemeyebilir. Ama bolluk, bereket zamanlarında, koloniler yüzlercesini üretebilecek kadar büyürler. Müreffeh arı toplulukları kraliçelerine daha fazla yiyecek sunup sert kışları, alışılmadık ölçüde soğuk geçen baharları atlatabilecek daha büyük, daha dirençli bireyler üretebilir. Son olarak, yabanarıları tüm yumurtaları aynı sepette taşımayacak şekilde evrilmiştir. Yabanarılarını kış uyuşukluğunu üstlerinden atmaya teşvik eden emarelerin çeşitliliği bir jenerasyondaki tüm kraliçelerin aynı anda uyanmasını engeller – kötü hava şartları, düzensiz çiçek açmalar gibi muhtemel sorunlara karşı bir önlemdir bu. Sezon ilerledikçe Noah'yla daha çok kraliçe görmeye başladık, sonra işçilerin sayısı da arttı; bunlar yakınımızda bir yerlerde kovanlar kurulduğunun işaretleriydi. Bu kovanlardan birini bulmak için ilk iş tavuk kümesini ziyaret ettik.

Küçük kümesimizin en yaşlı üyesi Altın adındaki *Buff Rock* türü büyük bir tavuktu. Yaşlandıkça kilo almış, kümesin daracık kapısından zar zor girip çıkabilir hale gelmişti. Haliyle, bütün kümes Altın'ın döktüğü tüylerle –bir yabanarısının üstüne koyulduğunda onu kolay takip edilir kılabilecek kabarık sapsarı tüyleriyle– kaplıydı. İçlerinden en taze, en uygun boydakileri seçip eve döndük, döner dönmez de Noah bir bektaşiüzümünün etrafındaki çiçekli çalıların üzerinde bir yabanarısı yakalayıverdi. Soğukkanlı canlıları sakinleştirmek için tavsiye edildiği gibi onu buzlukta azıcık soğuttuktan sonra, topladığımız tüylerden birini suda çözünebilen bir tutkalla arının karnına yapıştırdım. Bu işlem bitince onu veranda merdivenlerinin en üst basamağına bırakıp kenara çekildik, ayaklarımızda botlarımızla onu takip etmeye hazırdık.

Metabolizmasının uçabilecek ısıya ulaşması biraz zaman aldı, sonra harıl harıl antenlerini tımar etti, artık uçuşa hazır görünüyordu. Karnını titretip kaslarıyla ürettiği ısıyı vücudunun tamamına pompalayışını seyrettik. Sonra birden, sinir olmuşçasına, arka ayaklarından biriyle uzanıp tüyü yapıştırdığımız yerden söküp attı.

On dokuzuncu yüzyıl İngiliz şairi Sarah Coleridge, popüler bir çocuk şiirinde şu dizelere yer verir: "Şöyle bir anlığına da olsa duyabilseydik keşke, / Bir yabanarısının kalp atışlarında ışıldayan iyiliği."[9] Coleridge'in bir yabanarısına tavuk tüyü yapıştırmayı hiç denemediği kesin. Bizim arımızın kendisini rahatsız eden o tüyü altı ayağıyla birden vahşice yapış yapış bir topa çevirişini, uçup gözden kaybolmadan önce kanatlarını şöyle bir kıpırdatıp güneşin alnında öfkeli öfkeli yürüyüşünü görseydi, bambaşka dizeler kaleme alırdı muhtemelen. Aynı yöntemi ufak tefek değişikliklerle birçok kere denesek de sonuç değişmedi. Yabanarıları alık oyuncak ayılara benzeyebilir, ama bacakları son derece çeviktir, vücutlarının hemen her yerine ulaşıp polen temizliği yapabilecek şekilde evrilmiştir. Yapıştırmayı denediğimiz en küçük, en yapışkan tüyleri bile çabucak söküp attılar, sonunda arıların iple bağlanmış bir tüyü bile sökebildiği ortaya çıktı. Biz de farklı bir yöntem deneyip birkaç arıyı parlak mavi tebeşir tozuna buladık, bu renk onları yaprakların, çimenlerin içinde rahatça seçilebilir hale getirdi. (Doğal olarak koyu mavi tüylere sahip olan Malezya'daki marangoz arıları yağmur ormanlarında ilerlerken izlemek çocuk oyuncağı olsa gerek.) Ne yazık ki tebeşir tozuna bulanmış arılarımız mavi gökyüzünü arkalarına aldıkları anda tamamen gözden kaybolup, gizli kovanlarına birkaç adımdan fazla yaklaşmamıza izin vermediler.

Sonuç alabildiğimiz tek yöntem muhtemelen bal avcılarının kanıksadığı bir şeydi: arılara ilişkin güçlü ve daimi bir farkındalık, ki bu da daimi bir arayış demekti. Önceleri her vızıltıya kulak kesildik, ama zamanla Noah'nın yerinde bir tabirle "şüpheli arılar" dediği şeye dikkat etmeye başladık – bu bazen devrilmiş bir kütüğün köklerini inceleyen bir kraliçe oluyordu, bazen de ortalıkta belirgin bir polen veya nektar kaynağı bulunmayan yerlerde dolaşan işçiler. Bahçenin yakınındaki eski ahırdan bir arı çıktığını görünce, ahırın içinde hem de iki kovan birden olduğunu keşfetmemiz çok uzun sürmedi. Kraliçe Sitka yabanarısı eski ahşap zeminin altında, tüylü antenli yabanarısı olarak da bilinen başka bir türün sahiplendiği terk edilmiş bir fare tünelinin üç-beş adım ötesine kendi kovanını kurmuştu.[10] Tam ortaya portatif bir sandalye yerleştirince, bir yandan kovan girişlerindeki faaliyeti gözlemleyip, bir yandan bu kitap üzerine çalışabildiğimi fark ettim. Yazmak için bereketli bir yer olduğu ortaya çıktı nitekim. Telefondan, e-postalardan uzakta, çalışmamı bölecek tek şeyin kovanlarına girip çıkan yabanarıları olduğu bir yer bulmuştum.

Başta sadece iki kraliçeyi gördüm, durup dinlenmeden uçup gidiyor, arka bacakları polenle dolu halde dönüyorlardı. Koloninin kurulduğu ilk birkaç haftalık kritik dönemde her işi kraliçeler yapar – yalnız arılar gibi hem erzak tedarik eder hem yumurta bırakırlar. Gerçi, içeri şöyle bir bakabilseydim, yuvaların duvarcıların, kazıcıların, alkali arılarınkinden epey farklı olduğunu görmem zor olmazdı. Kraliçe yabanarısı yumurtalarını ayrı ayrı odalara yerleştirmek yerine, bir arada tutup bir kuş misali kuluçkaya yatar, yumurtaların gelişimini hızlandırmak için kendi vücut ısısını kullanır. Oturduğum yerden bakınca, iki kraliçenin de planlı programlı hareket ettiğini görebiliyordum. Normalde yuvaya taşıdıkları poleni veya nektarı bırakıp kovandan ayrılmaları bir dakika bile sürmezken, içeride yumurta varken, yani kuluçkaya yatmak gerektiğinde yiyecek toplama uçuşları arasındaki süre bir saate kadar çıkabiliyordu. Adeta bir yarış seyreder gibi, oturup ilk işçileri hangi kovanın çıkaracağını bekledim, ama o an gelip çattığında az kalsın bütün şovu kaçıyordum.

Sitka kovanını gizleyen eski ahşap bloğun altında vızıldarken gördüğüm iki siyah böceği tanımlarken, "Çok ufaklar!" diye yazmıştım notlarıma. Karınlarını süsleyen bir tutam beyazımsı tüy olmasa, tıpatıp sineğe benziyorlardı. Yabanarısı araştırmalarında kullanılan ismiyle söylersek, yeni doğan "acemi" işçilerdi bunlar, ufak boyutları kısıtlı beslenme olanaklarını yansıtıyordu. Kuluçkadan çıkan ilk yavruları tek başına büyüten kraliçe, bu yavruların tam potansiyeline erişmesine yetecek kadar polen temin edemez genelde. Sosyal bir arı kolonisindeki hayatı tanımlayan kast benzeri işbölümünü bir an önce oluşturma hevesiyle boyuttan ödün verir bir bakıma. Sonunda, hemşireler, muhafızlar ve diğer işçilerin oluşturduğu bir alay kurulup büyüyen koloninin işleyişini sağlayacak görevleri üstlenir, bu da kraliçenin bütün vaktini yumurtlayarak geçirmesine imkân tanır. Polen toplayan, larvalarla ilgilenen yetişkinlerin sayısındaki artışla birlikte, gelecek nesiller kraliçenin tek başına yetiştirdiklerinden on kat daha büyük olacaktır. O iki acemiyi gördüğümde tüm bunların yaşanacağı bir sürecin başladığını biliyordum, ama yemek aramak için dışarı çıkmalarını seyrederken karışık hislere kapıldım. Onların yemek aramaya başlaması büyük, hantal kraliçelerini son defa gördüğüm anlamına geliyordu. İşçileri polen ve nektar toplamakla vazifelendiren işbölümü, kraliçenin ömrünün geri kalanını yuvanın karanlık kısmındaki kuluçka odaları, polen depoları ve bal küplerinin oluşturduğu sürekli büyüyen bir ağın içinde, etrafından yavruları eksik olmayan bir yumurtlama makinesi olarak geçireceği anlamına geliyordu. Ama kraliçenin yanı sıra acemileri ve kolonideki diğer arıları da son görüşümmüş meğer. Gözlem yapmak için sandalyeme tekrar kurulduğumda, Sitka yabanarılarının kovanı çoktan sessizliğe bürünmüştü.

Charles Darwin bazı kır çiçeklerinin akıbetini evcil kedilerin yaygınlığına bağlamış; kedilerin fareleri, farelerin yabanarılarını yediğine, yabanarılarınınsa kırmızı yonca,[11] hercai menekşe ve başka yabani menekşe türlerinde tozlaşmayı sağlayan başlıca canlı olduğuna dikkat çekmişti. Darwin şu sonuca varıyordu: "Dolayısıyla bir bölgede çok sayıda kedi bulunmasının önce fareleri, sonra arıları etkileyip sonunda da belli çiçeklerin o bölgedeki yaygınlığını belirleyebilecek olması gayet mümkündür."[12]

Sonrasında yorumcular bu modele İngiltere kırsalındaki köylerde yaşayan (ve çoğu kedi besleyen) yalnız kadınlarla Kraliyet Donanması'nda görev alan (ve yoncayla otlatılmış sığırların etinden yapılmış salamura et tüketen) denizcileri de dahil ederek, Britanya İmparatorluğu'nun savunmasını kedi sever yalnız kadınların sayısına bağladılar. Bu hikâye besin zinciri kavramının eğlenceli ilk örneklerinden biri olarak anlatılır genelde, ama Darwin için yabanarılarıyla ilgili derin bir kavrayışı da ifade ediyordu. Sladen, Plath ve başka uzmanların hepsi, kemirgenlerin yabanarısı kolonilerini –en başta da benim Stika kovanım gibi savunma görevinin ufak birkaç tane işçi arının sırtında olduğu yeni kurulanları– yağmaladığını teyit etmiştir. Eski ahşap bloğu kaldırıp altına baktığımda gördüğüm manzara için başka bir açıklama bulamıyordum. Neticede, kulübenin içinde ve dışında kemirgenlerin yaşadığını, hatta muhtemelen bu yuvanın ilk sahipleri olduklarını biliyordum. Bahsettiğim yuva, kuru otlardan, kavak yapraklarından, balyala-

Şekil 7.3. Balarılarının yaptığı simetrik peteklerin aksine, yabanarıları erzaklarını ve yumurtalarını gelişigüzel yığılmış minik balmumu kaplarda saklar. Wikimedia Commons.

mada kullanılan iplerden, kumaş parçalarından, atıştırmalık tahıl barlarının parlak paketlerini andıran folyo parçalarından oluşan karmakarışık bir kütlenin içine kazılmış bir tünelden ve bu tünelin açıldığı iki küçük odadan oluşuyordu. Dışarıdan bir hayvanın saldırısına uğradığını yahut içinde ölü veya hasta arılar bulunduğunu gösteren hiçbir işaret yoktu. Muhtemelen meraklı bir fare yahut bir sıçan tüneli giriş kapısına kadar izlemiş, acemilerin hakkından gelip görünürde ne varsa silip süpürmüştü. Bu şeyin bir zamanlar arılara evsahipliği yaptığını gösteren tek kanıt, kahverengiye çalan, testi biçiminde bir balmumu parçasıydı.

Sitka yuvasını kaybettiğim için üzgündüm ama onu kaybetmek, çizmelerle ve çeşitli düzeneklerle yaptığımız tüm hatalı başlangıçlara rağmen daha önce göremediğim bir şeyi fark etmemi sağladı. (Şimdiye kadar bahsettiğim denemelere ilaveten, bir yuva kutusunu da rakunlara kaptırdık, ayrıca ilk adımlarını atan bir kraliçenin karıncaların istilasına uğradığını gördük.) Balarısı kovanları olan herkesin bize başından beri söylediği gibi, arı yetiştirmek zor işmiş. Sağlıklı bir koloni kurmak ve o koloniyi hayatta tutmak, belalı rakiplerden kestirmesi güç hava şartlarına, yırtıcı, parazit ve hastalık gibi daimi tehditlere kadar bir sürü doğal engelin üstesinden gelmeyi gerektirir. Doğada bile, başarı kuraldan ziyade istisnadır. Zaten her kraliçenin kolonisi başarılı olsaydı, ortaya baş edilemez bir arı bolluğu çıkardı. Noah'yla birlikte sarf ettiğimiz onca çabadan öğrendiklerimiz teselli ikramiyesi oldu, yabanarılarıyla öyle bir yakınlık kurduk ki evimizin etrafındaki ormanlık alandan tutun da şehir kaldırımlarındaki çatlaklara kadar her yerde yabani yuvaları görür görmez tanır hale geldik. Ayrıca, fare tüneline kurulu tüylü antenli yabanarısı yuvamız hâlâ yerindeydi, hatta işçi arılar o kadar yoğun çalışıyordu ki onların giriş çıkışlarını izlerken bir yandan yazıp çiziyormuş gibi yapamaz hale gelmiştim. Haftalar geçip bahçe serpildikçe arıların polen keseleri dolup taştı, kuşkonmazın parlak turuncusundan gelinciğin siyah pudrasına, kabakla karpuzun beyazımsı tanelerine kadar değişen farklı renklere büründüler. Arıcılık denemelerimiz için iyi bir sondu bu, çünkü biyolojik yapılarından ne kadar büyülensek, yaptıkları baldan, balmumundan ne kadar keyif alsak da, arılarla en derin bağımız tükettiğimiz gıdalar üzerindeki etkileridir.

8

Üç Lokmamızdan Biri

Bana ne yediğini söyle, sana kim olduğunu söyleyeyim.

Fransız Atasözü

İNSANLARIN TÜKETTİĞİ her üç gıdadan birini arılara borçlu olduğu sık sık söylenir. Bal mevsiminin en yoğun günlerindeki bir Hadza avcısı için bu oran daha da yüksektir. Geri kalanlarımız açısından, bu tahmin tarım sistemimizin tam kalbinde sessiz sedasız yerine getirdikleri tozlaştırıcı rolü için arılara ne kadar çok şey borçlu olduğumuzu ifade eder. Ama "her üç lokmamızdan birine" varmak için rakamları çözümlemek çok kolay olmayabilir. Hacmi baz aldığımızda, dünya genelindeki tarımsal üretimin yüzde 35'inin arılara ve başka tozlaştırıcılara bağımlı bitki türlerinden elde edildiği görülüyor. Bu rakam üçte bire oldukça yakındır, ama etten, deniz ürünlerinden, süt ve süt ürünlerinden yahut yumurtadan aldığımız kalorileri hesaba katmaz. Gıda çeşitliliğinin en temel düzeyine indiğimizde, bu oran bir anda dörtte üçe çıkar: Başlıca 115 tarımsal ürünün yüzde 75'inden fazlası bu tozlaştırıcılara gereksinim duyar ya da onlardan yararlanır. Beslenme uzmanları ise meseleye farklı bir noktadan yaklaşıp, C vitamini ihtiyacımızın yüzde 90'ından fazlasıyla likopen ihtiyacımızın tamamını, ayrıca A vitamini, kalsiyum, folik asit, lipitler, bazı antioksidan türleri ve florür ihtiyacımızın büyük bölümünü tozlaştırıcılara bağımlı meyve, sebze ve kabuklu yemişlerden temin ettiğimize dikkat çekiyorlar.

Tozlaşmanın tükettiğimiz gıdalar üzerinde büyük bir etkisi olduğu aşikâr, ama arıların belli bir lokma açısından önemi o lokmanın hangi yiyeceğe ait olduğuna bağlıdır. İnekler ve gıda değeri taşıyan başka hayvanlar tozlaştırıcılar olmadan da yetiştirilebilir, keza tozlaşmanın rüzgâr yardımıyla gerçekleştiği buğday, pirinç gibi türler için de aynı şey söylenebilir. Ama etinize lezzet katmak, ekmeğinizi başka tatlarla zenginleştirmek isterseniz, işler biraz daha karmaşık bir hal alır. Arıların gıdanın miktarından ziyade kalitesi üzerindeki etkilerini incelemek daha açıklayıcı olabilir. Arıların olmadığı bir dünyada da yiyecek bir şeyler bulurduk mutlaka, ama yediğimiz o şeyler neye benzerdi? Gıda reyonlarına, manavlara yaptığımız ziyaretler kesinlikle farklı olurdu örneğin, rengârenk onlarca çeşitten ziyade birkaç tahıl, bir-iki kabuklu yemiş ve muz gibi eşeysiz üreyen türler arasında seçim yapmak durumunda kalırdık. (Bezelye ve patlıcan gibi kendi kendine tozlaşmayla çoğalan türler bile önceden arıların yardımıyla üreyen türlerden evrilmiştir.) Tabii bu en bariz fark olurdu: daha az meyve-sebze seçeneği. Arıların tükettiğimiz gıdalar üzerindeki gerçek tesirini görmek için, onları kolay kolay akla gelmeyecek, beklenmedik bir yerde, dünyanın dört bir yanındaki yüzden fazla ülkede her gün iki buçuk milyon porsiyondan fazla servis edilen bir yemekte aramaya karar verdim. Bu yemeğin malzemeleri gayet basit, hatta ilk bakışta vızıldayan böceklerle uzaktan yakından ilgisi olamazmış gibi görünüyor. Bunu rahatlıkla söyleyebiliyorum, çünkü milyonlarca insan gibi ben de tarifini ezbere biliyorum.

İlk olarak 1967'de, Pennsylvania'daki bir McDonald's şubesinde servis edilen Big Mac hamburger, bundan birkaç yıl sonra ülkedeki tüm şubelerin menüsüne eklenmişti. Ama asıl sıçrama şirketin gelmiş geçmiş en başarılı reklam cıngıllarından birini piyasaya sürdüğü 1975'te gerçekleşti: "Çift katlı sığır köftesi, özel sos, taze marul, peynir, turşu ve soğan – susamlı hamburger ekmeği arasında!"[1] Sınırlı bir süre için, cümlenin tamamını üç saniyeden kısa sürede söyleyebilen müşterilere hamburger ücretsiz verildi. Lise yıllarımdan beri bir tane bile yemediğim halde tadını gayet iyi hatırlıyordum ve bu hamburgerin arılarla ne gibi bir ilişkisi olabileceğini düşünmeye başladım.

Ücra bir adada yaşamak beraberinde tertemiz bir hava solumak, sabahları kuş sesleriyle uyanmak, yakacak odun aramamak gibi avantajlar getiriyor. Ama öğle yemeğinde o büyük sarı M'lerden birine ulaşmak için de daha kahvaltıyı bile sindirmeden yola çıkması gerekiyor insanın. Bir buçuk saatlik bir feribot yolculuğunun ardından hızlı hızlı sürdüğüm bisikletimle en yakın kasabaya ulaştığımda, incelemeyi filan bekleyemeden koca Big Mac'i mideye indirecek kadar acıkmıştım. Sıra beklerken, sıkış tepiş bir sürü insanın çalıştığı, ışık hızıyla hamburgerler hazırladığı mutfaktan gelen fritöz alarmlarının, fırın sayaçlarının ötüşünü duyabiliyordum. Kendi siparişimin hazırlanışını izlemeye çalıştım ama eller öyle hızlı hareket ediyordu ki pek bir şey göremedim.

Hiç yememiş olanlara tarif etmek gerekirse, Big Mac'te üç hamburger ekmeğinin arasında iki kat köfte, aralarda da sos ve soğan vardır. Turşu ve peynir üst kattaki köftenin altındadır, hafifçe eriyen peynir ortadaki ekmek dilimine, oradan da hamburgerin alt katına doğru akar. İki hamburger köftesinin altına sosla birlikte bir avuç doğranmış marul ve soğan halkası serpiştirilir. Bir elimde cımbız, diğerinde mercek, bu iki katlı yapıyı kat kat parçalara ayırmaya başlayıp, arıların yardımı olmadan temin edilmesi mümkün olmayan malzemeleri tek tek çıkardım. (Ne olur ne olmaz diyerek, McDonald's internet sitesinde yer alan malzeme ve besin değeri listesini de yanıma almıştım.) İşte sonuçlar, hem de o meşhur reklamdaki sırayla.

Sığır etinden yapılan iki köfte kalabilir. McDonald's etini birkaç büyük distribütörden temin ediyor, onlar da irili ufaklı binlerce büyükbaş hayvan çiftliğinden. Bu hayvanların bazıları arıların tozladığı kaba yoncaları ya da üç yapraklı yoncaları dişlemiştir muhtemelen; ayrıca çiftçilerin hayvanları şişmanlatmak için besi alanlarını şekerleme ve jelibonlardan tutun da arıların tozladığı vişnelerden yapılan meyve sularına, meyveli pastalara kadar gıda endüstrisinin artıklarıyla doldurduğu biliniyor.[2] Ama birkaç istisna dışında, besi hayvanlarının büyük çoğunluğu tozlaşmanın rüzgârla gerçekleştiği ot ve tahıllarla beslenir. Baharat açısından bakarsak, McDonald's etlerine tuz ekliyor, ki tuzda sorun yok, ama aynı zamanda köfteye karabiber de koyuyorlar ki bu da ilk potansiyel kırmızı bayrağı beraberinde getiriyor. Karabiber Hindistan'ın güneyine özgü *Piper* cinsi tropikal bir asma türünden elde edilir. İğnesiz arılar bu asmaların çiçeklerini düzenli olarak ziyaret eder, ama birçok biber türü kendi kendine çoğalır; rüzgârın, hatta yağmur damlalarının sebep olduğu titreşimlerin dahi iyi hasat için gereken polen dağılımını sağlayabildiğini gösteren bazı araştırmalar mevcut. Her halükârda taneler ayıklanamayacak kadar ufak olduğundan biberin de kalabileceğine karar verdim.

Özel sos için aynı şeyi söyleyemem ama. Thousand Island sosunun bir çeşidi olan, kaymağı andıran bu pembemsi sosta, arıların tozladığı salatalıklardan yapılan turşuların kullanıldığı bir ezmenin yanı sıra, toz haline getirilmiş soğan (tohum üretip çoğalabilmek için arılara gereksinim duyan bir bitki) vardır. Sos rengini arıların tozladığı kırmızıbiberle yine arıların tozladığı bir zencefil türünün kökünden elde edilen zerdeçaldan alır. Kaymağı andıran kıvamınıysa soya yağı veya kanola yağı verir. Soya fasulyesinde kendi kendine tozlaşma söz konusu olsa da, arıların yardımının verimliliği yüzde 15 ila yüzde 50 artırdığı biliniyor. Soya fasulyesine benzer şekilde, hem verimli bir hasat hem de sağlıklı tohumlar için, ticari adı kanola olan yabani hardal[3] da arılara bağımlıdır. Yani arılar olmayınca sostan geriye sadece mısır şurubu, yumurta sarısı, koruyucu kimyasallar ve "propilen glikol aljinat" gibi tuhaf isimleri olan ikincil malzemeler kalıyor (bahsedilen madde yosundan elde edilen bir tür kıvam artırıcıdır).

Özel sosu sıyırırken onunla birlikte marulun büyük bölümünü de kazıdım, ama iyi de oldu. Biz insanların yalnızca yapraklarını yediğimiz marulda tozlaşma aracısız gerçekleşebildiği halde, ter arıları ve diğer türler marul yapraklarını sıkça ziyaret ederek poleni 40 metre uzaklıktaki bitkilere kadar ulaştırıp tozlaşma oranını önemli ölçüde artırır.[4] Kaldı ki arıların yardımı olmasa McDonald's tarafından tercih edilen gevrek marullar hiç var olmazdı. Ünlü tohumcu Washington Atlee Burpee, "göbek" marul türünü 1890'ların başında, Pennsylvania'daki çiftliğinde açık tozlaşma denemeleri yaparken geliştirdi.

Big Mac'teki başka bir hayvansal ürün olan peynir dilimi ilk bakışta güvenli, arıların dahli olmayan bir ürün gibi görünüyordu. Ama eti için yetiştirilen sığırlar ot ve tahılla beslenirken, yaptığım ufak araştırma süt ineklerinin alkali arılara, yaprak kesen arılara bağımlı olduğunu bildiğim kaba yoncayla beslendiğini, dünyadaki kaba yoncaların büyük bölümünü bu ineklerin tükettiğini gösterdi. İçerdiği yüksek protein ve mineralle, kaba yonca süt üretimi açısından ideal bir yemdir, zaten endüstriyel hayvancılık kılavuzları da süt veren her ineğin günde 6-7 kg kaba yonca tüketmesini öneriyor. Bu inekler yalnızca otla da beslenebilir elbette, ama bu sefer de verdikleri günlük süt oranı düşecek, maliyeti artan peynirin ucuz fast-food hamburgerlerde kendine yer bulması güçleşecektir. Bu kısımda kesin bir şey söylemek güçtü, ama arıların hamburgerlerdeki peynir dilimlerini etkilemesinin tek yolu da kaba yoncalar değildi. Peynir soya fasulyesinden elde edilen bir de emülgatör içeriyordu, ayrıca kendine özgü sarı rengini de Güney Amerika'daki yabanarısı türlerinin tozladığı tropikal bir tür olan annatto ağacının parlak tohumlarından alıyordu. Bu nedenle, arı kaynaklı olduğu daha bariz olan turşu ve soğanla birlikte onu da kenara ayırdım. Geriye sadece McDonald's broşüründe buğday unuyla birlikte 15 malzemeden üretildiği belirtilen ekmekler kaldı. Susam tohumunu saymazsak, unla diğer bileşenlerin büyük bölümü arıların dahli olmadan üretilmişti ya da arısız üretilebilen basit muadilleri vardı. Dünyanın ekilip biçilen en eski bitkilerinden biri olan susam, kendi kendine çoğalan türlerini üretmek üzere uzun bir süre önce yapay seçilimle, kontrollü olarak yetiştirilmeye başlandı. Zirai faaliyetlerin susamın biyolojisi üzerindeki etkisini araştıran bir çalışma yok, ama gösterişli, zigomorf çiçeklerine ait fotoğraflar bu bitkinin ilk başlarda, neredeyse tek tozlaştırıcısı arılar olan yabani akrabaları gibi olduğunu açıkça gösteri-

Şekil 8.1. İşte parçalarına ayrılmış bir Big Mac; nispeten arılardan bağımsız üretilmiş hamburger köftesi ve ekmek solda, turşudan özel sosa ve susam tanelerine arı bağımlı malzemelerin tamamı sağda. Fotoğraf © Thor Hanson.

yor. Yan masadaki ailenin meraklı bakışları eşliğinde, ekmeğin üzerinden topladığım 243 susam tanesini de kenara ayırdım.

Arıların müdahil olduğu bileşenleri çıkarınca, Big Mac hamburgerim eskisi kadar lezzetli, iştah açıcı görünmemeye başladı. Bu haliyle dünyanın en popüler hamburgeri olabileceğini hayal etmek bile zor. Tabii, reklam sloganı da bir önceki kadar çekici olmazdı: "Ekmek arası sığır köftesi." Tıpkı Big Mac gibi, hemen her yemek malzemelerine ayırılabilir, arıların etkisi incelenebilir. Denerseniz benim öğrendiklerimi siz de öğrenebilirsiniz: Evet, başlıca tozlaştırıcısından mahrum kalmış bir dünyada da yiyecek bir şeyler bulabilirdik, ama yemenin kendisi son derece tatsız (ve pek besleyici olmayan) bir faaliyete dönüşürdü. Öğle yemeğimden kalanları tırtıklarken, patates kızartmasıyla bile kendimi avutamayacağımı fark ettim. McDonald's patates kızartmalarında,

Tablo 8.1. Tozlaşma için arılara ihtiyaç duyan yahut bundan önemli ölçüde faydalanan 150 civarında tarım ürününün listesi. Bazıları meyve yahut tohum üretebilmek için tümüyle arılara bağımlıyken, bazıları da arıların varlığında daha verimli hasatlar verir. Kaynak: McGregor 1976; Roubik 1995; Buchmann ve Nabhan 1997; Slaa ve diğ. 2006; Klein ve diğ. 2007.

Acı biber	Erik	Kimyon	Patates
Adaçayı	Fasulye (çeşitleri)	Kiraz	Patlıcan
Ağaçkavunu	Fesleğen	Kişniş	Pırasa
Ahududu	Fıstık	Kivi	Pomelo
Akdarı	Frenkinciri	Kırmızıbiber	Portakal
Alabaş	Frenkkimyonu	Kırmızı hindiba	Rambutan (meyve)
Anason	Frenksoğanı	Kıvırcık lahana	Rezene
Annatto	Greyfurt	Kızılcık	Salatalık
Armut	Guar (fasulye)	Kola cevizi	Şalgam
Avokado	Guava (meyve)	Kumkuat /Kumkat	Sap kereviz
Ayçiçeği	Güvercin bezelyesi	Kuşburnu	Sapote (meyve)
Ayva	Hardal	Kuşkonmaz	Sarı şalgam
Badem	Havuç	Kuşüzümü (Kırmızı)	Sarımsak
Balkabağı	Hindiba	Kuşüzümü (siyah)	Şeftali
Bamya	Hindistancevizi	Lahana	Şeker otu
Barbados kirazı	Hint cevizi/Muskat	Liçi (meyve)	Şekerkamışı
Bergamot	Hünnap	Limon	Soğan
Biber	Hurma	Makademya	Soya fasulyesi
Biberiye	Jak meyvesi	Mandalina	Susam
Böğürtlen	Kaba yonca	Mango	Tangerine (mandalina)
Börülce	Kabak	Manyok	
Brezilya fındığı	Kahve	Marul	Tarla böğürtleni
Brokoli	Kaju	Maydanoz	Tatlı Hint patatesi
Brüksel lahanası	Kakule	Mercanköşk	Tatlı patates
Çarkıfelek	Kanola	Mercimek	Turp
Çemen otu	Kanola yağı	Misk kavunu	Üvez
Çilek	Karabuğday	Misket limonu	Vanilya
Defneyaprağı	Karalahana	Misket üzümü	Yabani havuç
Demirhindi	Karanfil	Mürver	Yabanmersini
Dereotu	Karnabahar	Muşmula	Yalancısafran
Diken kabağı	Karpuz	Nar	Yenibahar
Dolmalık kabak	Kavun (kantalup)	Nektarin	Yenibahar
Domates	Kayısı	Nohut	Yenidünya
Domuz eriği	Kekik	Norveç böğürtleni	Yerfıstığı
Durian (meyve)	Keklikotu	Palm yağı	Yeşil domates
Ekmekağacı meyvesi	Kereviz	Pamuk	Yıldız meyvesi
Elma	Kestane	Papaya	Yonca
Enginar	Ketentohumu	Paprika	

açık tozlaşmayla üretilmiş Early Rose patatesinin tohumlarından geliştirilmiş Russet Burbank patatesi kullanıyor (bu patates çeşidini ünlü bitki üreticisi Luther Burbank geliştirmiş). Kaldı ki, bu patates kızartmalarını arılara bağımlı hardal, ketçap gibi soslarla tatlandırmak da söz konusu değildi. Neticede, arılardan yoksun bir dünyada ne yapılabilirse ben de Big Mac hamburgerimle onu yaptım: Yiyebildiğimi yedim.

Ölçü ister miktarı olsun, ister çeşitliği, besin değeri, yahut lezzeti, tükettiğimiz hemen her gıda bir şekilde arıların izini taşır. Ama başka hayvan kaynaklı tozlaşma biçimlerinin de olduğunu belirtmek gerekir. Sinekler, eşekarıları, saçakkanatlılar, kuşlar, kınkanatlılar, yarasalar ve insanların da tozlaşmada payı vardır. Gregor Mendel çığır açan genetik araştırmasında on binden fazla bezelyeyi elle tozlamıştı; modern bitki üreticileri yeni melez türler oluşturmak yahut özellikle umut veren türleri çapraz döllemek için hâlâ benzer teknikleri kullanıyor. Ama ticari ölçekte üretilen ürünler söz konusu olduğunda, elle tozlama ancak son çare olarak başvurulan emek yoğun bir tekniktir. Bu kuralın en dikkate değer istisnalarından biri, bir dönem Mısır'dan Babil'e kadar birçok yerde kutsal kabul edilen tatlı bir sıcak ülke meyvesi formunda karşımıza çıkar. Günümüzde dünyanın dört bir yanındaki çöllerde yetiştirilen bu meyvenin yıllık hasadı 7,5 milyon tona dayanıyor – avokadonun, kirazın ve ahududunun toplamını aşıyor. Bütün bu bitkilerde tozlaşmanın sağlanması, onları yetiştirenlerin her yıl birkaç hafta boyunca arı-insanlara dönüşmesini gerektiriyor. Yetiştirilen diğer ürünlerin hemen hiçbiri böyle bir çaba gerektirmez, arılara ne çok şey borçlu olduğumuzu anlamak için bu faaliyeti görmek yeterlidir.

Brian Brown'la buluştuğumuzda hurma yiyordu. "Hâlâ bunlardan yiyorum," dedi, sonra da yaptığına şaşırmış gibi gülümsedi. Otuz yılı aşkın süredir hurma bahçeleriyle uğraşan, toplamda 1500'den fazla hurma ağacı dikmiş biri için gerçekten de biraz şaşırtıcıydı. Yılların verdiği alışkanlıkla, yediği hurmanın tohumlarını eline tükürüp kenardaki bir kavanoza atışını izledim. Sonra bana dönüp "Şimdi söyle bakalım, ne görmek istiyorum demiştin?" dedi.

Kaliforniya'daki Mojave Çölü'nün ortasında yeşil bir vaha gibi duran, Death Valley'nin (Ölüm Vadisi) girişine birkaç kilometre uzaklıktaki China Ranch Hurma Bahçesi'nde, aynı zamanda kafe olarak işletilen hediyelik eşya dükkânının önünde duruyorduk. Brian'a yazışmalarımızı hatırlattığımda gözleri parladı. "Doğru ya, tozlaşma!" dedi, sonra malzeme almak için hızlıca arkadaki odalardan birine geçtik. Pamuk yumakları, sicim balyası ve insanı tedirgin eden kavisli bir bıçakla donandıktan sonra kamyonete atlayıp araziye çıkmamız çok sürmedi.

Bir hurma bahçesinin ortasından geçerken durmak için frene basıp, "Bak bunlar Hadravi, Irak'a özgü bir çeşit," dedi. Sonra kamyonetten indi, orada duran sürgülü alüminyum merdiveni ağacın yanına taşıyıp ucunu dikenli yeşil yaprakları tutan dalların arasına sıkıştırdı. "Şansımıza dikenleri çoktan budanmış," dedikten sonra, elle tozlamanın yaprakları tutan dalların etrafındaki 15 santimlik, iğne gibi sivri dikenler kesilerek başladığını açıkladı. (Sonra, iş kazası sigortasını konuşurken bu konu tekrar gündeme geldi. "Ağaç tepelerinde, dikenlerle, bıçaklarla çalışıyoruz neticede," dedi başını sallayarak. "Sigortayı en üst seviyeden ödüyoruz.") Merdiveni emniyete aldıktan sonra, bir parça sicimi kemerinin içinden geçirip düğümledi, bıçağı kotunun arka cebine koydu, pamuk yumaklarının olduğu kavanozu da eline aldı. Sonra yılların verdiği rahatlıkla, düz yolda yürür gibi tırmanıp hurmanın dallarının arasında ilerlemeye başladı.

"Erkek ağaçların herhangi birinden aldığın poleni kullanabilirsin," diye seslendi aşağıya. "Meyvenin çeşidini dişi belirler." Bu sözle hurma ağaçlarıyla ilgili temel bir biyolojik gerçeği özetliyordu. Hurma ağaçları botanikçilerin *dioecious* dediği yapıdadır; Yunancada "iki ev" anlamına gelen kelimeden türetilmiş olan bu terim, iki belirgin cinsiyetin –ya polenle dolu altı ayaklı çiçek salkımları üreten bir erkek ya da Brian'ın tırmandığı gibi bir dişi– olduğu türler için kullanılır. "Çiçeklerin üçte birini buduyoruz, aksi halde meyveler çok küçük olur," dedi Brian, bir yandan da en yakınında bulunan sarımsı püsküllerden birkaçını aşağı atarak. Ayağımın dibine düşenlerden birini alınca 60 santim uzunluğunda, olgunlaşınca her biri hurmaya dönüşecek minik çiçek yumrularıyla kaplı olduğunu gördüm.

Kendi hallerine bırakılan hurma ağaçları tozlaşma için rüzgâra bağımlıdır.[5] Ama kozalaklı ağaçlar, çayırlar ve başka birçok bitki için başarılı bir strateji olmasına karşın, hurma ağaçları söz konusu olduğunda rüzgâr güvenilmez –en azından sağlıklı bir hasat için fazla düzensiz– görünüyor. Her şeyin çok çok iyi düzenlendiği bir bahçede bile, dişi çiçeklerin çoğu rüzgârın getireceği poleni alamadan kuruyup gider. En azından dört bin yıldır, çiftçiler ticari açıdan kârlı bir ürün elde etmenin tek yolunun hurmayı elle tozlamak olduğunu,[6] bu yöntemin verimi beş kata kadar artırdığını biliyor. Asurların, Hititlerin, Perslerin, Kuzey Afrika'daki, Ortadoğu'daki hemen her kültürün yaptığı gibi, Mısırlılar da hurmayı elle tozladılar. Nesilden nesle aktarılan tozlaşma konusundaki bu uzmanlık, hurmayı yol kenarlarındaki mevsimsel bir atıştırmalıktan antik dünyanın başlıca meyvesine dönüştürdü.[7]

Brian'ı ağacın üstünde işbaşında izlerken, Yunan düşünür Theophrastus tarafından MÖ üçüncü yüzyılda tarif edildiği zamandan bu yana bu uygulamanın ne kadar az değiştiğini düşündüm: "Erkek hurma çiçeklenir çiçeklenmez yenini keser, filiz veren çiçeği sallayıp tozunu dişinin meyvesinin üstüne dökerler."[8] Ama Brian çiçeğin sapını bir bütün olarak kullanmak yerine, dişi filizleri kavanozdan çıkardığı polene bulanmış pamuk yumağıyla ıslattı, pamuğun her çiçeğe değmesine özen gösterdi. "Bu iş bitince çiçekleri pamuğun etrafını saracak şekilde bağlarız," diye seslendi aşağıya, kemerine sokuşturduğu ipliği çıkarıp uzun saplı çiçeklerin etrafına doladı. Pamuğu orada bırakmak sallandıkça polen bırakıp daha geç açan çiçeklerde de tozlaşma olmasını sağlıyordu. Sonunda, bahçenin farklı yerlerine dağılmış erkek ağaçlardan taşıdığı polenle rüzgâr da tozlaşmada pay sahibi olacaktı. Ama onların çiçekleri henüz açmamıştı, bu yüzden de Brian sezonun ilk tozlaş-

Şekil 8.2. Arıların görevini üstlenmiş bir insan: Kaliforniya'da, Mojave Çölü'ndeki China Ranch Hurma Bahçesi'nin sahibi Brian Brown bir hurma ağacını elle tozluyor. Fotoğraf © Thor Hanson.

masına kış boyu kafenin büyük derin dondurucusunda, buraya özgü hurmalı milkshake'lerin yapımında kullanılan dondurmanın hemen yanında bekleyen geçen yılın polenleriyle başlamıştı.

Devam etmeden önce, Brian her adımda durup sorular sormama, fotoğraflar çekmeme müsaade ederek bütün süreci dikkatlice tekrar gösterdi. Onun bu tavrı, hurma ağacında tozlaşmanın nasıl gerçekleştiğini ilk kez anlatmadığını düşündürdü bana. "Daha bu sabah iki kişiye öğrettim," dedi konusu açılınca, böylece sohbetimiz kadro oluşturmanın güçlüklerine kaydı. Her sezon kendisi ve tam/yarı zamanlı yerel işçilerin yanı sıra, dünyanın dört bir yanından gönüllüler katılıyormuş tozlaştırma ekibine. Tatillerini değerlendirmek, kalacak yer ve yemek karşılığında iş öğrenmek için geliyorlarmış. "İnternet flörtünün iş için olanı gibi bir şey," diye açıkladı Brian. Belçika, Almanya ve Montreal'den gelen gönüllüler çiftlikteki barınaklara yerleşmiş bile, dahası da yoldaymış. "Bugün Rusya'dan bir çift geliyor," dedi, "yarın da Fransa'dan bir aile gelecek." China Ranch Hurma Bahçesi turuma devam ederken, Brian'ın tüm bu insanlara bahçede yapacak iş vermekte hiç zorlanmayacağını anladım.

"Çiçekler birbiri ardına açıyor," dedi rehberim, sonra olgunlaştığında her biri otuz dört kilo ağırlığa ulaşan on ila yirmi hurma salkımı veren sağlıklı bir ağacın nasıl yetiştiğini açıkladı. Ama öngörülemez bir sırayla çiçek açtıkları için, çiçek açan salkımları doğru zamanda tespit edip tozlamak her gün düzenli olarak kontrol edilmelerini gerektiriyordu. Bunun için de bazen bir merdiven yahut asansörlü platform taşıyan bir traktör yeterli olurken, en yaşlı, en uzun ağaçlarda telefon kablolarına, stadyum ışıklarına ulaşmak için kullanılan sepetli vinçler de gerekebiliyordu. Erkek ağaçların ayrıca takip edilmesi, çiçeklerin tekrar tekrar hasat edilmesi, poleni çıkartmak için kurutulup tel ızgaralara sürtülmesi gerekiyordu. "El emeği, göz nuru," dedi bir noktada Brian. Bana hurmayı yetiştirmenin de toplamanın da yoğun bir el işçiliği içerdiğini, ayrıca meyvenin kuşlardan ve daha şaşırtıcı bazı misafirlerden korunması gerektiğini hatırlattı. "Çakallar hurmaya bayılıyor," dedi, bıkkınlıkla omuz silkerek. "Kısa ağaçlara dadanıyorlar – arka ayaklarının üzerine dikildiler mi hurmalara ulaşıveriyorlar!"

Turumuzu, kaybettiği eşiyle birlikte elleriyle yaptıkları sekiz bin kerpiçten inşa ettikleri tek katlı çiftlik evinin önünden geçen yolda bitirdik. Bu ev, hurma yetiştiriciliğinin Brian için biçilmiş kaftan olduğunu düşündürdü bana – işleri zor yoldan yapmaktan hoşlanıyordu belli ki. "Ben biraz aykırı bir adamım," diyerek beni onayladı. Colorado Eyalet Üniversitesi'nde ziraat okuduğu birkaç yıl dışında, bütün ömrünü bu civarda geçirdiğinden bahsetti. Yanık teni, kısık bakan dipdiri mavi gözleriyle, çölün ortasında kendini evinde hissettiğine hiç şüphe yoktu. Sanki bunu vurgulamak istercesine, evin arkasında sıcaktan kavrulan yamaçtan gelen bir kuş sesini duyunca cümlesini yarıda bıraktı: Dört defa yankılandı alçalan notalar, bir kumru bir şişenin içine üflüyordu sanki. "Duyuyorsun değil mi nasıl da hüzünlü ağlıyor?" dedi usulca. "Kız arkadaşını arayan bir erkek koridor kuşu." Bir an durakladıktan sonra işletmenin tarihini anlatmaya devam etti – karısıyla birlikte güneybatıdaki terk edilmiş bahçelerden sıradışı hurma çeşitleri naklettiklerini, ilk satışlarını kamyonlarının kasasında yaptıklarını anlattı. Gölgesi evin üstüne düşen erkek hurmalardan oluşan yaşlı bir ağaç topluluğunu incelemek için o tarafa yürüdük. Tepedeki kuşun sesi çıkmıyordu artık, ama adım gibi eminim ki biz ne konuşursak konuşalım Brian'ın kulağı hâlâ kuştaydı.

Nasıl parçalarına ayrılmış bir Big Mac arılar olmasaydı yiyeceklerimizin neye benzeyebileceğini söylüyorsa, hurma ağacı da arıların işini üstlenmenin ne kadar zor olacağı hakkında bize fikir veriyor. China Ranch gibi orta ölçekli bir işletmedeki ağaçları tozlamak bile aşağı yukarı altı binden fazla tırmanış demektir. Diğer meyve üreticileri, bu emek isteyen hizmeti genellikle arılardan ücretsiz olarak alıyor. Bahçe sahipleri ticari kovan kiralasalar bile, bunun maliyeti çalıştırdıkları insanlara ödedikleri ücretlerin yanına bile yaklaşmıyor. En basitinden, arılara iş kazası sigortası yaptırmanız gerekmez. Brian üretimi sürdürülebilir hale getirmek için iyi bir tozlaşmanın ne kadar önemli olduğunu tekrar tekrar vurguladı, ama bunun üretim maliyetini ne kadar yükselttiğini ısrarla sorduğumda itiraz etti. "Bunun hesabına girmek istemiyorum," dedi. "İnsanı sinir stres sahibi yapar o hesap." Ama benim cevabı bulmak için yerel bir marketi ziyaret etmem yeterli oldu: Kaliforniya hurmasının yarım kilosu 9,99 dolara satılıyordu, yani manav reyonundaki diğer her şeyden iki kat daha pahalıydı. Bir avuç meyveye bundan da fazlasını ödemek isteyenler için, en iyi seçenek baharat reyonunu ziyaret etmektir. Baharat reyonunda, vanilya fasulyesi (çubuğu) olarak da bilinen bir çift orkide tohum kesesi 27,50 dolarlık bir etiketle satılıyordu. Gerçi nerdeyse tamamı elle tozlama aracılığıyla üretilen iki üründen biri olduğunu düşününce, bu fahiş fiyatına şaşmamalı belki de.[9]

Brian'la sohbetimiz bittikten sonra, hurmalı milkshake'leriyle ünlü hediyelik eşya dükkânına uğramazsam China Ranch ziyaretimin eksik kalacağına karar verdim. Susuzluğumu iyice körüklemek için etrafımızı saran çölde yürüyüşe çıkıp yakınlardaki Amargosa Nehri'nin kenarındaki ufak bir yarık kanyona indim. İzlediğim patika duvarları yan yatmış, terk edilmiş bir çiftlik evinden, birilerinin kazıp alçıtaşı çıkardığı anlaşılan beyaz bir toprak yığınının kenarından geçiyordu. Her taraf katranruhu çalıları, bodur kaktüs kümeleriyle kaplıydı; civardaki tepelerin her biri güneşte kavruluyor, bir zamanlar devlerin kaldırıp kenara fırlattığı anakaya parçaları gibi duruyordu. Karşımdaki manzara alışık olduğum yemyeşil ormanlardan çok farklıydı, muazzam bir sessizliğin hâkim olduğu arazide çık çıkmıyordu, ama insan bakanı kendine âşık edebilecek minik güzelliklerle karşılaşabiliyordu. Ziyaretimi baharın ilk hurma çiçeklerini yakalayacak şekilde planlamıştım, ama çölde hayata tutunan kır çiçeklerini de gördüm – insanı şaşırtacak kadar serpilmiş sarı ayçiçeklerini, arı otlarının ender rastlanan parlak mavisini... Arılar da görmek umuduyla, kendime güzel bir yer bulup oturdum, izledim.

Kuzey Amerika'nın en küçük kelebeği olan bir mavi cücenin neşeli kıpırtısını fark edinceye dek tek bir tozlaştırıcı bile görmeden dakikalar geçip gitti. 12 milimden kısa kanat açıklığıyla, baş edemeyeceği kadar çiçeğin ortasında tek başına bir leke gibi görünüyordu. Yardımına koşacak tek bir arı bile yoktu ortalıkta. Arılar için çok erken olduğunu mantıken biliyordum. Ama kusursuz bir yaşam alanı gibi görünüyordu, etrafım toprağın altına, dik yarlara, kemirgen oyuklarına, içi boş dallara, kütüklere yaptıkları kışlık evlerinde baharı bekleyen bir sürü arıyla dolu olmalıydı. Önümüzdeki günlerde havalar ısınıp da çiçekler açtıkça, arılar da yuvalarından çıkıp vızıltılarıyla çölü hayata döndürecekti. Tüm bunları bilmeme rağmen bu ıssızlık beni rahatsız etti, yürüyüşümü bitirip milkshake'imi yudumladığım, China Ranch'le vedalaştığım sırada bile içimden atamadım bu huzursuzluğu.

Yirmi birinci yüzyılda, arıların yokluğundan bir zamanlama meselesi olarak bahsetmek her zaman mümkün olmayabilir. Ben bu kitap üzerinde çalışırken, dünyanın dört bir yanından seksenin üzerinde arı uzmanından oluşan bir grup tozlaştırıcı nüfusuna ilişkin ilk küresel değerlendirme raporunu yayımladı. Araştırmacılar arılarla ilgili veri toplayabildikleri her yerde türlerin aşağı yukarı yüzde 40 civarında düşüş gösterdiğini, içlerinden bazılarının yok olma tehdidiyle burun buruna olduğunu tespit ettiler. Ulaştıkları bulgular manşetlere yansıdı – birdenbire, arıların olmadığı bir dünya tartışmaları basit bir düşünce deneyi olmaktan çıkıverdi. Sonraki bölümlerde, bu hikâyeyi arıların biyolojik yapısından ve arılarla aramızdaki bağlardan arıların geleceğine kaydıracağız. Umut etme kapasitesi engin bilimsel tecrübesiyle yarışan, hatta onu aşan biriyle başlayacağız.

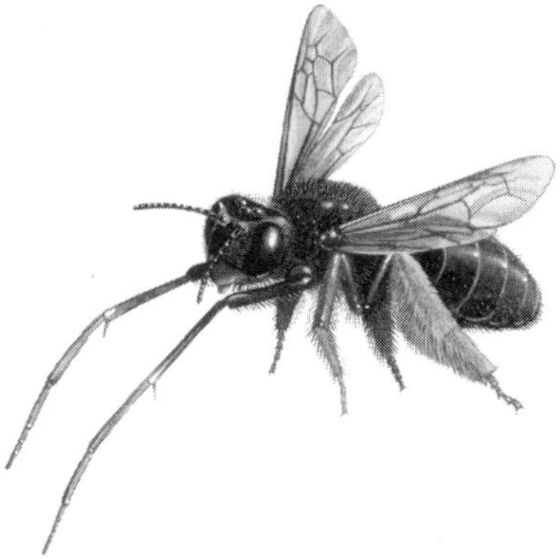

Arıların Geleceği

Bir yonca, bir de arı yeter bir çayır yapmaya,
Bir arı, bir yonca,
Bir de hayaller.
Sadece hayal de yeter,
Arılar azsa eğer.

Emily Dickinson, tarihsiz

9

Boş Kovanlar

Önemli olan soru sormayı bırakmamaktır.[1]

Albert Einstein, "Old Man's Advice to Youth" (İhtiyar Bir Adamdan Gençlere Tavsiyeler; 1955)

MEŞE, KÖKNAR ve sarıçamlarla kaplı küçük bir dağ havzası boyunca baştan çıkarıcı güzellikte bir çayır uzanıyordu. Tepeden bakınca onlarca farklı kır çiçeğinin serpilip açtığını –yıldızçiçeği, sardunya, taşkıran çiçeği ve fiğler arasında baş veren mor acıbaklaları– görebiliyordum. Bu ânı yaşamak, dünyanın en önde gelen yabanarısı uzmanlarından birinin yanında durup şu kusursuz yabanarısı habitatına bakabilmek için tam on sekiz saat yolculuk etmiştim. Ama ufak bir sorunumuz vardı.

"Hava fena bozacak," dedi Robbin Thorp.

Üzerimizde fırtına bulutlarının oluşturduğu kapkara bir kütle dolanıyordu. Tepelerden buz gibi bir rüzgâr esiyordu, keşke kışlık bir ceket giyseydim diye geçirdim içimden. Soğuktan buz kesen parmaklarımla arı ağımın tahta sapını kavradım.

Ama Robbin pek rahatsız olmuşa benzemiyordu. Altmış yılı aşan kariyeriyle, sahadaki bir günü en iyi nasıl değerlendirebileceğini öğrenmişti. Geniş hasır şapkası, renkli gözlükleri, bembeyaz kısa sakallarıyla tatile çıkmış bir Noel Baba gibi görünüyordu – yaşlı elfin tatilini Kaliforniya'da yürüyüş yaparak geçirdiğini varsayarsak tabii. "Bakalım çiçeklerin üzerinde neler bulacağız," demişti yola çıkarken. "Oregon ayçiçeklerine (*balsamroot*) iyi bak – onların tepesinde uyuklamaya bayılırlar."

Bir çiti geçtikten sonra ağır ağır uzun otların arasında yürüdük, bir çiçeği incelemek üzere eğildik, ama bir kulağımız her daim vızıltılardaydı. Robbin'in arı atölyelerinden birine katılmış genç bir öğrencisi –Langdon Eldridge– biraz saha deneyimi kazanmak için bize eşlik ediyordu. Birkaç dakika sonra ilk arıyı bulan o oldu.

Hemen yanına koştuk, siyah-sarı renklerde büyükçe bir arı sardunyanın taçyaprağının alt tarafına tutunmuştu. Bir de baktım, Robbin büyük, plastik bir su tabancasını andıran bir şeyi uzatıp tetiğe bastı. Ufak motorun pır pır etmesiyle arının namlunun içinde kaybolması bir oldu. "Bunlar iyi iş görüyor," dedikten sonra yan tarafında yazan markasını gösterdi: "Backyard Safari Böcek Vakumu". (Şirketin tanıtım broşürlerinde "Çocuklar böcek yakalamaya bayılır!" yazıyor. Ama görünüşe bakılırsa böcekbilimcilerin elinde de fena iş çıkarmıyor.) Arı kolayca izlenebilmesi için şeffaf "yakalama haznesi"ne düşmüştü, ama Robbin vakit kaybetmeden onu avcunun içine aldı.

"Kesinlikle kraliçe ebatlarında," dedi, avcunun içinde hareketsiz duran böceğe bakarak. Arı ya soğuktan kaskatı kesilmişti ya da hâlâ uyuyordu. "Bir-iki dakika içinde ısınması lazım," diyerek devam etti, sonra ayırt edici özelliklerini gösterdi: Yüzünde yoğun siyah tüyler, kabarık siyah tüylerle kaplı karnında da tek bir sarı şerit vardı. Langdon doğru bir tespitle *Bombus californicus*,[2] Kaliforniya yabanarısı olduğunu söylediğinde Robbin hoşnut görünüyordu. Sonra Robbin hareketsiz böceği avcunun içinde gezdirirken sessizce onu izledik. Biraz denedikten sonra nihayet kabul etti: "Ölmüş galiba."

Arıyı öldürenin ne olduğunu kesin olarak bilmenin imkânı yoktu. Bir yengeç örümceğinin saldırısına uğramış olabilirdi, ama etrafımızda süzülen beyaz kar tanelerini düşününce, belki de soğuktan donmuştu. Öyle veya böyle, yabanarısı arayışımıza pek de iyi bir başlangıç yapamamıştık. Gerçi daha kötüsü de olabilirdi. Bizim peşine düştüğümüz türlerin çoktan yok olup gittiği düşünülüyordu genel olarak.

"Böyle bir düşüşe tanık olacağım hiç aklıma gelmezdi," dedi

Robbin, ABD Orman Müdürlüğü için ufak bir danışmanlık projesi üstlendiği günü hatırlayarak. 1990'ların sonlarıydı, Robbin'den Oregon'daki Rogue Nehri Vadisi'ndeki ender bir türü araştırmasını istemişlerdi, benekli baykuşlar ve balta girmemiş ormanlardaki ağaç kesme faaliyetleriyle ilgili bir tartışmada dönüm noktası olmuştu bu araştırma. Orman Müdürlüğü tek bir türe odaklanmak yerine ekosistemi daha geniş bir yelpazede incelemeye karar vermişti. "Bölgede kayda değer başka bir şey bulunursa," dedi Robbin, "bunun baykuş üzerindeki baskıyı bir parça hafifletebileceğini düşündüler."

Robbin'in hedefi yalnızca Oregon'un güneybatısıyla Kaliforniya'nın bir kısmında görülen ve az bilinen bir tür olan Franklin yabanarısıydı. Görünüş itibarıyla Kaliforniya yabanarısına benzemesine karşın, parlak sarı renkteki sırtı ve sapsarı suratıyla ayırt edilebiliyordu. Robbin bu türü hem doğada hem de çeşitli koleksiyonlarda daha önce görmüştü. Kaleme aldığı tüm o bilimsel makaleler, inceleme yazıları ve *Bumblebees of North America* (Kuzey Amerika'daki Yabanarıları) gibi kitaplar düşünülünce, Robbin'in bir bakışta tespit edemeyeceği *Bombus* türlerinin sayısı çok da fazla değildi. Elinde arının daha önce görüldüğü mevkilerin bir listesiyle, Kaliforniya Üniversitesi'nin Davis kampüsündeki ofisinden çıkıp Rogue Vadisi'ne doğru yola koyulmuştu.

"1998'de, daha önce görüldüğü her yerde bulmuştum onu," dedi o günleri hatırlayarak. "En yaygın tür değildi belki ama oradaydı." Ertesi sene bulmakta biraz daha zorlansa da, durum üç aşağı beş yukarı aynıymış. Ama sonra arı bir anda ortadan kaybolmuş adeta. 2000 yılında Robbin sadece dokuz tane tespit edebilmiş, 2003'e gelindiğinde bu rakam beşin altına inmiş. Bunun üzerine, taradığı alanı arının görüldüğü tüm alanları kapsayacak şekilde genişletip olağandışı bir şeyler olduğu konusunda meslektaşlarını uyarmış. Civardaki biyologlar konuyu takip etmeyi sürdürmüş, ayrıca ABD İçişleri Bakanlığı'na bağlı Arazi İdaresi Müdürlüğü bölgeye bir araştırma ekibi yollamış, ama hiç kimse ne olup bittiğini çözememiş. 2006'da Robbin Alp Dağları'nın eteklerindeki bir çayırda karabuğday filizlerinde yiyecek arayan tek bir işçi Franklin yabanarısı tespit etmiş. O zamandan beri bir tane bile görülmemiş.

"Hâlâ oralarda bir yerlerde olduğunu, gözlerden uzak uçtuğunu umuyorum," dedi Robbin bir noktada. Arazinin öbür tarafına geçip ağaçların arasındaki boşluklarda otların, kır çiçeklerinin uzandığı tarafa tırmandık. Kar durmuştu artık, serin havaya meydan okuyan birkaç cesur yabanarısı vardı. Ender rastlanan Franklin'den hiçbir iz yoktu, ama bu oralarda bir yerde olmadığı anlamına gelmezdi. Biyolojide, bir yokluğu, özellikle de ufak, bulması zor bir şeyin yokluğunu kanıtlamak genellikle zordur. Robbin düşük nüfuslu böceklerin uzun süreler boyunca tespit edilemediği durumların olağandışı olmadığını söyledi. "Aramaya devam ettiğim sürece, bulmak için bir şansım var demektir," deyip bayırın ilerisinde bizden çok uzakta olan Langdon'a bir bakış attı. "Hem aramak için daha fazla insanı eğitirsem, tek başıma asla ulaşamayacağım kadar geniş alanlara yayılırlar."

Robbin Thorp'un bir yok oluşa mı, yoksa sadece keskin bir düşüşe mi tanık olduğu henüz belli değil, ama bir şey kesin: Franklin yabanarısı ondan daha iyi bir savunucu bulamazdı. 2006'da görülen son Franklin'den bu yana, Robbin yıllık gözlemlerini kararlılıkla sürdürmüş, her yıl sabırla Oregon'un güneybatısındaki çayırları, yol kenarlarındaki çiçekleri dolaşmış. Bazıları onun bu gayretini donkişotvari buluyor, bu alanda azımsanmayacak bir üne kavuştu. Bir ara "Yaşlı Adam ve Arı" başlıklı bir CNN programında bile yer almış.[3] Ama diğer uzmanlar çok uzun süre önce peşini bırakmış ve Robbin'in arayışı henüz başarıya ulaşamamış olsa da, sahada geçirdiği binlerce saat ona başka bir şeyi fark etme imkânı vermiş: tehlike altındaki tek türün Franklin yabanarısı olmadığını.

"*Bombus occidentalis*'in de benzer bir durumda olduğunu fark etmem birkaç yılımı aldı," dedi Robbin, kıtanın batı yakasında görülen yabanarısına istinaden. Oldum olası ender görülen Franklin arısının aksine, batı yabanarısı yakın bir zamana dek Meksika'dan Alaska'ya uzanan Rocky Dağları boyunca en yaygın görülen türlerden biriymiş (araştırmacıların bir ara benim kayalıklarda yaşayan kazıcı arılarımın da bu türü taklit ederek evrildiklerini varsaymalarına neden olacak kadar yaygın). Ama Franklin yabanarısı izini kaybettirdikten kısa bir süre sonra batı yabanarısı da ortadan kaybolmuş, ne Robbin'in araştırmalarında, ne de daha önce görüldüğü yerlerde izine rastlanmış. Bu kayboluşlarla aynı dönemde, Kuzey Amerika'daki böcekbilimciler de bir zamanlar yaygın görülen başka iki türle, sarı şeritli yabanarısı ve paslı-yamalı yabanarısıyla ilgili uyarılarda bulunmaya başlamış. Bu şartlar altında, kariyerinin ilk bölümünü arıları araştırmakla geçiren Robbin geri kalan günlerinde yeni bir rol üstlenmesi gerektiğini anlamış: arı dedektifliği.

"Benim teorim bu duruma bir patojenin yol açmış olması gerektiğiydi," dedi Robbin. "Aynı bölgedeki diğer yabanarılarının durumu gayet iyiydi," diye devam etti, bu da pestisit yahut bir tür müdahale ihtimalini ortadan kaldırıyordu. Sonra kaybolmaya yüz tutan bu dört türün yakın akraba –taksonomide altcins denen bir grubun üyesi– olduklarını açıkladı. Bu da onları aynı tür virüslere, mantarlara, zararlı böceklere, parazitlere ve benzeri felaketlere karşı savunmasız kılıyormuş. Robbin ilk başta patojenin ne olabileceğine ilişkin net bir fikre sahip değilmiş, ama bu durumun ardında dünyanın en popüler meyvelerinden birinden tüm yıl boyunca verim almaya yardımcı olan bir şirketin olduğuna dair güçlü şüpheleri varmış.

Domates antik çağlarda Meksika, Orta Amerika ve olasılıkla Peru'da ekilip biçilmeye başlandıysa da, ilk domatesin nerede, kimler tarafından ekildiği bilinmiyor. Seraların tarihiyse çok daha net biliniyor. İlk sera örneklerini kuranların, birinci yüzyılın başlarında Roma İmparatoru Tiberius tarafından görevlendirilen bir grup bahçıvan olduğu düşünülüyor. Mika ve selenit gibi minerallerden yapılan yarı saydam çatılarıyla, bu yapılar imparatorun en sevdiği kavunun[4] (günümüzde kantalup diye bilinen kavunun akrabası) yıl boyunca üretilebilmesini sağlıyordu. Yaşlı Plinius'un aktardıklarına bakılırsa, imparatorun "bu kavunlardan yemediği tek bir gün bile yoktu".[5] Bununla birlikte, Sanayi Devrimi yaygın olarak erişilebilen düşük maliyetli camlar (daha sonra da plastik malzemeler) sunana kadar sera zenginlere mahsus bir zevk olarak kaldı. İlk ticari girişimlerle bir dizi meyve, sebze ve çiçek üretildi, ama içlerinden biri hızla Avrupa'daki en verimli, en kârlı sera ürünü olarak öne çıktı: domates. Özellikle İkinci Dünya Savaşı'ndan sonraki yıllarda giderek daha incelikli hale gelen yetiştirme yöntemleriyle, Belçika, Hollanda ve İngiltere gibi kuzey ülkelerinde bile yıl boyunca verim alınması sağlandı. Kuzey Amerika'da ise bu fikir uzun süre rağbet görmedi, zira sıcak mevsimlerin uzun sürdüğü Florida ve Kaliforniya gibi bölgelerde geleneksel yöntemlerle domates yetiştirilebiliyordu. 1990'larda seracılığa talep nihayet artmaya başladığında, Kanadalı ve Amerikalı çiftçiler vakit kaybetmeden Avrupalı meslektaşlarını izlemeye başladılar. Öğrendikleri ilk şeylerden biri de domates işindeki umulmadık bir kuraldı: Tonla elektrikli diş fırçası satın almak istemiyorsanız, biraz yabanarısına ihtiyacınız olacak.

Arılarla fırçalar arasındaki bağlantının temelinde vızıltı yatar. Daha önce hiç denemediyseniz, elektrikli diş fırçası kullanmanın akort çatalı çiğnemek gibi bir his verdiğini söyleyebilirim. Benim kullandığım model, diş hekiminin dişlerimdeki plakların canına okuyacağını garanti ettiği ince do'nun tiz aralığında dişlerimin içine işleyen bir uğultuyla titreşiyor. Bu titreşim vızıltılı tozlaşma esnasında yabanarısı kanatlarının çıkardığı tona benzer. Bir domatesi (yahut patlıcan gibi, yabanmersini gibi tozlaşmanın vızıltı aracılığıyla gerçekleştiği diğer türleri) ziyaret eden bir yabanarısını izlediğinizde bunu görebilir, hiç değilse duyabilirsiniz – arı her bir çiçeğe konduğunda hızlı ve yüksek frekanslı bir vızıltı duyulur. Patlıcangiller ailesinin diğer üyeleri gibi, domateste de botanikçilerin tabiriyle "delikli anterler" vardır; polenin, ucunda küçük delikler (gözenekler) bulunan ufak odacıklarda tutulduğu, polene yalnızca bu gözeneklerden erişilebilen bir tasarımdır bu. Bazıları zamanla doğal yollardan sallanıp kendi kendine tozlaşmaya belli bir oranda izin verse de, doğru frekans aralığındaki titreşim-

Şekil 9.1. Sanayi Devrimi'nin cam fiyatlarını aşağı çekip sera domateslerini kârlı bir ürün haline getirdiği on dokuzuncu yüzyıl boyunca seraların sayısı arttı. Röprodüksiyonlar © Dover Publications (soldaki) ve Boston Halk Kütüphanesi (sağdaki).

ler anterlerde salınım meydana getirip gözeneklerden polen püskürmesini sağlar. Bitki açısından, bu strateji yabanarıları gibi işin sırrını çözebilen birkaç tozlaştırıcıyla özel bir bağ tesis eder. Balarıları bunu yapamaz örneğin, bu yüzden de kapalı alanlarda domates yetiştirmek isteyen herkes Avrupalıların yaptığını yapıp düzenli olarak evcil yabanarıları temin etmek durumundadır. Aksi halde elektrikli bir diş fırçasıyla seradaki her bir çiçeği tek tek gezmeye hazır olmaları gerekir.

"1990'larda birkaç yıl boyunca kraliçeleri yetiştirilmek üzere gemiyle Belçika'ya göndermiştik," diye anlattı Robbin. Avrupalılar seracılık faaliyetlerinde kullanılan tutsak yabanarılarını yetiştirmeyi zaten bildiğinden, Amerikalı çiftçilerin bu uzmanlıktan faydalanmak istemeleri gayet mantıklıydı. Denetimli koşullarda iyi beslenen tek bir kraliçe, dünyanın her yerine nakledilebilen hazır karton yuva kutularına sağlıklı koloniler kurabilir. Ama Robbin Belçika'da yetiştirilen ilk arıların eve dönerken yanlarında Avrupa kökenli bir patojen getirdiklerini düşünüyor. "Zamanlama bire bir örtüşüyor," dedi – 1997'de, vahşi türlerin ortadan kaybolmasından hemen önce, bir grup sera yabanarısının kökünü kazıyan bir salgın patlak vermiş. Üreticiler bu ölümlerden *microsporidian* adı verilen tuhaf, küçük bir organizmayı sorumlu tutmuş.

"*Nosema* teorisini test etmeye çalışıyoruz," dedi Robbin. Sonra gülerek ekledi: "Ama taksonomik olarak hangi âlemde olduğuna bile karar veremiyoruz, bu da aslında ne kadar az şey bildiğimizi gösteriyor!" Bir ara tekhücreli (protozoan) olduğu düşünülen *Nosema bombi* şimdilerde bir mantar türü –ya da en azından ona çok benzer bir şey– olarak sınıflandırılıyor. Minik bir lima fasulyesi şeklindeki bu tekhücreli organizma arıların mide zarına saldırıyor. Mantarın bulaştığı hücreler sonunda patlayıp arı ishaliyle çabucak yayılan üreme sporlarının çoğalmasına olanak tanıyor. Diğer arılar farkına varmadan bu sporları bulaştıkları çiçeklerden yahut yuvanın içine bırakılan dışkılardan topluyor. (Balarılarında, hastalığın en çok görüldüğü grup genellikle kovana çekidüzen vermekle görevli genç işçilerdir.) Birçok yabanarısı türünün bu parazite karşı direnç geliştirdiği görülüyor ve müze koleksiyonlarındaki numuneler üzerine yürütülen araştırmalar parazitin Kuzey Amerika'da yüzyıllardır yaygın olduğunu gösteriyor. Ama bir nedenle, hastalığın görülme sıklığı ve oranı Franklin yabanarısının yakın akrabası olan bir altcinste yüksek artış göstermiş gibi görünüyor. Bu gruba dahil olan türlerin çoğunun nüfusunda keskin düşüşler yaşanıyor. Tam olarak ne olduğunu söylemek mümkün olmasa da, Utah Eyalet Üniversitesi'nin Logan'daki Arı Laboratuvarı'nda yürütülen araştırmalar hiç değilse nüfusun böyle hızla erimesine açıklama getirebilir. Bu araştırmalara göre *Nosema* arıları hasta etmekle kalmıyor, onları çiftleşmekten de alıkoyuyor.

"Kraliçelerle işçiler bundan kötü etkileniyormuş gibi görünmüyorlar," dedi Jamie Strange, Arı Laboratuvarı'ndan bir araştırmacı böcekbilimci. "Ama erkeklerin bedeni uçmalarına engel olacak kadar sporla doluyor. Sıçramak dışında pek bir şey yapamıyorlar." Jamie ve meslektaşları on yıldan bu yana erkek arıların vaziyetini yakından gözleyebildikleri tutsak batı yabanarısı kolonileri üzerine çalışıyor. Anlattıklarına bakılırsa, uçuş problemleri sadece bir başlangıç gibi görünüyor. Hastalığın ilerleyen aşamalarında erkek arıların karınları öyle bir şişiyor ki çiftleşmeye uygun bir kraliçeyle yakın temasa girecek kadar dahi eğilemiyorlar. "Çiftleşemiyorlar," diye özetledi Jamie. "Vaziyet buraya geldiyse, işin bitmiş demektir. Birkaç jenerasyon sonra yok olup gidersin."

Jamie'nin teorisi son derece akla yatkın, üstelik eldeki bulgularla da örtüşüyor. *Nosema* arıları yalnızca güçten düşürseydi sayıları zamanla tükenebilirdi, ama üremeye sekte vurmak tam da Robbin Thorp'un sahada gözlemlediği gibi nüfusu bir bütün olarak ortadan kaldırırdı. Bir bakıyorsunuz buradalar, bir bakıyorsunuz kaybolup gitmişler. Gerçi, karınları şişen erkekler yalnızca nüfustaki gerilemeye açıklama getiriyor, üstelik Jamie henüz bu gözlemlerini yazıp yayımlamış da değil. Büyük sorular hâlâ yanıt bekliyor.

"Neden bazı türler diğerlerinden daha çok hasta oluyor?" diye mırıldandı Jamie düşünceli düşünceli, sonra çoğu yabanarısının *Nosema*'dan pek etkilenmediğinden, etkilenen altcinse mensup türlerin bile hastalığa farklı tepkiler verdiğinden bahsetti. Franklin yabanarıları ortadan kaybolmuştu, paslı-yamalı kuzenleri de ABD' nin tehlike altındaki türler listesine eklenecek kadar azalmıştı. Diğer taraftan, batı yabanarıları ve sarı şeritli yabanarılarının nüfuslarında büyük bir değişim gözlenmemişti, grubun beşinci üyesi ak sokumlu yabanarısıysa[6] bu durumdan hiç mi hiç etkilenmemiş gibi görünüyordu. Bazı türler diğerlerinden daha mı dirençliydi? Yoksa yaşadıkları çevrede yahut davranışlarında mı bir farklılık vardı? Eğer koleksiyonlardaki numunelerin işaret ettiği gibi *Nosema* hep böyle yaygındıysa, birdenbire nasıl bu kadar ölümcül hale gelmişti? Robbin Thorp hâlâ ölümcül bir yabancı suştan şüpheleniyordu, ama yapılan genetik testler sera arılarında bulunan *Nosema* çeşidi hakkında farklı bir şey söylemiyordu. Ayrıca, aynı patojen farklı bölgelerde yaşayan farklı türler üzerinde bambaşka etkiler gösteriyordu.

"Son derece karmaşık bir durum," dedi Jamie. "Yanıtları bulmak biraz zaman alacak gibi." Sonra, arıların durumu ile sağlam finansal desteklere sahip yüzlerce araştırma ekibinin genellikle tek bir hastalığı çözmek için yıllarca, hatta on yıllarca uğraştığı insan patolojisini kıyasladı. "Bizim tüm bu kaynakları bir araya getirmemiz imkânsız," dedi belli belirsiz bir sitemle. Ama bu Arı Laboratuvarı'nın harıl harıl çalışmadığı anlamına gelmiyor. Resmi adı Tozlaştırıcı Böcek Biyolojisi Müdürlüğü Sistematik Araştırmalar Birimi olan laboratuvar yarım düzine kadar tam zamanlı arı uzmanına, onun üç katı kadar destek personeline, belli aralıklarla değişen lisansüstü öğrencilere ve doktora sonrası araştırmacılara evsahipliği yapıyor. Jamie'ye telefonla ulaştığımda uzun uzadıya konuşmuştuk, ama o kadar uzun süre kesintisiz konuşabilmemizin tek sebebi bu görüşmeyi önceden planlayıp ofisinin kapısını kapatmış olmasıydı, bu sayede herkes onun öğle yemeğine çıktığını zannetmişti.

Nosema projesinin yanında, Jamie'nin çalışma grubu on altı eyaletten kırk farklı alandan toplanan dört bin kadar yabanarısı numunesinden alınan patojenlerin analiz edildiği bir çalışma daha yürütüyordu. Mantar hastalıkları yaygındı, ama araştırmada virüslere, akarlara, bakterilere ve (kraliçelerin üreme organlarına saldırıp tahrip eden) bir yuvarlak solucana daha rastlanmıştı. Bulgular arasında tekhücrelilerin ve parazit sineklerin yanı sıra yabanarısının ayağına tutunup çiçekten çiçeğe gezen bir de kınkanatlı larvası vardı. "Proje tamamlandığında yabanarılarını hasta eden şeylerle ilgili muazzam bir veri kümemiz olacak," dedi Jamie. Projenin sonunda, tek tek patojenlerle belirli türlerde görülen kimi semptomları ilişkilendirebilmeyi umuyorlardı – *Nosema* gibi bir şeyin birdenbire nasıl bu kadar ölümcül olabildiğinin anlaşılabilmesi için hayati bir ilk adım. Ulaştıkları sonuçlar bir hastalık kütüphanesi oluşturacak, yabanarısı nüfusunda meydana gelebilecek sonraki düşüşleri inceleyecek biliminsanları için kaynak teşkil edecekti. Çalışma gerçekten de önemliydi, çünkü arılara ve yaşam alanlarına yönelik bütün güncel tehditleri göz önünde bulunduran uzmanlar bir sonraki keskin düşüşün her an gerçekleşebileceği görüşünde birleşiyor. Nihayetinde, dünyanın en bilinen, en iyi bakılan ve en yaygın görülen arı türü bile son zamanlarda pek iç açıcı durumda değil. Evcil balarıları, arıcıların geleneksel olarak "küçülme hastalığı" adını verdiği bir şey sebebiyle her yıl belli oranda kayıp veriyordu zaten. Ama 2006 sonbaharında kovanlar topluca çökmeye başladığında, bu soruna yeni bir isim vermek gerektiği herkesin malumu oldu.

"Gördüğümüz şey hepimizi allak bullak etmişti," dedi Diana Cox-Foster, krizin ilk aylarını hatırlayarak. Diana şimdi Jamie Strange'le birlikte Arı Laboratuvarı'nda çalışıyor, ama kriz patlak verdiği sıralarda Pennsylvania Eyalet Üniversitesi'nde böcekbilim profesörüymüş. "Olağan bir kayıp değildi," dedi. Tek tük ölümlerden ziyade, işçi baları topluca ortadan kayboluyormuş. Sağlıklı görünüyor, yiyecek arama gezilerine çıkıyor, ama geri dönmeyi başaramıyorlarmış, geride bal ve larvalarla dolu petekler, yönünü kaybetmiş birkaç kovan sakini ve bakımsızlıktan ölmek üzere olan bir kraliçe kalıyormuş. Perişan haldeki arıcıların çağrısıyla harekete geçen Diana böcek patolojisi laboratuvarına kapanıp kendini boşalmış kovanlardan alınan örnekleri analiz etmeye adamış. Kısa süre içinde New York'tan Florida'ya kadar bir sürü araştırmacıyla işbirliği yapmaya başlamış, ülkenin batı yakasından da ağır kayıp haberleri geliyormuş. Amerika Arıcılar Birliği yıllık toplantısında, Diana ile ülkenin farklı noktalarından gelen meslektaşları notlarını karşılaştırmak üzere akşam toplantının düzenlendiği otelin barında bir araya gelmişler. Aralarından biri "çöküş" tabirinin bu durumu tarif etmek için "küçülme"den daha isabetli bir tercih olacağını öne sürmüş, bu durumu "hastalık" sözcüğüyle nitelemenin doğru olmadığı, hatta yanıltıcı olabileceği konusunda uzlaşmışlar. "Hastalık" sözcüğü kovanların belli bir sağlık sorunu ya da patojenden etkilendiğini ima eder, halbuki o sıralarda bu ani düşüşe neyin yol açmış olabileceği konusunda henüz kimsenin net bir fikri yokmuş. Tartışmalar devam etmiş, bardan ayrıldıklarında arıların içinde olduğu vaziyeti kısa sürede uluslararası kamuoyunun gündemine sokacak bir ifade üzerinde uzlaşmışlar: Koloni Çöküş Sendromu (KÇS).

"Hem vaziyeti doğru dürüst tanımlayacak, hem de ileriye dönük bir isim bulmak istiyorduk," diye açıkladı Diana; nitekim sonuçta ikisinde de başarılı oldukları söylenebilir. Kovanlarının yüzde 35'ini, yüzde 50'sini, hatta yüzde 90'ını kaybeden arıcılara yer veren basın bültenleri kamuoyunun ilgisini çekmeyi başarmış, hatta Koloni Çöküş Sendromu'ndan daha medyatik bir isim bile bulunmuştu: "Arıların Kıyameti". Bütün bu ilgi, tarihteki en geniş kapsamlı arı araştırmalarının yürütülmeye başlamasını sağladı. Üniversitelerden, devlet kurumlarından, sanayi gruplarından uzmanlar KÇS'yi inceleyen, (Diana'nın uzmanı olduğu) patojenlerden tutun da iklim değişikliğine, baz istasyonlarının yaydığı sinyallere kadar bu konuyla alakalı olabileceği düşünülen her şeyin araştırıldığı programlar başlattı. On yıllık bir araştırma deneyimi ve hakemli bilimsel dergilerde yayımlanan yüzlerce makalenin ardından bu fenomen hâlâ bir bozukluk olarak tanımlanıyor – arkasında yatan faktörlere ilişkin hiçbir kesin delile ulaşılamadı. Baz istasyonları ve güneş lekeleri gibi bazı enteresan görüşler elense de, birçok başka teorinin test edildiği araştırmalar devam ediyor. Asıl zorluk, üyeleri 130, 260, hatta 520 kilometrekarelik alanlara yayılabilen bir kovanı etkileyebilecek bütün faktörleri çözümlemekte yatıyor.[7] Kesin olmaktan uzak (hatta kimi zaman düpedüz çelişkili görünen) sonuçlar hararetli tartışmalara yol açmış olsa da,[8] KÇS'nin bir dizi problemin birleşiminden kaynaklandığı konusunda giderek yaygınlaşan bir fikir birliğinden söz edilebilir. Öyle ki bazıları soruna yeni bir isim verilmesini öneriyor: Çoklu Stres Bozukluğu.

Diana'ya Çoklu Stres Bozukluğu'yla ilgili fikrini sorduğumda incelikli bir cevap verdi. "Gerçekten de çeşitli faktörlerin bir araya gelmesiyle tetikleniyormuş gibi görünüyor," diyerek bu kadarına katıldığını ifade etti, ama ardından bir dizi problemin güçten düşürdüğü arıların sonunda hastalığa yenik düştüğünü ekledi. Fazla miktarda virüse maruz kalan işçi arıların her defasında suni kovanlarını terk edip deney alanının en uzak köşesinde ölümü beklediğini gösteren bir sera araştırmasına atıfta bulundu. Bu davranış sahaya taşındığında koloni çöküşüne çok benzer bir hal alıyor,

Şekil 9.2. Koloni Çöküş Sendromu, fotoğrafta görülene benzer sağlıklı bir balarısı kovanının günler içinde boşalmasına sebep olabilir. Hiçbir belirtisi olmaksızın, binlerce işçi arı eve dönmekte başarısız olur, geride yalnızca yolunu kaybetmiş birkaç kovan sakiniyle bakımsızlıktan ölmek üzere olan bir kraliçe kalır. Fotoğraf © Bookscorpions, Wikimedıa Commons.

hasta arılar uzaklara uçup çevredeki kırsal alanın içinde gözden kayboluyordu. (Olayın bu yönü, KÇS'yi incelemenin başlıca güçlüklerinden birinin altını çiziyor aslında: Ölen arıların arkalarında hiç kanıt bırakmayışı, cesedin bulunamadığı bir cinayet soruşturmasına çeviriyor vaziyeti.) Ama sonra, Diana son birkaç yıldır belgelenen gerçek KÇS vakalarının ciddi oranda seyreldiğini söyleyip beni şaşırttı.

"Son ölümlerin yüzde 5'inden azında gerçek Koloni Çöküş

Sendromu'nun tanımlanmış semptomlarına rastlandı," dedi. Buna rağmen Kuzey Amerikalı arıcılar her yıl kovanlarının yüzde 30' undan fazlasını kaybetmeye devam ediyor, Avrupa'daki oran da anormal derecede yüksek. Konuştuğum başka araştırmacıların hepsi balarılarının KÇS'den daha kapsamlı bir sorunla cebelleştiğini kabul etti. Bütün şöhretine karşın, Arıların Kıyameti sorunun yalnızca bir kısmını açıklıyor, birçok soruyu cevapsız bırakıyor. 2006'da tavan yapmasının sebebi neydi, şimdi neden azalıyor? Arkasında hangi özel stres faktörleri yatıyor, bazı kovanları diğerlerinden daha hassas hale getiren ne? Dahası, Kuzey Amerika ve Avrupa'da yaygın olarak görülmesine karşın Güney Amerika, Asya ve Afrika'da neden düşük seyretti? KÇS'nin bu tür gizemli yanları hiçbir zaman tam manasıyla açıklığa kavuşmayabilir, ama her işte bir hayır vardır. KÇS'nin tetiklediği bir sürü araştırma sayesinde biliminsanları arıların genel sağlığıyla ilgili, modern, insan merkezli çevre düzenlemelerimiz içinde karşılaştıkları birçok tehditle ilgili her zamankinden daha kapsamlı bir kavrayış geliştirdi.

"Dört etkeni göz önüne alıyoruz," dedi Diana: "parazitler, pestisitler, patojenler ve yetersiz beslenme." Onu telefonla aramıştım; bu açıklamayı araştırmasıyla ilgili konuşmaya alışkın ama yanlış anlaşılmalara karşı da ihtiyatlı birinin ölçülü tonuyla yapmıştı. Konunun balarısı nüfusundaki keskin düşüş gibi karmaşık ve tartışmalı bir mesele olduğunu düşününce, bunun nedenini anlamak pek zor değildi. Yine de meseleyi bana son derece açık bir şekilde anlattı, açıklamasına da kıskaçlı sekiz bacağı ve keskin, çatallı bir kamışa benzeyen çenesiyle ayaklı bir pul biber tanesini andıran küçük, itici bir yaratığın hikâyesiyle başladı.

"*Varroa* hâlâ büyük bir mesele," dedi, parazit akar *Varroa destructor*'a atıfta bulunarak. İsmini Julius Caesar'ın kütüphaneciliğini yapmış, Petek Teoremi adıyla bilinen bir teori geliştirmiş olan Romalı âlim ve devlet adamı Marcus Terentius Varro'dan alan bu küçük akar grubu neredeyse sadece balarılarının üzerinde yaşar. Kendisi de arıcı olan Varro arıların tüm kenarları eşit, kusursuz bir altıgen şeklinde petekler yapmasından fazlasıyla etkilenmişti. Peteklerin verimliliği artırmak için bu şekilde inşa edildiğini, başka bir hiçbir şeklin ağzına kadar balla dolu bunca peteği bu kadar az balmumu kullanılarak bir arada, dağılmadan tutamayacağını düşünmüştü. 1999'da bir matematikçi onun bu düşüncesinin doğru olduğunu kanıtladığında Varro'yu fazlasıyla –Varroidae ailesindeki *Varroa* cinsine Romalı âlimin adını veren akar taksonomisi uzmanından muhtemelen daha çok– onurlandırmış oldu. Ne de olsa söz konusu taksonomi uzmanı yüzünden, Varro'nun hayran olduğu arılar için ölümcül bir tehdit oluşturan bu akarlar sonsuza dek ihtiyar Romalının ismiyle anılacak!

Varroa destructor akarları balarılarının vücut sıvılarını emerek hayatlarını sürdürür. Genellikle yetişkinlere saldırıp onları güçten düşürürler, ama kuluçka hücrelerine çok daha fazla zarar verir, içlerindeki larvalarla kendilerine ziyafet çekerler. En acımasız tarafı da bu kapalı odaların içinde, savunmasız avlarının yanı başında üremeleridir. Varro'nun zamanında, bu akarlar yalnızca Asya'nın güneydoğusundaki ormanlarda, birçok yerli balarısı türünün bulunduğu bir bölgedeki küçük, önemsiz zararlılar olarak varlıklarını sürdürüyorlardı. (*Apis* cinsine mensup olan on bir tür içinde Afrika ve Avrupa'da görülen tek evcil tür *Apis mellifera*'dır. Diğerleri Asyalıdır.) Ama yerli balarıları bölgeye geldiğinde akarlar bu duruma hızla uyum sağlayıp farklı bölgelere nakledilen kovanlar, kraliçeler ve ekipmanlarla birlikte dünyanın tamamına yayıldılar. Günümüzde, Avustralya dışındaki her yerde büyük bir sorun olarak karşımıza çıkıyorlar. Tedavi edilmediği takdirde, akar istilaları damızlık üretimini baltalayıp dünya genelinde kovanların büyük kısmını yok edebilir, ayrıca bazı ölümcül virüslere taşıyıcılık yapıp dünyanın hemen her yerindeki arıların daha da zayıflamasına yol açabilir. Uzmanlar Avrupa ve Kuzey Amerika'nın bazı bölgelerindeki vahşi balarısı kolonilerinde gözlenen azalmanın akarların ortaya çıkışıyla bağlantılı olduğunu düşünüyor, Diana da kendi modelinden yola çıkarak akarların arıları yetersiz beslenmeye sürükleyip onların genel sağlık durumunu zayıflattığını öne sürüyor.

"Yeterince çiçek kaynağı yok," dedi Diana, yetersiz beslenme-

Şekil 9.3. Bir dişi balarısının sırtına yerleşmiş dişi *Varroa* akarının elektron mikroskobuyla taranmış görüntüsü. Görüntü © ABD Tarım Bakanlığı, Zirai Araştırmalar Merkezi, Elektron ve Eşodaklı Mikroskop Laboratuvarı.

nin listeye nasıl girdiğini açıklarken. "İnsanlar bir parka yahut bir golf sahasına bakıp gördükleri manzaranın yemyeşil olduğunu düşünebilir, ama arılar için bu manzara taşlaşmış bir ormana, bir çöle benzer – içinde hayata tutunacakları hiçbir şey yoktur." Çiçeksiz parkların artmasına ve doğal alanlarının gelişme uğruna feda edilmesine ilaveten, arıların yaşam alanlarını daraltan bir başka husus da birçok farklı ürünün ekilip biçildiği, farklı ağaçlara, çalılara evsahipliği yapan geleneksel çiftlik yapısının yerini tek bir ürüne odaklı zirai faaliyetlerin almasıdır. Yabani otları temizlemek için kimyasal ilaçların kullanıldığı çiftliklerde, arka bahçelerde ve yol kenarlarında devedikeni, katırtırnağı, gündüzsefası gibi nektar ve polen zengini yabani otlara rastlamak bile güçleşiyor.

Diana'nın yorumları bana sözleşmeli araştırmacı Dr. Larry Brewer'dan duyduğum bir şeyi hatırlattı. Larry'nin çalıştığı şirket yüzlerce arı kovanına sahip ve zirai kimyasallar üreten şirketler için büyük ölçekli saha deneyleri yürütüyor. Yeni ürünlerin etkileri, kanola ya da arıların tozladığı diğer ürünlerin yetiştiği devasa tarlaların ortasına bu kovanların yerleştirilmesini içerir genellikle. Ama belirlenen alandaki tüm çiçeklerin açtığı dönemlerde bile, Larry ekibinin başka çiçeklerden topladığı polenle kovana dönen hiç değilse birkaç arıya rastladığını söylüyor. "Aradıkları şeyi bulmak için çok uzak mesafelere uçabilirler," dedi bana, arıların ne kadar bereketli olursa olsun tek bir çiçek türünden elde edemeyecekleri şeyleri arzuladıklarına işaret ederek. "Etrafları tam ağızlarına layık bir yemekle çevrili olduğunda bile, arılar başka protein, vitamin ve mineral kaynakları aramayı sürdürürler." Yetersiz beslenme problemi, her sezon yalnızca tek bir ürüne bağımlı kalan ticari kovanlar için bilhassa zorlayıcıdır. "Bu şekilde beslenmek zorunda kaldığını bir düşünsene," dedi Larry – haftalarca bademle besleniyorlar, sonra haftalarca elmayla, ardından yine haftalarca yabanmersini dışında hiçbir şey yiyemiyorlar, her aşama kovana hapsoldukları uzun bir yolculukla noktalanıyor. Arıcılar kovanlarına takviye besin verirler genelde, ama hiçbir şey balarılarının yemek üzere evrildikleri şeyin –birçok farklı kır çiçeğinin, çalının ve ağacın çiçeklerinden toplanan karışımın– yerini tutamaz. Yetersiz beslenmeden kaynaklanan stres bozukluğunun bir sezon boyunca önemli ölçüde değişiklik gösterebilmesine, bazı kovanları diğerlerinden daha fazla etkileyebilmesine karşın, Diana gibi uzmanlar bu durumun arıların genel sağlık durumunu ve direncini aşağı çektiğine ve pestisitler de dahil diğer çevresel tehditler karşısında arıları daha savunmasız hale getirdiğine inanıyor.

Arı nüfusundaki düşüşte payı olabilecek diğer etkenlerin hiçbiri pestisitlerin etkisi kadar çok tartışmaya yol açmadı. Ama bu meseleyi deşmeden önce onun da temelini oluşturan daha temel bir soruya değinmek yerinde olacaktır: Arıların kimyasallara karşı bu kadar hassas olmasının sebebi ne? Neden pestisitlere karşı diğer böceklerde görülen türden bir direnç geliştiremiyorlar? Bu bulmacanın cevabı, arılarla çiçekler arasındaki özel ilişkinin enteresan bir sonucunda saklı. Çekirgeler, domates güveleri, kınkanatlı böcekler, yaprak bitleri, Lygus böcekleri gibi, yapraklara, saplara, tohumlara ve köklere saldıran tüm zararlı yaratıkların mevcudiyeti karmaşık bileşenlerin zehirden arındırılmasına bağlıdır. Bu böceklerin her biri milyonlarca yıldır bunu yapıyor, beslendikleri bitkilerin sürekli gelişen kimyasal savunma taktiklerinin üstesinden gelmek için mücadele ediyorlar. (Pestisit üreticilerinin gayet iyi bildiği bir silahlanma yarışı bu, ilham almak için genellikle bitkilere bakar, yeni ürünler oluşturmak için çeşitli bitki özlerini karıştırırlar.) Ama arılar farklıdır. Savuşturmak şöyle dursun, tozlaştırıcı rolleri bitkilerin onları cezbetmesini gerektirir, bu ise nadiren savunma kimyasalları içeren tatlı nektarlarla protein bakımından zengin polenler üretecek şekilde evrilmelerine yol açmıştır.[9] Bu durum bir yandan arıların iyi beslenmelerini sağlarken, diğer yandan da tükettikleri besinlerin içindeki zararlı bileşenlere karşı evrimsel deneyimden mahrum kalmalarına yol açar. Arılar zararlı böceklerin bitkilerin kimyasal savunmalarını aşmak, onların etrafından dolaşmak için geliştirdiği metabolik taktiklerden yoksundur. Pestisitler bitki yiyen böcekler açısından –genellikle geçici– bir kimyasal engel anlamına gelir. Oysa arılar üzerinde düpedüz zehir etkisi gösterirler, hangi formu aldıkları fark etmez.

"Arı nüfusundaki düşüşü sadece tek bir kimyasalla, hatta tek bir kimyasal sınıfıyla ilişkilendiremeyiz," dedi Diana hemen ardından, sorumu tahmin etmiş gibi. Ama ben piyasadaki en popüler endüstriyel tarım ve kişisel bahçe ürünlerinden bazılarını da içeren "neonikotinoid" adındaki pestisit grubu hakkındaki fikrini merak ediyordum asıl. Kısaca "neonikler" adıyla bilinegelen bu maddeler farklı biçimlerde uygulanabilseler de sistemik olma – yetiştirilen bitkinin dokularına işleme– özelliğini hepsi paylaşıyor. Yani bitkinin yaprakları, tomurcukları ve kökü bunları yiyen zararlılar için ölümcül hale geliyor, dolayısıyla gelişigüzel ilaç püskürtmeye gerek kalmıyor. Ama aynı zamanda bitkinin ürettiği nektar ve polen de bu maddeleri içeriyor ve bu çiçekleri ziyaret eden arılara servis ediliyor. Bu maddelerin yüksek dozlarda zehirli olduğundan –sonuçta böcekleri öldürmek üzere üretiliyorlar– dikkatsiz uygulandıklarında balarıları ve başka yerli arı türlerinde

Şekil 9.4. Tarım zararlılarına karşı verilen –ve genellikle bitki kaynaklı toksinlerin kullanıldığı– kimyasal savaş tarımın kendisi kadar eski bir mücadeledir; İkinci Dünya Savaşı sırasında ABD Tarım Bakanlığı tarafından yayımlanan poster bu mücadelenin güzel bir örneğini oluşturuyor. Wikimedia Commons.

belirgin bölgesel kayıplara yol açtıklarından kimse şüphe etmiyor. Laboratuvarda yürütülen çalışmalar, neonik grubu maddeleri yiyecek arama ve eve dönüş yolunu bulma becerilerinin bozulmasından tutun da kısalan yaşam süreleri ve düşük doğurganlığa kadar araştırmacıların "öldürücü olmayan" etkiler adını verdiği bir sürü sonuçla ilişkilendiriyor. Ama uzlaşma burada bitiyor, çünkü sahadaki balarılarında bu maddelerin koloni düzeyinde istikrarlı etkilerine rastlanmadı. İlaçlanmış ürünler arasına yerleştirilen kovanların çoğu gayet sağlıklı görünüyor; bu maddelerin kullanımını destekleyenler evcil balarılarının büyük bölümünün normal koşullar altında sadece eser miktarda pestisite maruz kaldığını öne sürüyor. Bununla birlikte, neonik grubu maddelerin hem vahşi yabanarılarına ve yalnız arılara zarar verdiğine, hem de böcek yiyen kuşlar gibi hedefte olmayan başka türlerde gözlenen düşüşlerden sorumlu olduğuna işaret eden ciddi bulgular var. Avrupa Komisyonu tartışmalı bir düzenlemeyle 2013 yılında neonik grubuna dahil olan bazı maddelerin çiçekli bitkilerde kullanımını yasakladı, daha da kapsamlı bir yasağınsa kapıda olduğu düşünülüyor.

Konuştuğum diğer biliminsanları gibi Diana da neonik grubu maddelerin tümden yasaklanmasını desteklemiyordu. "Artık daha bütünlüklü bir zararlı/tozlaştırıcı yönetimine ihtiyaç var," dedi. "Pestisitleri bütünüyle devre dışı bırakmak yerine şunu sormalıyız: 'Gerçekten pestisit kullanmam gerekiyor mu, peki bunu arılara zarar vermeden yapabilir miyim?'" (O bunu söylediğinde, Touchet'deki kaba yonca çiftçilerinin pestisit kullanımlarını nasıl sürekli güncellediğini hatırladım – arı dostu ürünleri tercih edip doğru dozu belirlemek için denemeler yapıyor, ilaçları yalnızca alkali arıların yuvalarına çekildiği karanlık saatlerde uyguluyorlardı. "Arıları hiçbir zaman göz ardı etmiyoruz," demişti Mark Wagoner.) Tartışmalar bir yana, Avrupa'nın neonik yasağından etkilenen tarım arazileri önemli bir test senaryosu olacaktır; araştırmacılar bu sayede hem arıların bu yasağa nasıl tepki verdiğini, hem de alternatif olarak kullanılan kimyasalların etkilerini ölçme fırsatı bulacaklar. Diğer taraftan, Diana ve başka araştırmacılar neonik grubu maddelerin çok daha karmaşık görünen pestisit meselesinin yalnızca bir ayağını oluşturduğunu öğrendiler.

"Şaşırdık kaldık," dedi Diana, polen, bal, balmumu ve arıların bedenlerinde bulunan kimyasal kalıntıların incelendiği büyük ölçekli ilk analizin sonuçlarından bahsederken. Kuzey Amerika'nın farklı noktalarındaki kovanlardan toplanan numunelerde 118 farklı pestisit bulunmuştu – neonik grubu gibi modern türlerin yanında, yıllarca, hatta on yıllarca çözünmeden doğada kalan maddelere de rastlanmıştı. "Şimdiye kadar kullanılan ne varsa işte," dedi, sesinde sohbetimiz boyunca ilk defa infiale benzer bir şey olduğunu hissettim. "Polenlerde hâlâ DDT çıkıyor!" Kirliliğe yol açan maddeler arasında mantarlar, yabani otlar, akarlar için kullanılan ilaçlara ve envaiçeşit böcek ilacına rastlanmıştı. Ve rastlanan çeşit çeşit kimyasallar hemen her numunede vardı. Analiz edilen 750 numune arasında sadece 1 balmumu, 3 polen, 12 yetişkin arı numunesi temiz çıkmıştı. Geri kalanların her biri 6 ila 8 pestisit içeriyordu. İşlerin ilginçleştiği yer de tam olarak burası zaten.

"Bir araya geldiklerinde daha da güçleniyorlar," dedi Diana, "bu da arılar için daha fena etkiler doğuruyor." Sonra kimyasal kokteyllerin[10] nasıl birlikte çalışabildiğini, birinin nasıl diğerinin etkisini artırabildiğini açıkladı. Örneğin mantar ilaçları tek başlarına kullanıldıkları her durumda arılara zarar vermezler, ama belli böcek ilaçlarıyla birleştiklerinde 1100 kat daha ölümcül olabilirler. Ama üreticiler bu ürünlerin her birini ayrı ayrı test edip değerlendiriyor, bu sebeple kendi başına kullanılmak üzere "arı dostu" etiketiyle piyasa sürülen bazı ürünler diğer pestisitlerle bir araya geldiğinde öngörülemeyen sonuçlar doğurabiliyor. Arılar birçok farklı kimyasal içeren (ve birçoğu araştırılmamış) bu tür kombinasyonlarla karşılaştığına göre, saha denemelerinin kafa karıştırıcı sonuçlar doğurmasına şaşmamak lazım. Bir karışımın aktif olmayan bileşenleri bile bu sonuçları etkileyebilir. Biz konuştuğumuz sırada, Diana ve meslektaşları sıvı neonik uygulamalarını zenginleştirmek için yaygın olarak kullanılan bir yüzey aktif maddenin beklenmedik yan etkileri olduğunu daha yeni tespit etmişlerdi. Bu da zirai kimyasalların sadece birbirleriyle etkileşime girmekle kalmadığını, patojenlerin etkilerini de birleştirebildiğini gösteriyor.

"Böceklerde hastalık konusunun poster çocuğu balarısıdır," dedi Diana. "Virüslerden bakterilere, tekhücrelilere kadar insanlarda görebileceğin her şey arıları da etkiler." Sonra deforme kanat virüsü, akut felç virüsü, kireç hastalığı mantarı gibi açıklayıcı isimler taşıyan bir patojenler listesi sıraladı. Listede balarılarında etki gösteren bir *Nosema* türü ile yavru çürüklüğü adı verilen bir bakteriyel enfeksiyon da vardı (ismi kulağa korkunç gelen bu enfeksiyon, arı larvalarıyla dolu petekleri kokuşmuş, zift dolu minik fıçılara dönüştürür). Bir kez daha *Nosema* konusuna dönmek bana yabanarılarının vaziyetini hatırlattı, ama balarılarıyla ilgili çok daha fazla çalışma yapıldığı için onlar konusunda tahmine daha az yer var artık. Koloni Çöküş Sendromu'nun vesile olduğu araştırma furyası, Jamie Strange'in hayalini kurduğu o kapsamlı epidemiyolojik hareketi akla getiriyor – yalnızca virüslere bakacak olursak bile, balarılarını etkileyen yirminin üzerinde yeni tür ayırt edilip isimlendirildi. Ama Diana gibi uzun vadeli gözlem yapan araştırmacılar durumun kötüleşmesinin ardındaki sebebi hâlâ anlayabilmiş değil. "Çok eski değil, daha 2000 yılında hiç virüs bulaşmamış kovanlara rastlanabiliyordu," dedi bana. "Şimdi bul bulabilirsen." Ayrıca, balarısı patojenlerinin yabanarılarına yahut başka türlere sıçrayabildiğini gösteren bulgular da var; dünya genelinde bir sürü kovanın ve kraliçenin hâlâ kamyonlarla nakledildiği düşünülürse bilhassa rahatsız edici bir gelişme bu. *Varroa* akarının Asya'nın güneydoğusundan dünyaya yayılmasına benzer şekilde, birçok balarısı hastalığı Keşmir Arı Virüsü, Lake Sinai Virüsü gibi yerel isimlerle, yerel problemler şeklinde ortaya çıkıyor. Ama birçok uzman, balarısı araştırmalarından edinilen bilginin sonunda bütün arılara yardım edeceğine inanıyor, ki Diana'nın üniversitedeki görevinden ayrılıp Utah'daki Arı Laboratuvarı'nda Jamie Strange ve diğer yerel arı araştırmacılarına katılma kararı da bu umuda dayanıyordu.

"Yerli arılar ayrı bir zorluk oluşturuyor," dedi Diana, yabanarıları, duvarcı arılar ve alkali arılar gibi türlerle ilgili çalışmaya başladığında yaşadıklarını anlatırken. Laboratuvarda yetiştirilmelerinin ne kadar zor olduğundan, kısa, mevsimsel yaşam döngülerinin balarıları üzerinde yürütülen uzun vadeli araştırmalara elvermediğinden bahsetti. "Ama parazit, pestisit, patojen ve yetersiz beslenme etkenlerinin onlar için de geçerli olduğunu söyleyebilecek kadar ön veriye sahibiz," dedi sonra. Fırsat verilse bazı uzmanlar bu listeye birkaç etken daha ekleyebilir – gelişen sanayi ve endüstriyel tarım karşısında yuvalanma alanlarının kaybolması, istilacı türler (hem arılar hem bitkiler) ve müdahil olduğu her konuyu daha karmaşık hale getirme potansiyeliyle kapsamlı bir sorun olan iklim değişikliği gibi. Arı uzmanları iklim değişikliğinin etkilerini daha yeni yeni keşfediyor, ama erken ilkbahar çiçeklerinin kış uykusundan geç uyanan, yuvasını geç terk eden bazı arıları tercih ettikleri nektar ve polen kaynaklarından mahrum bırakıp zor duruma düşürdüğü herkesin malumu. Arıların bu duruma ne kadar çabuk uyum sağlayacağını henüz kimse bilmese de, Kuzey Amerika ve Avrupa'daki yabanarıları üzerinde yürütülen bir araştırma arıların sıcaklıkların yükseldiği güneyden ve alçak kesimlerden çekildiğini ama henüz kuzeydeki ısınmanın beraberinde getirdiği ılıman koşullardan faydalanamadığını ortaya koydu. Diğer taraftan, şiddetli hava olayları da artıyor: Mark Wagoner'in kaba yonca çiftliğini gezerken anlattığı gibi, yanlış zamanda kopacak büyük bir fırtına ile ona eşlik edecek bir sağanak bütün alkali nüfusunu ortadan kaldırmaya yetebilir. Önümüzdeki yıllarda beklenen yoğun kuraklıklar, seller, sıcak hava dalgaları, orman yangınları ve mevsimdışı soğuk hava dalgaları hem arıları hem de diğer türleri eşit derecede savunmasız bırakabilir.

Velhasıl, tüm bu saydığımız etkenler yirmi birinci yüzyılda arılar için pek de iç açıcı bir tablo ortaya çıkarmıyor. Franklin yabanarısı gibi bazı türlerin nesli daha şimdiden tükenmiş olabilir, birçok başka tür de olağan yaşam alanlarının kimi bölümlerinde ortadan kaybolmuş durumda. Bütün arı türlerinin düşüşte olduğunu söylemek biraz fazla kaçabilir, ama olayların nasıl gelişebileceğine ilişkin ciddi uyarılarla dolu bir hikâye var ortada. 1990'ların başında Çin'deki Maoxian Vadisi'nin ünlü elma bahçelerindeki arı nüfusunda görülen düşüş daha ne olduğu bile anlaşılamadan tam bir kırıma dönüşmüştü. Kimse ne olduğunu tam olarak bilmiyor, ama birçok gözlemci yetersiz beslenme ve habitat kaybı sonucu yuvalanma alanlarındaki daralmaya bir de pestisitlerin ölçüsüz ve sorumsuzca kullanılması eklenince bu tablonun ortaya çıktığı görüşünde. Vahşi arıların neredeyse hepsi kayıplara karıştı ve evcil arılar birbiri ardına başarısız oldu, öyle ki sonunda arıcılar vadiye daha fazla kovan getirmeyi reddetti. İflasa direnmeye çalışan bahçe sahipleri, bahçelerindeki ağaçları elle tozlamak için binlerce mevsimlik işçi istihdam etmeye başladı. Zahmetli bir süreçti. Tek bir pamuk yumağıyla yüzlerce minik çiçekte tozlaşmanın sağlanabildiği hurma ağaçlarının aksine, elma ağaçlarındaki her çiçeğe ayrı ayrı polen temas ettirilmesi gerekir. Tavuk tüyleri, sigara filtreleriyle kaplanan uzun çubuklarla çalışan işçilerin en hızlısı bile günde en fazla beş ila on ağacı tozlayabiliyordu. Tahmin edilebileceği üzere, bu yöntemin ekonomik açıdan sürdürebilir olmadığı kısa sürede anlaşıldı – ücretli insan emeği arıların başından beri ücretsiz sunduğu hizmetin yerini dolduramıyordu. Çiftçiler toplu halde elma ağaçlarını kesip başka ürünler ekmeye başladı. Bir zamanlar başarısıyla anılan elma endüstrisinden geriye sadece vadinin kenarındaki birkaç bahçe kaldı, onlar da kırımdan kurtulup yakındaki ormanda yaşayan arıların desteğiyle ayakta kalıyor.

Maoxian Vadisi'nde bir zamanlar yalnızca elma ekilen çiftliklerin çoğu enteresan bir şekilde daha geleneksel yöntemlere döndü; artık bu çiftliklerde karma ekim usulüyle aralarına çeşitli sebzelerin serpiştirildiği erik, ceviz ve yenidünya ağaçları yetiştiriliyor. Değişim büyük ölçüde ekonomik kaygılarla gerçekleştirilmiş olsa da, ilaçlara daha az bağımlı olan bir sisteme geçilen araziler muazzam bir nektar ve polen çeşitliliği sunarak vadiye arılarını geri kazandırdı. Böyle bakınca, Maoxian hikâyesi genellikle arı nüfusundaki ani düşüşe ilişkin bir ikaz olarak anlatılmasına rağmen aslında arıların sergilediği direnci, elimizin altındaki çözümleri hatırlatan bir sembol de olabilir. Bu bölüm için yaptığım araştırmalar sırasında temasa geçtiğim uzmanlar içinde, en uygulanabilir önerileri Sussex Üniversitesi'nde yaşam bilimleri profesörü olan yabanarısı uzmanı Dave Goulson dillendirdi. Dave birden fazla stres faktörünün söz konusu olduğu durumların arıları karmaşık biçimlerde etkilediğini kabul ediyor, ama bu konuda bir

Şekil 9.5. Maoxian'da habitat kaybı ve pestisit kullanımı yerli arı nüfusunda kırıma yol açtı. Bahçe sahipleri bu durumla, tüylerle yahut resimdeki gibi ucunda sigara filtresi olan uzun çubuklar kullanarak çiçeklere polen süren, bütün çiçekleri elle tozlayan ekipler istihdam ederek baş etmeye çalıştı. Fotoğraf © Uma Partap.

şeyler yapmak için ille de sorunun tamamını anlamak gerekmediğini savunuyor. "Daha kapsamlı araştırmaların yapılıyor olması içinde bulunduğumuz atalete mazeret değil," diye yazmıştı bana gönderdiği bir e-postada. "Sağduyu, bu stres faktörlerinden birinin yarattığı basıncı azaltmanın bile faydalı olacağını söylüyor." Sözün özü, harekete geçecek, belirli uygulamaları devreye sokacak kadar bilgiye sahibiz: Tarım arazilerindeki çiçeklerin sayısını artırıp arıların yuva kurabileceği habitatları genişletebilir, pestisit kullanımını azaltabilir, evcil arıların (ve taşıdıkları patojenlerin) uzak bölgelere naklini durdurabiliriz. Giderek daha çok bilim insanı, çiftçi, bahçe sahibi, koruma uzmanı ve sıradan vatandaşın öğrendiği gibi, bu basit fikirlerin bazılarını hayata geçirmek bile dönüştürücü bir etki yaratabilir.

10

Güneşli Bir Gün

Çiçeklerle dolu bu el değmemiş kırlarda dolaşıp güneşin sunduğu nimetlerin tadını çıkaran, hevesle böğürtlenlerin, yabanmersinlerinin yolunu tutan, manzanitaların çanlarını şıngırdatan arıların keyfi yerinde; kâh söğütlerin, köknarların polenleri arasında vızıldar, kâh kuşgözleri ve düğünçiçekleri arasına inip solgun toprakta gezinirler, sonra hop bembeyaz kirazların, yalancı iğdelerin arasına dalarlar. Zambak görünce hiç dayanamaz yumulurlar; tıpkı zambaklar gibi onlar da çalışmaz, zira nasıl ki su çarkları su enerjisiyle işlerse onlar da gücünü güneş enerjisinden alır; birinin suyu, diğerinin güneş ışığı oldukça, ne vızıltılar kesilir ne kıpırtılar.*[1]

John Muir, "The Bee-Pastures of California"
(Kaliforniya'nın Arı Meraları; 1894)

YOLA ÇIKARKEN elektrikli süpürgeler görmeyi hiç beklemiyordum. Bir badem bahçesini ziyaret etmek için Kaliforniya'ya giderken çok geniş alanlara yayılmış bir kabuklu yemiş üretimiyle karşılaşacağımı biliyordum. Sadece badem ağaçlarına ayrılmış 380 bin hektar alanla, dünyadaki yıllık hasadın yüzde 81'i Kaliforniya'daki Central Valley'de üretilir. Her yaz bahçelerde hidrolik toplama makineleri dolaşır, yastıklı kollarıyla ağaç gövdelerini kavrayıp sallayarak olgun yemişleri yaprağın, tozun, kurumuş kabukların birbirine karıştığı toprağa düşürür. Badem hasadı sadece bundan ibaret olsaydı, bahçeler yerli arılarla dolup taşabilirdi. Ta şubattan başlayarak badem çiçekleriyle kendilerine ziyafet çeker,

* "Kır zambaklarının nasıl büyüdüğüne bakın! Ne çalışırlar, ne de iplik eğirirler." (Matta 6:27) *–y.n.*

sonra bahar yaza dönerken de ağaç diplerini dolduran kır çiçekleri ve örtü bitkilerinden oluşan karışımın tadını çıkarırlardı. Ama Sacramento'dan kuzeye çıkıp da otoyol kenarındaki bahçelerle karşılaşmaya başlayınca, arıları korumanın badem endüstrisi için nasıl önemli bir mesele olduğunu hemen anladım. Ağaçların dibinde yetişen tek bir şey bile yoktu – ne çiçek, ne çimen, ne bir tek yabani ot. Yoğun tırpanlamalar ve yabani ot ilaçları bitki örtüsünü sadeleştirmekle kalmayıp düpedüz yok etmiş, geride ayın yüzeyini aldıran kahverengi çıplak bir topraktan başka bir şey bırakmamıştı.

"Hasat yüzünden – yemişleri süpürmeleri gerekiyor," dedi o günkü rehberim, tozlaşma uzmanı Eric Lee-Mäder.[2] Sonra hidrolik ağaç sallama makinelerini mekanik bir tarağın izlediğini, etrafa saçılan yemişleri düzenleyip onun da arkasındaki başka bir makine tarafından süpürülebilecek şekle soktuğunu anlattı. Epey verimli olmasına karşın, bu işlem toprağın olabildiğince temiz olmasını gerektiriyordu; endüstriyel makineler için hazırlanan kitapçıkların badem ağaçlarının dibindeki alanı toprak değil de "zemin" olarak adlandırmasına şaşmamak lazım. Oradan buradan bitkiler fışkırması yemiş toplamayı zorlaştırırdı, sık ilmekli bir halıdan kırıntı temizleye çalışmak gibi tıpkı. Dahası, zemini kaplayan bu otlar hem yemiş yiyen kemirgenleri kamufle eder hem de su tutar, böylece *Salmonella* gibi bakterilerin ve başka kirleticilerin bademleri enfekte etme riskini artırırdı. Ağaçların dibini temiz tutmak çiftçilerin daha steril, daha modern usullerle hasat kaldırmasına hizmet ediyor, ama aynı zamanda da Kaliforniya'daki geniş badem bahçelerini arılar için yaşanmaz bir yere çeviriyordu. Bu da tozlaşma konusunda tamamıyla arılara bağımlı bir ürün için pek hayırlı olmayan bazı sonuçlar doğuruyordu tabii.

"Şu an dört bin hektardan fazla alan ekip biçiyoruz," dedi Eric, arılar için faydalı bir şeyler yapmak isteyen çiftçilerin sayısındaki artışa dikkat çekerek. Xerces Derneği'nde arı koruma bölümünün yöneticisi olarak arılara çok faydalı olabilecek bir pozisyonda bulunuyordu. 1971'de kurulan, ismini nesli tükenen bir Kaliforniya

Şekil 10.1. Badem bahçelerinin tertemiz yüzeyi hasat zamanı işleri kolaylaştırıyor olabilir, ama arılara çok dar bir yaşam alanı bırakır. Fotoğraf © ABD Tarım Bakanlığı, Ulusal Kaynakları Koruma Müdürlüğü, Wikimedia Commons.

kelebeğinden[3] alan Xerces, Kuzey Amerika'daki böcekleri ve diğer omurgasızları korumayı amaçlayan kâr amacı gütmeyen tek büyük kuruluştur. Eric derneğe Koloni Çöküş Sendromu'nun arıların içinde olduğu vaziyeti uluslararası kamuoyunun gündemine soktuğu 2008'de katılmış. Tozlaştırıcılarla ilgili endişelerin geniş kesimlerce paylaşılmasının da etkisiyle, topluluk o zamandan bu yana sürekli genişliyor. "Ben dernekte ücretli çalışan beşinci veya altıncı kişiydim galiba," dedi Eric. "Şimdi elli kişiyiz." Aynı ivme İngiltere'de de iki benzer organizasyonun kök salıp büyümesine yardımcı oldu: 2002'de kurulan Buglife ile 2006'da kurulan Yabanarılarını Koruma Vakfı (Bumblebee Conservation Trust). Hep birlikte, bu gruplar arılarla ilgili artan farkındalığın belirli eylemlere dönüşmesini, örneğin Hawaii'deki maskeli arıların ABD'nin risk altındaki türler listesine eklenmesini, pestisit politikalarının iyileştirilmesini, Loch Leven'da (İskoçya) dünyanın ilk yabanarısı barınağının kurulmasını sağladı. Ben bu gelişmeleri yıllardır uzaktan, senede bir defa bağış yapan birinin sınırlı coşkusuyla takip ediyordum. Ama şimdi çok daha fazlasını öğrenmek isterken buldum kendimi. Arıların yaşadığı "habitatların korunmasını ve iyileştirilmesini teşvik etmek" tam olarak ne anlama geliyordu, daha da önemlisi, işe yarıyor muydu? Eric bir günlüğüne sahada kendisine katılmam için davet edince, hiç düşünmeden kabul ettim.

"Bugün hem başlangıcını hem sonucunu göreceğiz," dedi Eric, aralarına ayçiçeği, domates, pirinç tarlaları serpiştirilmiş badem, antepfıstığı ve zeytin bahçeleriyle dolu yolda ilerlerken. İlk durağımız arı koruma hareketine yeni katılmış bir bahçeydi, ama biraz geç kalmıştık, oradan sonra Eric bana Xerces adına yürüttüğü ilk projelerden birini, sağlam temeller üzerine kurulu bir buçuk kilometrelik bir bahçeyi göstermeyi planlıyordu. Orland'a bağlı küçük bir kasabanın yakınlarında otobandan çıkıp bahçelerin arasında birbirinin aynısı bir sürü yola girerek navigasyon cihazımızın kafasını karıştırmayı başarmıştık. "Bak, yerli bir bitki!" dedi Eric birden frene asıldı. Grindelya çiçekleriyle dolu kanal manzarasını görünce doğru istikamette olduğumuzu anlamıştı.

Biz vardığımızda Eric'in iki meslektaşı çoktan gelmişti, bahçenin ızgara misali sıra sıra dizilmiş ağaçlarıyla yolu birbirinden ayıran tozlu bankette onları yakaladık. Biz yanlarına vardığımızda, onlar etraftakilerle kıyaslanınca kolaylıkla profesyonel sporcu zannedilebilecek uzun boylu, geniş omuzlu biriyle derin bir sohbete dalmışlardı. Bu iriyarı adam Bradley Baugher'dı, içinde olduğumuz büyük koru da dahil birçok bahçesiyle hızla büyüyen organik badem pazarının önemli bir bölümünü kontrol eden bir çiftçi ailesinin dördüncü kuşağındandı. En büyük müşterilerinden biri olan General Mills, yakın bir tarihte tedarikçilerine üretim akışını tozlaştırıcı koruma planına uygun hale getirme şartı koymuş, aile de Xerces ile temasa geçmişti. "Koruma fikrini gerçekten benimsediler," dedi Eric, zaten Bradley yıllardır kendi kendine yerli bitkilerle denemeler yapıyormuş. Kanalın kenarında gördüğümüz grindelyalar onundu, bankete de acıbakla, gelincik, *Phacelia* ve *Clarkia* ekmişti. Yaz ortasındaydık, erken açan çiçeklerin çoğu kurumuştu, ama gelinciklerin ve gündüzsefalarının bazıları hâlâ taze görünüyordu. Herkes birbiriyle tokalaşırken insanın içindeki umudu yeşerten bir detay fark ettim: parlak taçyaprakları arasında gezinen bir geyikgözü kelebeğinin (*Junonia coenia*) gölgeli, benekli kanatları.

"Bademde deneyip başarılı olduğumuz üç şey var," diye başladı Eric, sonra Bradley'ye çalılar, örtü bitkileri ve şerit ekim yönteminden oluşan bir kombinasyonun arıları Baugher Çiftliği'ne geri getirmeye yardımcı olabileceğini anlattı. Herkesi rahatlatan bir içtenlik ve özgüvenle konuşuyordu. Kırklarının ortasında, kısa saçlı, konuştuğu insanın gözünün içine bakan biriydi, teknoloji endüstrisinde geçirdiği günlerden yadigâr bir profesyonellik havası vardı üstünde. "Xerces'in kapitalisti de benim işte," dedi sonradan şaka yollu. Ama meslektaşları entomoloji derecelerine sahip olsa da, Eric'in samimiyeti daha derinlere uzanıyordu. Kuzey Dakota'da bir çiftlikte, arıcılık yapan bir ailede büyümüştü. Aradan geçen yıllarda birçok başka şey yapmasına karşın, şimdi çalıştığı insanlarla rahat ilişkiler kurmasını sağlayan asıl etken kökleriydi. "Gerçek dostluklar kurmaya çalışıyorum," diye açıldı bana. "Bu işin en zorlayıcı yanı karşılıklı güveni tesis edebilmek."

Kendi payına, Bradley Baugher temkinli bir iyimserlikle yaklaşıyordu. Arıların yaşam alanlarını genişletme konusuyla sahiden ilgileniyor, diğer tüm çiftçiler gibi hangi bitkilerin işe yarayacağını merak ediyordu. Tarla kenarları, kullanılmayan göletler ve çiftliğin ekim için müsait olan başka köşelerini gezerken sohbetin odağı da kır çiçeği türlerinden çiçek veren çalılara ve yabani otların kontrolüne kaydı. Ama Bradley bir çiftçinin pratik, sonuç odaklı endişelerini de taşıyordu. "Badem çiçeğiyle rekabet edecek her şeyden kaçınmalıyız" ya da "Tüm bu otları temizlemek için ekibin iki tam gün çalışması gerekecek" gibi yorumlarla tartışmayı gerçekçi bir zemine çekiyordu. Öğle arasını idari binadaki klimalı personel odasının tatlı serinliğinde geçirdik; dışarıda 35 dereceyi bulan sıcaktan sonra nihayet ferah bir nefes almıştık. Gerçi Bradley havanın serin olduğunu, birkaç haftaya çok daha kötüleşeceğini söyledi. Ailesinde eskiden beri söylenen bir sözü tekrarlayıp, "45 derece – tam hasat zamanı!" diyerek güldü. O sabah bahçeden taze taze toplanan karpuzu yerken biraz daha aile hikâyesi dinledik – büyük dedesiyle ninesinin trenle ülkenin öbür ucundan getirdiği katırların hikâyesini, yakında eşiyle Baugher Çiftliği'nin beşinci jenerasyonuna bir bebek ekleyeceklerini anlattı. Laf dönüp dolaşıp tekrar arılara ve bademlere, badem yetiştirmenin başlıca zorluklarından birine geldi: bahçeyi dolduran binlerce ağaçta tozlaşmayı sağlamak.

"Toplu ölümlerden beri arı bulmak zorlaştı," diye kabul etti Bradley. Poker oynamaya kalksa feci çuvallamasına neden olacak dürüst, apaçık bir yüzü vardı ve bu yüz şimdi endişeyle kararmıştı. Ama badem yetiştiren herkes aynı endişeleri duyabilirdi – tozlaşma her sezon tekrar oynanan bir kumardı neticede. Bölgede bulunan arı nüfusu bahsetmeye bile değmeyecek kadar az olduğundan, Kaliforniya'daki bahçeler doğru düzgün bir hasat kaldırabilmek için uzun süredir kiralık tozlaştırıcılara bağımlı. Ticari arıcılar dünyanın en yoğun, en kazançlı tozlaştırıcı pazarını kaçırmamak, balarılarıyla badem çiçeklerinin üç hafta süren çılgın dansına katılmak için ta Florida'dan, Maine'den geliyor. Dönüm başı iki birim olarak tavsiye edilen stoklama oranında, Kaliforniyalı çiftçiler ağaçları için 1,8 milyondan fazla kovana ihtiyaç duyuyor. Ama bu talebi karşılamak giderek güçleşiyor – Koloni Çöküş Sendromu patlak verdiğinden beri arı arzı kendini toplayabilmiş değil. On yıl önce elli dolara kiralanan kovanlar bugün dört katına kiralanıyor, bu da onları "arı hırsızları" başlığıyla verilen haberlerin konusu olacak kadar kıymetli yapıyor. Bahçelerde her yıl binlerce kovan kayboluyor, gecenin kör karanlığında yürütülen kovanlar başka renklere boyanıyor, üstlerine başka şirketlerin adı yazılıp başka bir çiftçiye kakalanıyor. Kovan çalmak basit bir hırsızlık gibi görünse de, zikredilen rakamlar dudak uçuklatıyor. 2017'de, polis el altından piyasaya sürmek üzere yaklaşık bir milyon dolar değerinde kaçak arı depolayan iki kişiyi tutukladı.

Meblağ bu kadar yüksek olunca, yerli arıların potansiyelini araştırmaya başlayan çiftçilerin her geçen gün artması şaşırtıcı değil. Eric birkaç çiçek, birkaç sıra çalı ekmenin her derde deva olmadığını belirtmeyi ihmal etmiyor – en arı dostu bahçeler bile her yıl balarısı kiralamayı sürdürüyor. Ama yabani türlerin varlığıyla meyve tutumundaki artış arasında bağ kuran araştırmalar, doğal bitki örtüsünün bir bahçedeki tozlaştırıcı çeşitliliğini hızla üç katına çıkarabildiğini gösteriyor. İlave çiçekler balarılarına da iyi geliyor,[4] daha iyi beslenmelerini sağlayıp sürekli hareketin doğurduğu stresi azaltıyor. Arıcılar badem hasadından sonra kovanlarını toplamalarının gerekmeyeceği, arıların farklı çiçeklerin polen ve nektarlarıyla beslenebileceği bahçeleri tercih ediyor (ve arayıp buluyor). Arı korumacıların diliyle söylersek, arı habitatı "paralel çevresel faydalar" getirir – bir yandan faydalı böcekleri ve başka türleri desteklerken, diğer yandan da karbon yakalama oranını, topraktaki nem ve organik madde oranını artırır. Ama bu harekete katılma kararı daha temel ve soyut bir şeye gelip dayanıyor genellikle: Bradley'ye göre arılara yardım etmek "yapılacak en doğru şeydi" ve Baugher Çiftliği bu konuda örnek olmak istemişti. Eric'le Bradley epey bir süre ekinlerin anayoldan görülmesi, görenlerde cazibe uyandırması için neler yapılabileceğini konuştular. "İnsanlar burada olanları görsün istiyoruz," dedi Bradley.

Baugher Çiftliği'nden ayrılmadan önce Bradley'nin annesi ve kız kardeşiyle tanıştık, kız kardeşinin eşiyle traktörlerden konuştuk, evlerinin arkasındaki ağaçtan toplanmış taptaze şeftaliler yedik. Bu arada, arı habitatı için de net bir planda uzlaşılmıştı: Xerces teknik uzmanlık sağlayıp tohum maliyetlerine katkıda bulunacak, Baugher Çiftliği de işgücü sağlayacaktı. Öncelik yol kenarlarındaki şeritlerde olacak, ardından çit hatlarına, eski göletlere ve çayıra çeşitli bitkiler ekilecekti. Eric bu projeler başladığında çiftliğin "Bee Better" adındaki yeni sertifika programı için en güçlü aday olacağını düşünüyordu. Organik ve adil ticaret hareketlerinden ilham alınarak tasarlanan program, arı dostu ürünlerin ayırt edici bir etiketle (ve fiyatla) satılmasını öngörüyordu. Vedalaşıp kiralık arabamıza binerken, Bradley bu konuyu gözden geçireceğinin sözünü verdi. "Sizinle aynı takımda olmak çok güzel," dedi tam ayrılırken, ben de sadece gözlemci olarak katıldığımı hatırlatmadım. Yanlışlıkla da olsa takımın bir parçası olarak görülmek hoşuma gitmişti.

İkimizin de uçağa yetişmesi gerekiyordu, ama Eric'in bana göstermek istediği olgun çalılara bakacak kadar vaktimiz vardı. "Buradaki değişim insanın ağzını açık bırakıyor," dedi. "Düpedüz tozla, toprakla kaplı arazilerin çiçeklerle dolduğunu, hayata döndüğünü görmek... Müthiş." Dediğine göre arılar zaten bekleniyormuş, ama Eric yeniden yapılandırılan alanları sinekkuşlarından kelebeklere, çakallardan sülünlere, yılanlara, yırtıcı kuşlara kadar her türlü hayvanın ziyaret ettiğini tespit etmiş. Bir keresinde, bir gökdoğan başının tam üstünde bir sığırcığı havada kapmış. "Tüm bu hayvanların nereden geldiğini hiç bilmiyorum," dedi. Yol kenarındaki bahçeleri, tarlaları, çiftlikleri bir bir geride bırakırken Eric'in şaşkınlığını anlayabiliyordum. Doğabilimci John Muir'in bir zamanlar dünyanın en büyük arı merası dediği şeyden geriye doğal bitki örtüsü namına hemen hiçbir şey kalmamıştı. 1868 baharındaki ilk ziyaretinde, Muir vadiyi "pürüzsüz, uçsuz bucaksız bir bal-çiçeği yatağı" diye tarif etmişti; "öyle zengin, öyle zengin ki, bir ucuyla diğer ucu arasındaki altı yüz elli kilometrelik yolu yürümeye kalksanız her adımda ayaklarınız yüzlerce çiçeğe değer".[5] Gerçi yoğun tarım faaliyetleriyle geçen bir yüzyılın ardından, yerli arıların ve diğer vahşi hayvanların bir kısmının hâlâ yaşıyor olması bile son derece umut vericiydi, sanki Muir'in yabani çayırının gölgesi gözlerden uzakta bir yerlerde saklanıyormuş da, bir çiçek vahası kurulsa hemen serpilecekmiş gibi.

Nihayet çalılıklara vardığımızda Eric'in sesinin tonunda bir mahcubiyet belirdi, o kadar övgüden sonra hayal kırıklığına uğramamdan çekiniyor gibiydi. Mevsimin fazlaca arı göremeyeceğimiz kadar ilerlediğini söyleyip beni uyardı, ayrıca mevcut sorunlar bu çalıları da etkilemişti. "Bölgeye bir lanet musallat oldu sanki," deyip taşkınlardan, ne yaptığı belli olmayan greyderlerden tutun da yoldan çıkıp yeni ekilen bitkilerin büyük kısmını biçen alkollü bir sürücüye kadar uzayan bir aksilikler listesi çıkardı. Ama tüm bunlara rağmen, çalıların işe yaradığını arabadan inmeden bile görebiliyordum. Bir çöl kıyısını döven yeşil bir dalga misali, yol boyunca gür bir çalı hattı uzanıyordu. Aralarına yabani karabuğday ve civanperçemi gibi uzun ömürlü bitkiler serpiştirilmiş kese çiçekleri, pelin otları, tuz çalıları boy vermişti. Yapraklarının oluşturduğu gölge öyle keskindi ki, tek tük çakır dikeni iskeletlerinden başka bir şey olmayan tozlu, kupkuru diğer tarafla komik denebilecek bir kontrast oluşturuyordu. Aracımızı kenara çektik, Eric telefonla konuşurken ben biraz daha yakından bakmak için arabadan indim.

Temmuz ayında Central Valley'deki bir çalıda çiçek bulmak John Muir için bile kolay olmazdı. Kavurucu, kupkuru hava, yazı yerli bitkilerin "uykuya dalıp dinlendiği"[6] bir mevsim haline getiriyordu; çalıların ve dayanıklı bitkilerin birçoğunun çoktan tohuma kaçmış olduğunu görmek beni şaşırtmadı. Ama yeşil kısımları hâlâ hayat belirtisi gösteriyordu. İnce dallarda gezinen örümcekler, eşekarıları ve bir sürü yusufçuk gördüm. Tepemde yaygaracı bir kral kuşu vardı, mürver çalılarının arkasında bir yerlerden de bir alaycı kuşun şarkısının nakaratı geliyordu kulağıma. Sonra hâlâ solmamış bir grindelya kümesi gördüm, Baugher Çiftliği'ndeki hendekte Eric'in gözüne çarpanla aynı türdendi. Sarı çiçekleri güneşte parıl parıl parlıyordu, birkaç dakika içinde nektar peşindeki iki benekli zıpzıpla bir küçük beyaz melek kelebeği uğradı. Sonra bir de arı geldi, karnındaki pürüzsüz siyah-beyaz şeritleriyle küçük, parlak bir ter arısıydı. Arka bacaklarına yapışmış polen topları bu dişinin yakınlarda bir yere kurduğu yuvasının yumurta odalarına erzak taşıdığını söylüyordu; o polen toplayıp arka bacaklarına yerleştirmeye devam ederken ben de onu izledim. Başka bir zamanda, başka bir yerde olsa gayet sıradan bir manzara olabilirdi bu – yerli bir arı türü yerli bir çiçekten polen topluyor sonuçta. Ama burada, etrafı dünyanın en yoğun çiftlik arazileriyle çevrilmiş bu küçük arı güçlü bir direncin sembolü gibiydi, arıların hemen her yerde yeniden çoğalabileceğini gösteren çarpıcı bir işaretti. Xerces'le birlikte çalışan toprak sahiplerinin, evlerinin arka

Şekil 10.2. Yerli bir ter arısı yerli bir kır çiçeğinden polen topluyor; dünyanın en yoğun ekim yapılan ekosistemlerinden biri olan Kaliforniya'daki Central Valley'de yürütülen arı koruma çalışmalarının umut veren bir sonucu. Fotoğraf © Thor Hanson.

bahçesinden tutun da meyve bahçelerine, golf sahalarına, parklara, havaalanlarına kadar her yerde yeni arı habitatları oluşturması pek şaşırtıcı değildi. "Herkesin yapabileceği bir şey aslında," dedi Eric bir noktada – Xerces'in yetkili müdürü Scott Hoffman Black'le konuşurken o da benzer bir şey söylemişti.

"Çok uzun bir süredir koruma işindeyim," dedi Scott telefonda. "Kurtlarla, somonlarla, benekli baykuşlarla ilgili çalışmalar yaptım. ... Ama insanlara nasıl gözle görülür sonuçlar elde edebileceklerini gösterme fırsatı ilk defa arılarla doğdu." Çabuk alınan sonuçlar bir bakıma boyutun sonucudur. Arılar küçük ve hızla çoğalabilen canlılar olduğu için ufak değişimlere bile ânında tepki verebilirler. Birçok arı türünün tek ihtiyacı güvenli bir yuvalanma alanıyla birkaç haftalık bir çiçek mevsimidir. Bu durum arı koruma işini tatmin edici sonuçlar veren bir iş haline getirebilir, ama bütün zorlukları da ortadan kaldırmaz. Çalı ekimi ve arıların yaşam alanlarını genişletmeye yönelik diğer projeler tutmuş olabilir, ama koca çiftlik diyarında tek bir örnek görmek için bir saatten fazla yol gitmemiz gerekmişti. Pestisitlerden tutun da hastalıklara, iklim değişikliğine kadar, Xerces gibi grupların harıl harıl çalıştığı bir sürü başka sorun var sonra. Scott'a arıların geleceğinden umutlu olup olmadığını soruduğumda, şöyle bir gülümseyip şakaya vurmuştu: "Gününe göre değişiyor."

Havaalanı yolunda aynı soruyu Eric Lee-Mäder'a da sordum. Uzun bir sessizliğin ardından dolaylı bir cevap verip, bir kez daha lafı insanlarla bağ kurmanın verdiği ilhama getirdi. Arıları koruma davasını sahiplenip destekleyen çiftçileri, toprak sahiplerini gördükçe umutlandığını söyledi. Çalıştığı bahçelerden biri şimdi beklenmedik bir cazibe merkezine –çaprazlamasına ekilen toplam 10 kilometre uzunluğunda çalılarla kaplı büyük bir arı habitatına– dönüşmüştü. Ama Baugher Çiftliği'nin aksine, organik tarım yapılan bir aile işletmesi değildi burası, Singapur merkezli uluslararası bir endüstriyel tarım grubuna aitti. "Başta gönülsüzlerdi," dedi Eric, ama ekilen ilk bitkiler çiçek verip de arılar vızıldamaya başlayınca kuşkunun yerini hızla coşkuya bıraktığını, o günden beri de programın sürekli genişlediğini anlattı. Arıların geleceğini güvence altına almanın birkaç çalıdan fazlasını gerektirdiğine şüphe yok – bu doğrultuda, Xerces'in pestisit kullanımını azaltmayı, vahşi yaşam alanlarını, risk altındaki türleri korumayı amaçlayan başka programları da var. Bununla birlikte, süreç uzun vadeli politikalar oluşturmayı, "paralel faydalar" gibi soyutlamaları içerse bile, bir çiçeğin üzerine konmuş bir arıyı izlemek gibi gözle görülür, umut verici detayları da gözden kaçırmamak gerekir; umudu ayakta tutmanın en iyi yolu her gün daha fazla insanın bunu keşfetmesine yardım etmekten geçiyor olabilir. "Onlara duvarlarına asmaları için güzel bir tablo veriyormuşum gibi düşünmek hoşuma gidiyor," diye özetledi Eric isabetli bir şekilde. "Varlığından bile haberdar olmadıkları bir tablo."

Sonuç

Arı Vızıltıları İçinde

Şimdi ormanlarda dolaşıyorum,
Yaz altın rengi arıları tıka basa doyururken...[1]

William Butler Yeats,
"The Madness of King Goll"
(Kral Goll'ün Deliliği; 1889)

YAŞADIĞIM ADADA, insanlar her ağustos birkaç günlüğüne toplanıp kasaba hayatının değişmez eğlencelerinden birine, bölgede düzenlenen bir panayıra katılıyor. Eğlenceli oyuncaklardan hayvan mezatlarına, türlü türlü yarışmalara tüm geleneksel etkinliklere yer veriliyor. En büyük kalabalığı hep binicilik gösterisi topluyor, ama tavuk yarışları, turta yeme müsabakaları, tamamı çöpten ve geridönüşüm ürünlerinden yapılan kıyafetlerin sergilendiği defileler de insanların ilgisini çekiyor. Korkuluklardan çiçek sepetlerine kadar her kulvarda madalya (küçük bir de para ödülü) kazanmak mümkün; bizim aile yıllar içinde karpuz, fasulye, kuşüzümü ve konserve somonda iyi iş çıkardı mesela. Panayır her sene belli bir temayla düzenleniyor, bu yıl arılar seçilmiş. Kasabanın her yanını süsleyen panayır afişlerinde ayçiçeği ve yoncalar arasında neşeyle uçan beş yabanarısına yer verilmiş, bir de yeni panayır sloganına tabii: "Bize vızz gelir!"

Bizimki gibi küçük topluluklarda insanlar birbirinin işini gücünü bilir genelde, bu yüzden de panayırı düzenleyenlerden biri arayıp bir öğleden sonra arılarla ilgili bir ders vermemi teklif ettiğinde hiç şaşırmadım. Kabul ettim, ama sunum yerine insanları panayırın düzenlendiği alanda küçük bir tura çıkarıp orada yaşayan arılarla tanıştırmayı önerdim. Aldığım ilk yanıt, telefon görüşmesinde boş bakış anlamına gelebilecek türden bir duraksama oldu. Ama sonunda kabul edildi, birkaç gün sonra panayır alanını ziyaret edip, soygundan önce etrafı kolaçan eden banka soyguncuları gibi keşif gezileri yaptım.

Açılış gününe iki haftadan az kalmış, panayır alanındaki hazırlık curcunası çoktan başlamıştı. Ahırların ve diğer yapıların boyasını bitiren ekipler son rötuşları yapıyordu; kümes hayvanları ve tavşanlar için çadırlar kurulmuş, yöreden bir heykeltıraş atların bulunduğu alana tepeden bakan iki katlı metal bir kovan yapmıştı. Şöyle bir bakınca, arı yürüyüşü fikrimin neden kuşkuyla karşılandığını anlamak zor değildi. Otoparkı ve kısacık kesilmiş, güneşten solup kararmış çimlerle kaplı bir bölgeyi de saymazsak, alanda üzeri yapıyla kapatılmamış pek bir açıklık kalmamıştı. Ama sonra dağmarulu denen yabani bir otun dağınık sarı çiçeklerini fark ettim, biraz yakından bakınca da üstlerindeki ter arılarıyla minnacık siyah madencileri gördüm. Derken panayırın merkez binası için yapılan minik peyzajı süsleyen sumakların üstünde yiyecek arayan balarıları takıldı gözüme. Sonra tuvaletlerle yemek alanı arasındaki köşeyi dönünce bir lavanta bahçesi çıkıverdi karşıma, mis kokulu mor çiçeklerine üç yabanarısı türüyle agresif, minik bir tarakçı arı dadanmıştı. Açılış günü gelip panayır alanı insanlarla dolduğunda da burada olacaklarından hiç şüphem yoktu; çevremizi saran ve bizi yaşatan hayati dramanın gözden kaçan oyuncuları olarak, amaçlarına odaklanmış bir şekilde fark edilmeden kalabalığın içinde bir o yana bir bu yana ok gibi uçacaklardı.

Arılarla ilgili bilgi edinmek başta yeni bir şey gibi gelebilir, ama bu yolculuk keşfetmekten ziyade yeniden keşfetmekle ilgilidir esasen. İnsanlar her daim arılarla dip dibe, onların arasında yaşadılar, onlara dikkatimizi vermeyi daha yenilerde bıraktık. Arıların varlığını hatırlamak aramızdaki kadim bağları yeniden canlandırıp muazzam sonuçlar doğurabilir. Bir arkadaşım eşini çok genç yaşta, ansızın kaybetmişti; kadıncağız çok ender rastlanan bir kansere yakalanmış, ilk belirtileri hissettikten birkaç hafta sonra da hastalığa yenik düşmüştü. Eşi arıcıydı, kızıyla birlikte hastaneden eve döndüklerinde eşine ait kovanlarda bir hengâme koptuğunu görmüşler. İşçiler harıl harıl yeni kraliçe odaları yapıyormuş, birkaç gün içinde de kovanı terk etmişler, on binlercesi birden havalanıp ön taraftaki akçaağacın beş-altı metre yüksekteki bir dalına toplanmışlar. Sürüyü saatlerce izleyen arkadaşım sonrasında bunu "büyülü, tanrısal, uhrevi, huzur veren" bir deneyim olarak nitelemişti. Kayda değer bir olay hiç şüphesiz, ama eskiden olsa olağan, hatta beklendik bir sahne olurdu bu. Avrupa ve Kuzey Amerika'da, "arılarla paylaşmak" denen bir geleneği sürdüren insanlar ekinlerin vaziyetinden tutun da ailedeki doğumlara, evliliklere, hastalıklara kadar tüm gelişmelerden kovanlarını da haberdar ederdi. Evde biri ölünce arılar şarkılarla teselli edilir, kovanların üzerine siyah matem örtüleri örtülürdü. Bunun atlanması arıları gücendirebilirdi ve gücenen arıların vakit kaybetmeden toplanıp gideceğini herkes bilirdi. Çok da uzak olmayan bir geçmişte, arıların varlığında huzur bulurdu insanlar, William Butler Yeats'in hasretle andığı "Innisfree Gölü'ndeki Ada"da bulduğu teselli gibi:

Dokuz sıra fasulyem olacak, bir de kovan balarıları için,
Arı vızıltıları içinde yaşayıp gideceğim bir başıma.
Bir parça huzur bulacağım orada...[2]

Karşımıza çıktıkları her yerde yaşamın kendine has enerjisiyle dolu vızıltılar sarar etrafı, ürettikleri balı keyifle tüketip tozlaşmada üstlendikleri rolü takdir etsek de, arılara beslediğimiz muhabbet pratik kaygılardan çok daha derinlere uzanır.

Rachel Carson *Sessiz Bahar*'la çevre hareketine en güçlü metaforunu armağan etmişti: kuşların şakımadığı bir dünya. Ama bizi tepesinde arıların vızıldamadığı çiçeklerle ilgili uyarmayı da ihmal etmemişti, ki bugün bu tablonun gerçeğe dönüşmek üzere olduğu coğrafyalar var. Her şey bize bağlı – farkına varmamıza, dikkate almamıza, harekete geçmemize. Biz, bütün aile baharın ilk arılarını büyük bir sabırsızlıkla bekliyoruz hâlâ. Geçenlerde oğlumla birlikte güneye bakan bir duvarda güneşlenip ısınan birkaç genç yabanarısı kraliçesini izledik. Üç tanesi sarı ve turuncu, bir tanesi altın kemerli bir mürekkep damlası gibi simsiyahtı. "Arılar çok özel," dedi Noah, ben de ona katıldım. Sonra yaşından beklenmeyecek bir bilgelikle, duyduğum anda bu kitabın son cümlesi olması gerektiğini hissettiğim bir şey daha söyledi: "Dünya biz olmadan da yapar, ama arılar olmadan yapamaz."

EK A

Arı Aileleri

Antarktika dışındaki her kıtada vızıldayan 20.000'den fazla türüyle, arılar doğadaki en başarılı böcek gruplarından biridir. Bu bölümde, Charles Michener'ın taksonomi konusundaki başyapıtı *The Bees of the World*'de (Dünyadaki Arılar) tanımladığı, bilinen yedi arı ailesinin en temel özelliklerinden bahsedeceğim. Bazılarına ender rastlansa da, bu arıların birçoğu evinizin arka bahçesinden tutun da parklara, doğal alanlara, çiftliklere, tarlalara, hatta yol kenarlarına kadar her yerde görülebilir.

STENOTRITIDAE (Yaygın bir ismi yok)

Bu küçük ama kolayca ayırt edilen arı ailesi yalnızca Avustralya'da yaşar; toplamda yaklaşık yirmi tür barındıran iki cinsi vardır. Sağlam yapılı olan ve hızlı uçan bu arılar parlak sarıdan siyaha, metalik yeşile kadar değişen renklere bürünebilir. Bu gruptaki arıların biyolojik yapısı hakkında fazlaca bilgiye sahip değiliz, ama bir gözlemci *Ctenocolletes* cinsinden bazı türlerin gözalıcı çiftleşme uçuşlarını ayrıntısıyla betimleyip, dişilerin erkeklerle *çiftleşirken bile* olağan yiyecek arayışlarına ara vermeyip polen toplamayı sürdürdüğünü anlatır![1] Stenotritid arıları başta okaliptüs (*Eucalyptus*) ve tüylü çiçekler (*Verticordia*) gibi mersin ailesi üyeleri olmak üzere Avustralya'ya özgü birçok bikinin çiçeğini ziyaret eder. Toprağa yuva yapan yalnız arılardır bunlar, ama bazen kümeler halinde yuva yaptıkları da görülür. Resimdeki arı, bir okaliptüs çiçeğinin üzerinde yiyecek toplayan bir *Ctenocolletes smaragdinus*. GÖRSEL © CHRIS SHIELDS.

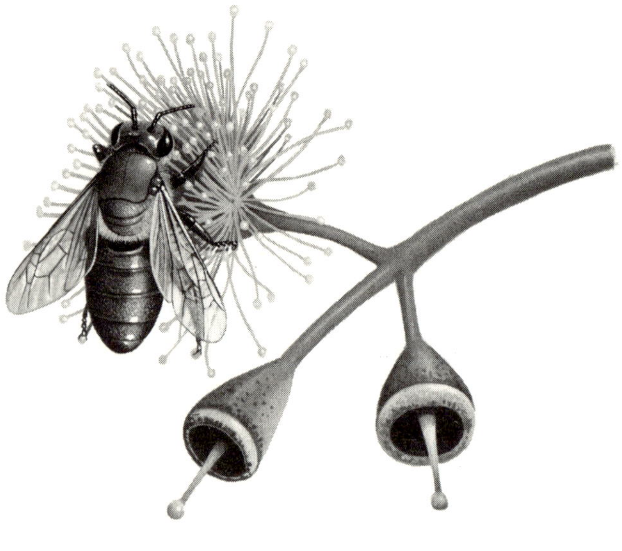

COLLETIDAE — Sıvacı Arılar ve Maskeli Arılar

Geniş bir coğrafyaya yayılan, kendi içinde de çeşitlilik gösteren bu aile, Avustralya'da bulunan arıların yarısından fazlası ile Yeni Zelanda'daki yerli türlerin yüzde doksanını oluşturan 2000 farklı tür barındırır. Ailenin dünya genelinde en büyük nüfusa sahip, en bilinen iki grubu sıvacı arılar (*Colletes*) ile maskeli arılardır (*Hylaeus*). Sıvacılar kalp şeklinde yüzleri olan tüylü arılardır, kendilerine has iki parçalı dillerini kullanıp yuva hücrelerinin duvarlarını mantar tutmayan su geçirmez bir salgıyla sıvarlar. Bu "sıva" sertleşince esnek, şeffaf bir astar görünümü alıp sentetik bir maddeye benzer, bu da onlara ikinci bir isim daha kazandırmıştır: "polyester arıları". Maskeli arılar desenli yüzleriyle minik, tüysüz eşekarılarına benzer. Topladıkları poleni yutup midelerinin içinde taşımak gibi tuhaf bir alışkanlık geliştirdikleri için bacak yahut sırt tüylerine ihtiyaç duymazlar. Yuvaya geri dönünce, her hücreye bir parça nektar polen karışımı kusup bu koyu sıvının üzerine tek bir yumurta bırakırlar. Ayrıca çok iyi birer gezgindirler: Pasifik'in ortasındaki Hawaii Adaları'na ulaşan yegâne cins maskeli arılardır; burada tek bir kolonici atadan, başka hiçbir yerde görülmeyen altmış üçten fazla tür evrilmiştir. Hawaii'deki endemik türlerin yedisi, yakın bir zamanda ABD'nin risk altındaki türler listesine giren ilk arılar oldu. Aşağıdaki resimde bir Avrasya sıvacısı (*Colletes daviesanus*) ile sıvı dolu yuvasından bir kesit yer alıyor. GÖRSEL © CHRIS SHIELDS.

ANDRENIDAE — Madenci Arılar

Güneydoğu Asya'da ender görülen ve Avustralya'da hiç rastlanmayan madenci arılar 3000'i bulan farklı türüyle diğer hemen her yerde görülür. Yuva tünellerini kazmaları için bol miktarda açık alanın bulunduğu kurak bölgelerde bilhassa yaygındırlar; büyük türlerinin kazdığı tüneller üç metre derinliğe erişebilir. Ailenin bütün üyeleri yalnız arılardır, ama zaman zaman kümeler halinde yuva yaptıkları, hatta aynı tünelleri paylaştıkları da görülür. Ailedeki en kalabalık cinsin (*Andrena* – yaklaşık 1300 türü vardır) üyeleri arka bacakları boyunca uzanan süpürgemsi tüylere (*scopa*) sahiptir. 700 kadar türü bulunan *Perdita* cinsi minik arılarda görüldüğü gibi, genellikle bir veya birkaç çiçek türünde uzmanlaşmışlardır. *Perdita* arıları son derece naziktir, zaten birçoğu sokma becerisini yitirmiştir. Araştırmalar, çöllerde yaşayan madenci arıların üreme stratejilerinin beslendikleri bitkilerin tohumlarına benzediğini gösteriyor. Tohumlara benzer şekilde, uykudaki arılar çok uzun süre toprağın altında kalıp, kendileri için yaşamsal önemdeki çiçeklerin tekrar açmasını sağlayacak yağmurları üç yıla kadar bekleyebilirler.[2] Resimdeki esmer madenci arı dişisi (*Andrena fulva*) topladığı polenlerle birlikte yuva tünelinden içeri giriyor. GÖRSEL © CHRIS SHIELDS.

HALICTIDAE — Ter Arıları ve Alkali Arılar

Tam manasıyla kozmopolit yapıdaki Halictidae ailesi 4300'den fazla türüyle arıların bulunduğu hemen her yerde görülür. Sıcak iklimlerdeki birçok tür insan terini çekici bulur, bu alışkanlıkları sebebiyle de genellikle "ter arıları" adıyla anılırlar. Tümüyle yalnız yaşayanlardan tutun da yuvalarını paylaşan, farklı nesilleri bir arada yaşayan ve apayrı bir işçi sınıfına sahip olan bambaşka türleri buluşturan ailenin üyeleri çok farklı sosyal davranışlar sergiler. Birçok ter arısı küçük, göze batmayan boyutlarda olsa da, ailenin diğer üyeleri yanardöner renkleriyle kendilerini hemen belli ederler. Yeni Dünya'ya özgü *Agapostemon* cinsinin üyeleri parlak yeşil mücevherlere benzer, keza rengârenk inciler gibi parlayan şeritleriyle ünlü alkali arılar (*Nomia*) da ailenin bir diğer üyesidir. Ter arılarıyla alkali arılar, dutsu meyveler başta olmak üzere kaba yonca, üç yapraklı yonca, havuç, kadife çiçeği, zinya çiçeği ve birçok başka türün başlıca tozlaştırıcıları arasındadır. Halictidae ailesindeki birçok arı toprağa yuva yapar, ama çürümüş ağaç gövdelerine, içi boşalmış dallara oyuklar açtıkları da görülür. Resimde bir dala yuva yaptığı görülen gözalıcı arı, ilkel sosyal davranışları ve ender rastlanan gece uçma becerisiyle bilinen *Megalopta genalis* adındaki bir Orta Amerika türüdür. GÖRSEL © CHRIS SHIELDS.

MELITTIDAE — Yağ Toplayan Arılar

Bilinen en eski arı fosillerinden bazıları bu küçük ailenin üyelerine aittir; birçok taksonomi uzmanı aileyi ilkel bir soyun uzantısı olarak görür. Ailedeki yaklaşık 200 türün birçoğu son derece özelleşmiştir, yalnızca bir veya birkaç tür çiçekten polen toplar. *Rediviva* ve *Macropis* adındaki iki cins, ziyaret ettikleri çiçeklerden yağ damlacıkları toplamak gibi bir alışkanlık geliştirmiştir. Bu sıradışı hasadı hem yuva hücrelerini ayırmakta hem de larvaları için tamamlayıcı gıda olarak kullanırlar. Yağ toplama faaliyeti, Güney Afrika'daki birbirine akraba bazı türlerde bedenlerinin iki katı uzunluğa ulaşan ön bacaklar gelişmesini sağlamıştır – aşağıdaki resimde görülen *Rediviva longimanus* da bu türlerden biridir. Bu hantal uzuvlar, arıların *Diascia* cinsine mensup çiçeklerin ikiz nektar tüplerinin derinliklerinden yağ toplamasına imkân tanır. Bu iki tür birlikte evrim geçirmiştir; *Diascia*'nın derin nektar tüpleriyle arıların ön bacakları hemen hemen aynı boydadır. Genellikle yalnız yaşayan Mellitidae ailesi toprağa yahut içi boşalmış dallara yuva yapar. GÖRSEL © CHRIS SHIELDS.

MEGACHILIDAE — Yaprak Kesen Arılar, Duvarcı Arılar, Tarakçı Arılar

4000'i aşkın türü bulunan, farklı bölgelere yayılmış bu geniş ailenin üyeleri, gövdelerinin göbek diyebileceğimiz kısmında polen taşıyabilmek gibi sevimli bir özelliği paylaşır. Birçok grup yuvalarını farklı malzemeler kullanarak inşa eder. Duvarcı arılar (*Osmia*) çamur ve kil kullanırken, tarakçı arılar (*Anthidium*) bitki tüylerinden yaptıkları keçeleri kullanır. Bazı gruplar minik çakıltaşlarını ya da çiçeklerin taçyapraklarını birbirine yapıştırır; yaprak kesenler (*Megachile*) güçlü çeneleriyle şeritler halinde kesip sonra da birleştirdikleri bitki parçaları kullanır. Son derece verimli tozlaştırıcılardır; hatta yalnızca bu amaçla, meyve ağaçlarında, kaba yonca ve bademlerde tozlaşmayı sağlamak için ticari amaçlarla yetiştirilen türleri vardır. 63,5 mm ile dünyadaki en geniş kanat açıklığına sahip dev Wallace arısı (*Megachile pluto*) da bu ailenin üyesidir. Doğabilimci Alfred Russel Wallace 1859 yılında tek bir numune ele geçirdiğinde çok az insanın bu arıdan haberi vardı – ağaçlarda yaşayan bir termit türünün yuvasına yerleşerek yaşamını sürdüren arı yalnızca Endonezya'daki üç adada görülüyor. Wallace arısının da aralarında bulunduğu birkaç türün toplu yaşadığı bilinse de, aile üyelerinin çoğu yalnız arılardır. Aşağıda bir Wallace arısı (sağ altta) ile iki yaprak kesen görebilirsiniz. GÖRSEL © CHRIS SHIELDS.

APIDAE — Yabanarıları, Marangoz Arılar, Kazıcı Arılar, Balarıları, Uzun Antenli Arılar, Orkide Arıları, Kabak Arıları, İğnesiz Arılar

Tanımlanmış 5700'den fazla türüyle arı ailelerinin en büyüğü olan Apidae, taksonomi uzmanları tarafından hem görünüş hem de davranış kalıpları açısından "müthiş bir çeşitlilik"[3] sergileyen bir aile olarak gösteriliyor. Ailenin üyeleri arasında yabanarıları (*Bombus*) ve balarıları (*Apis*) gibi tanınmış üyelerin yanı sıra, kabarık tüylü mavi marangoz arılardan (*Xylocopa caerulea*) gökkuşağı orkide arılarına (*Euglossa*), kendi boylarından uzun, tuhaf antenleri olan türlere (*Eucera*) kadar pek bilinmeyen birçok tür bulunuyor. Bu ailenin üyeleri kayalıklardan tutun da yeraltındaki tünellere, terk edilmiş kemirgen oyuklarına, içi boşalmış ağaçlara kadar her yere yuva yapabilir. Bazıları çamurdan (*Euleama*), bitki reçinelerinden (*Melipona*) yuva yapar, bazılarıysa ağaç gövdelerine açtıkları deliklere (*Xylocopa*), içindeki yumuşak dokuyu çıkardıkları kırık dallara, kopmuş saplara (*Ceratina*). Ailenin üyeleri arasında hem yalnız türler vardır hem de on binlerce bireyden oluşan karmaşık topluluklar halinde yaşayan balarıları ve iğnesiz arılar (örneğin *Melipona* ve *Trigona*) gibi son derece sosyal türler. Ailedeki türlerin yüzde 30'undan fazlası yuva yapmak ve polen toplamakla uğraşmayıp yumurtalarını diğer türlerin yuvalarına bırakarak çoğalan hırsız parazitlerden, "guguk arılarından" oluşur. (Son derece başarılı sonuçlar veren bu yaşam tarzı birçok arı ailesinde görülmüş, evrim zincirinde birbirinden bağımsız olarak yirmi defadan fazla ortaya çıkmıştır.) Bilinen en yaşlı arı fosilinin (*Cretrigona*) görünüşü modern iğnesiz arı cinslerinden birine (*Trigona*) çok benzer, uzmanlar Apidae ailesinin çok erken bir tarihte, yegâne besin kaynaklarını oluşturan çiçekli bitkilerle birlikte evrildiğine inanıyor. Aşağıdaki resimde *Bombus* cinsi bir yabanarısı, *Melissodes* cinsi bir uzun antenli arı ve *Trigona* cinsi bir iğnesiz arı yer alıyor. GÖRSEL © CHRIS SHIELDS.

Bombus ♀

Melissodes ♂

Trigona ♀

Ek B

Arı Koruma

Bu kitaptan elde edilen gelirin bir kısmı vahşi arıları korumayı ve yaşatmayı amaçlayan projelere bağışlanacaktır. Bu tür projelere destek olmak yahut kendi bahçenizdeki arılara nasıl yardımcı olabileceğinizi öğrenmek için aşağıda listelenen kuruluşlarla iletişime geçebilirsiniz.

Xerces Derneği
628 NE Broadway, Suite 200
Portland, OR 97232
ABD
Telefon: 855–232–6639
www.xerces.org

Yabanarılarını Koruma Vakfı
Beta Merkezi
Stirling University Innovation Park
Stirling
FK9 4NF
Birleşik Krallık
Telefon: 01786 594130
www.bumblebeeconservation.org

Buglife
Omurgasızları Koruma Vakfı
Bug House
Ham Lane
Orton Waterville
Peterborough
PE2 5UU
Birleşik Krallık
Telefon: 01733 201 210
www.buglife.org.uk

Sözlükçe

acemi (*callow*): Kozadan yeni çıkmış yetişkin yabanarısı.

antenler (*antennae*): Arıların başının üzerindeki uzun duyu organları. Koku ve tattan hava akımına, sıcaklığa, nem oranına kadar her şeye son derece duyarlıdır.

başkalaşım (*metamorphosis*): Belirgin bir larva aşamasından yetişkin görünümüne uzanan bedensel dönüşüm; yaygın görülse de tüm böcek türleri için genellenemeyecek gelişimsel bir geçiş evresi.

cins (*genus*): Aynı atanın soyundan gelen yakın akraba türlerin toplandığı taksonomik kategori.

çene kemiği (*mandibles*): Arıların kavramak, ısırmak, ezmek ve kesmek için kullandıkları iki parçalı ağız bölümü.

delikli anter (*poricidal anther*): Polenin yalnızca küçük bir delikten (gözenek) erişilebilen merkezdeki bir bölmenin içinde tutulduğu anter türü. Bu tür anterler patlıcangiller ve fundagiller ailelerinde yaygındır.

duvarcı arılar (*mason bees*): Megachilidae ailesine mensup birkaç cinsin üyeleri; kimi zaman çakıltaşları, kum taneleri ve bitkisel malzemeler de kullanmalarına rağmen yuvalarını genellikle çamurdan yaparlar.

eklembacaklılar (*arthropods*): Böcekleri, kabuklu hayvanları, örümcekleri ve bedenlerinin etrafında dış iskelet bulunan diğer omurgasızları içeren büyük bir taksonomik grup.

endemik (*endemic*): Belirli bir coğrafi bölgeye özgü, o bölgeyle anılan (tür vs.).

ercik (*stamen*): Çiçeğin, üzeri "anter" adı verilen polen dolu odacıklarla kaplı "erkek" üreme organı.

feromon (*pheromone*): Koku alma duyusu üzerinden bilgi alışverişi sağlayan kimyasal bir bileşen; arılar arasındaki iletişimin olmazsa olmazıdır.

früktoz (*fructose*): Meyvelerde ve balda bulunan bir şeker türü.

glikoz (*glucose*): Balda bol miktarda bulunan, bir hücrenin faaliyetini sürdürebilmesini sağlayan şeker türü; özellikle beyin fonksiyonları açısından çok önemlidir.

göğüs (*thorax*): Arılarda ve diğer böceklerde, vücudun bacakları ve kanatları harekete geçiren büyük kasların toplandığı orta bölümü.

guguk arıları (*cuckoo bees*): Yumurtalarını başka arıların yuvasına bırakan, bazı örnekleri sosyal türlerin kraliçesini öldürüp işçilerin kontrolünü ele geçiren çok sayıdaki parazit arı türlerinin her biri.

hücre/oda (*cell*): Bir yalnız arı yuvasında, bir larvaya yetecek kadar polen ve nektarla donatılmış oda. Bu terim balarıları ve iğnesiz arılar gibi son derece sosyal türlerin kovanlarındaki petek gözleri için de kullanabilir.

ikiyanlı simetri (*bilateral symmetry*): Bir eksenin tam ortadan ikiye böldüğü bir şeyin iki yanının birbirinin ayna imgesini oluşturması; arıların tozladığı birçok çiçekte görülen bir form.

insansı (*hominin*): Bizim cinsimiz *Homo* ile *Australopithecus* ve *Ardipithecus* gibi nesli tükenen bazı akrabalarımızı da içeren primat altgrubu.

karın (*abdomen*): Bir arının veya sineğin gövdesinin alt bölümü.

karşılıklı fayda birlikteliği (*mutualism*): İki tür arasında kurulan, iki taraf için de faydalı sonuçlar veren ilişki.

kazıcı arılar (*digger bees*): Kimi zaman kümeler halinde toprağa yahut korumasız açık alanlara, uçurumlara da yuva yaptığı görülen *Anthophora* cinsi tüylü yalnız arılardan oluşan büyük bir grup.

kış uykusu yuvası (*hibernaculum*): Kraliçe yabanarısının kışı geçirdiği alan, genellikle yosun ve ölü yaprakların altındaki düz veya eğimli zeminlere kazılan sığ yuva.

kitin (*chitin*): Uzun şeker molekülü zincirlerinden oluşan, eklembacaklıların dış iskeletinin temel bileşeni olan kendiliğinden sert, lifli madde.

kleptoparazitizm (*kleptoparasitism*): Başkalarına ait yiyecekleri veya diğer kaynakları gasp etmek üzerine kurulu parazit yaşam tarzı. Arılarda en yaygın görülen parazit yaşam biçimidir.

kütikül (*cuticle*): Arıların dış iskeletinin en dışındaki sert, koruyucu katman.

lipitler (*lipids*): Çeşitli yağlar, mumlar ve yağda çözünebilen vitaminleri içeren, birbirine benzer moleküllerin oluşturduğu grup.

madenci arılar (*mining bees*): Toprağa yuva yapan *Andrena* cinsi yalnız arılar; daha genel bir tanımla, toprağa yuva tünelleri kazan arılar.

metasoma: Genellikle arıların karın bölgesi için kullanılan teknik bir terim.

microsporidian: Sporlar aracılığıyla çoğalan mikroskobik bir mantar, daha doğrusu mantar benzeri bir organizma. Arılarda yaygın görülen *Nosema* patojeni bu gruba dahildir.

mutasyon (*mutation*): Bir organizmanın genetik kodunda rasgele meydana gelen değişim; doğadaki çeşitliliğin başlıca sebeplerinden biridir.

Neolitik (*Neolithic*): "Yeni taş devri", genellikle çiftçiliğin, hayvancılığın ve törpülenmiş taştan yapılan araç gereçlerin ortaya çıkmasıyla tanımlanan dönem.

neonikotinoid (*neonicotinoid*): Kimyasal bileşenleri arasında böceklerin sinir sistemine saldıran nikotin bulunan, kısaca "neonikler" (*neonics*) denen tartışmalı bir pestisit grubu. Arılarda, yüksek dozda kullanımı ölüme, daha az miktarlarda kullanımı ise ölümcül olmayan yan etkilere neden olur.

ocelli: Arıların başının üst tarafında yer alan, yön ve istikamet belirlemelerine yardımcı olan yarı saydam üç kubbe görünümündeki ışığa duyarlı organlar.

omurgasız (*invertebrate*): Eklembacaklılar ile solucanlar, salyangozlar ve denizanaları gibi omurgası olmayan çokhücreli canlılar için kullanılan genel bir terim.

orkide arıları (*orchid bees*): Yabanarıları ve balarılarına akraba olan yalnız ya da sosyal becerileri sınırlı türlerden oluşan bir grup tropikal arı; orkide türlerini tozlarken izledikleri incelikli yöntemlerle bilinirler.

parazitoid (*parasitoid*): Larvaları başka bir organizmanın içinde gelişen, konakladığı organizmayı canlı canlı tüketen ve sonunda da öldüren bir parazit. Birçok arı parazitoid eşekarısı türlerinin saldırısına maruz kalır.

propolis: Balarıları ve bazı iğnesiz arıların bitki tomurcuklarından toplayıp kovan yapımında kullandığı reçineli madde. "Arı tutkalı" da denir.

sakkaroz (*sucrose*): Früktozla glikozun birleşiminden oluşan bir şeker türü. Genellikle şekerkamışı ve pancardan damıtılıp sofra şekeri üretiminde kullanılır.

scopa: Arıların bacak ve karınlarında bulunan, toplanan polenin verimli bir şekilde taşınabilmesini sağlayan yoğun tüyler.

sonikasyon (*sonication*): Kanatların çiçekleri, özellikle de delikli anterli çiçekleri titretip polen bırakmalarını sağlayan yüksek frekanslı bir ses dalgası üretecek şekilde titretilmesi. "Vızıltılı tozlaşma" da denir. Ayrıca bkz. *delikli anter*.

taksonomi (*taxonomy*): Evrimsel ilişkileri anlamaya çalışan, türleri sınıflandırıp adlandıran bilim dalı.

tekhücreliler (*protozoan*): Genellikle amipler, kamçılılar ve sillileri içeren tekhücreli organizmaların oluşturduğu büyük grubun üyeleri.

terpen (*terpene*): Bitkilerin genellikle otçullara karşı kendilerini savunmak için ürettiği uçucu kimyasal bileşenlerden oluşan grubun üyeleri.

tozlaşma sendromu (*pollination syndrome*): Çiçeklerde genellikle belli bir tozlaştırıcı grubunu çeken özellikler bütünü.

türleşme (*speciation*): Yeni türlerin oluşumu.

üreme yalıtımı (*reproductive isolation*): Akraba türler arasında gerçekleşebilecek üremenin fiziksel ya da çevresel engellerle önlendiği durum; farklı tür ve çeşitlerin evriminde önemli bir aşama olarak kabul edilir genellikle.

vızıltılı tozlaşma (*buzz pollination*): bkz. *sonikasyon*.

yabanarısı (*bumblebee*): *Bombus* cinsinin 250'yi bulan türünün her biri. Genellikle parlak turuncu veya sarı şeritleri olan büyük, tüylü gövdeli sosyal arılardır.

yaprak kesen arılar (*leafcutter bees*): Yuva hücrelerini şerit biçiminde kesilmiş yassı yaprak parçalarını birleştirerek inşa eden *Megachile* cinsinin üyeleri.

yayılım (*radiation*): Evrimde, aynı atadan gelen türlerde görülen ani ve hızlı farklılaşma.

yumurtlama borusu (*ovipositor*): Bazı böceklerin vücutlarının arka kısmında bulunan, yumurta bırakmak için kullandıkları organ. Arılarla eşekarısı akrabalarında bu organ iğneye evrilmiştir.

yüzey aktif madde (*surfactant*): Sıvılarda yüzey gerilimini düşüren bir bileşim. Yüzey aktif maddeler genellikle deterjan imalatında kullanır, ama verimliliği artırmak için pestisitlere de katılır.

zigomorf (*zygomorphic*): Aslanağzı ve orkide gibi ikiyanlı simetri sergileyen çiçekler için kullanılan botanik terimi. Zigomorf çiçeklerin büyük bölümünde tozlaşma arılar sayesinde gerçekleşir.

Notlar

Giriş: Nedir Bu Arılar Hakkındaki Yaygara?

1. Teorik açıklama için bkz. Seligman 1971; deneysel bir örnek için bkz. Mobbs ve diğ. 2010; konunun ayrıntılı bir incelemesi içinse bkz. Lockwood 2013.
2. Böceklere gösterilen bu tepkinin yaşamın erken dönemlerinde ortaya çıktığı ve "temel" bir tiksinti olduğu düşünülüyor. Tiksinti üzerine araştırmaların etkileyici bir özeti için bkz. Chapman ve Anderson 2012.
3. Cırcırböceklerine en büyük alakayı gösterenler, onları evcil hayvan kabul edip evlerinde besleyen, büyük bir titizlikle cırcırböceği yarışmaları düzenleyen Çinlilerdir muhtemelen. Gerçi taşınmak veya sergilenmek için geçici olarak bambu kafeslere konuldukları zamanların dışında, evcil cırcırböceklerinin çoğu gözden uzak kalmaları (ve çıkardıkları sesi güçlendirmesi) için tıkıldıkları su kabaklarının, kil çömleklerin içinde yaşar.
4. Bkz. Roffet-Salque ve diğ. 2015.
5. Evcilleştirme konusuna kesin tarihler düşmek çetrefilli bir iştir ve çoğu zaman hararetli tartışmalara konu olmuştur. Bu pasajdaki karşılaştırmalar ilk arıcılık faaliyetinin 6500 yıl kadar önce yapıldığını öne süren temkinli bir tahmine dayanıyor. Bu tarih Roffet-Salque ve diğ. (2015) tarafından dikkat çekilen ilk olası işaretler ile antik Mısır'da uygulanan ileri teknikler arasında bir yere denk gelir. Hayvancılık ve çiftçilik tarihleri için bkz. Driscoll ve. diğ. 2009; Meyer ve diğ. 2012.
6. Herodotos 1997, 524.
7. Bal likörü ve benzer içkilerle ilgili bugüne kadar elde edilebilen en eski maddi kanıt, antik Çin'e ait kavanozlarda bulunan kalıntıların analizine dayanır (McGovern ve diğ. 2004). Ancak balın doğal yollardan mayalandığı durumlar da vardır ve bu gibi durumlar atalarımızın bal likörü fikriyle daha erken tanışmış olabileceği gibi dikkate değer bir ihtimale kapı aralar.
8. Arılar uyuşturucu özelliği olan bitki özlerini topladığında, bırakın likörünü balın kendisi dahi sarhoş edici olabilir. Mayalara benzer şekilde,

Nepal'de yaşayan Gurung halkının ve kendi şamanları içindeki belli bir gruba "bal yiyenler" adını veren Paraguay'daki Ishir halkının da halüsinojenik bal tükettiğine ilişkin bulgular vardır (Escobar 2007, 217).

9. *The Book of Medicines* (İlaç Kitabı) adlı bu kaynağı temel alan bir hekim boğaz ağrısından tutun da hıçkırık, mide bulantısı, burun kanaması, kalp ağrısı, görme zayıflığı ve düşük sperm oranına kadar her rahatsızlığın tedavisinde rahatlıkla bal önerebilirdi. Benzer şekilde, sallanan diş sorunu ve testis ağrısının yanı sıra "kılıç, mızrak, ok vb." silahların sebep olduğu yaraların tedavisinde kullanılan balmumu da her derde deva kabul edilirdi (Budge 1913, CVI).
10. Ransome 2004, 19.
11. Bu rakam, Romalı tarihçi Livius'un milattan önce 173'te gerçekleşen, General C. Cicereius'un emrindeki Roma birliklerinin 7000 Korsikalıyı öldürüp 1700 kadarını da tutsak ettiği bir savaşa ilişkin raporuna dayanıyor. Raporda, sekiz sene evvel çıkan bir ayaklanmadan sonra yürürlüğe giren önceki balmumu vergisinin bu savaşla birlikte iki katına çıkarıldığı belirtiliyor. Livius'un *Roma Tarihi*'nde Korsikalılardan bir daha bahsedilmiyor. Başlarını daha fazla belaya sokmamak için kovanlarından balmumu toplamakla meşguldüler muhtemelen (Livy 1938).
12. Etimologlar "taş kalemi" manasındaki *stylus* sözcüğünün sivri bir şey batırmak, delmek anlamına gelen Latince *sti* kökünden türediğine inanıyor (iğne anlamındaki *sting* sözcüğü de bu kökten türemiştir). Bu durum Romalı kâtiplerin "arı iğnesinin" dilbilimsel eşdeğeriyle balmumu tabletler üzerine notlar karaladığı gibi hoş bir fikre ilham veriyor.
13. Yunancada bal anlamına gelen Melina da, onunla aynı kökten gelen Melissa da hâlâ popüler kadın isimleridir. Aşina olduğumuz başka bir kadın ismi olan Deborah da İbranicede arı manasına gelen *d'vorah* sözcüğünden gelir.

1. Vejetaryen Bir Eşekarısı

1. Eldeki bulgular, yalnız yaşayan diğer birçok arı türü gibi kum eşekarılarının da "sayısal üstünlükten" faydalanmak için bir araya gelebildiğini; yuvalarını birbirine yakın kurup, başka yırtıcılara yem olmak veya parazitlerin istilasına uğramak gibi bireysel riskleri bertaraf etmeye çalıştığını gösteriyor.
2. Kendileri genellikle çiçeklerden topladıkları nektarla veya meyve özleriyle beslendikleri halde, yetişkin eşekarıları larvalarını beslemek için canlı av veya leş ararlar.
3. Veriler için bkz. O'Neill 2001.

4. Myanmar kehribarında eşekarısı özellikleri gösteren ve arı olduğu varsayılan ilgi çekici bir böcek tespit edildi (Poinar ve Danforth 2006), ama alanında uzman biliminsanları bu bulguya şüpheyle yaklaşıyor. Ne yazık ki numune özel mülk statüsünde ve daha detaylı incelemeler yapmak için kullanılamıyor. Yine de Myanmar kehribarında rastlanan fosiller epey umut vadediyor, zira bu fosiller arıların evrimi açısından tümüyle kayıtdışı bir dönem olan Kretase ortalarına, yani yaklaşık 100 milyon yıl öncesine ait.
5. Hem eşekarısı görünümüne hem de polenle beslenme alışkanlığına sahip olmaları nedeniyle, *Hylaeus* cinsine mensup sarı yüzlü arıların ilk arılardan olduğu düşünülüyordu bir zamanlar. Ama daha yakın tarihli çalışmalar sarı yüzlü arıların daha geç evrildiğini, eşekarısı görünümüne ise polenle beslenme alışkanlığı edindikten sonra kavuştuğunu gösteriyor. İlk arılar tarafından kullanılan stratejiyle ilgili tartışmalar hâlâ sürmekle birlikte, önde gelen arı uzmanı Charles Michener (2007) ilk arıların poleni bedenlerinin dışında, tüylerinde taşıdığına inanıyor.
6. Kehribar içinde sıkışmış böcekler bulmanın harika bir ironisi vardır, çünkü ağaç kabuklarına zarar verip reçinenin dışarı sızmasının başlıca sebebi de yine böceklerdir – özellikle de kınkanatlılar. Bir tür savunma mekanizması olan reçinenin saldırganları ağaçtan uzak tutmayı başaramadığı durumlar olabilir. Ama birçok durumda hem saldırganları hem de her şeyden habersiz oradan geçenleri kendi içinde muhafaza etmeyi başarmıştır.
7. Kum sineğinin bağırsağında uyku hastalığı, Chagas hastalığı ve layşmanyaz hastalığına sebep olanlara benzer, hastalık taşıyıcı bir tekhücreli vardı. Bkz. Poinar ve Poinar 2008.
8. Çiçeklerde reçine üretimi büyük çoğunluğu tropik olan yüzlerce türde görülür. Bu alışkanlık tohum ve taçyaprağı tüketen otçul böceklere karşı bir savunma mekanizması olarak gelişmiş olabilir, ama sonradan reçine büyük çoğunluğunu arıların oluşturduğu polen taşıyıcılara sunulan bir ödül halini almıştır. Bkz. Armbruster 1984; Crepet ve Nixon 1998; Fenster ve diğ. 2004.
9. Daha sonra, yine Noah'yla birlikte fosilleşmiş reçinenin eski özelliklerinden birini daha koruduğunu öğrendik: Hâlâ yanıcıydı. Ofisimin yanındaki çiçek bahçesini çeviren tuğlalardan birinin üzerinde tutuşturduğumuz küçük bir kehribar parçası kapkara bir duman bulutu eşliğinde birkaç dakika boyunca alev alev yandı. Küçük deneyimiz, Almanların bu maddeye *bernstein* yani "yanan taş" ismini yakıştırmakta ne kadar haklı olduğunu gösterdi (kehribar ticareti yapan veya kehribar çıkarılan bölgelerde yaşayan insanlar zaman zaman bu sözcüğü soyadı olarak benimsiyormuş).

2. Hayat Dolu Titreşimler

1. Linnaeus bu alıntıyı ortaçağ âlimlerinden Sevilla Kardinali Aziz Isidore'ye (yak. 560-636) atfeder; Aziz Isidore ünlü eseri *Etymologiae*'nın ilk cildinde aynı fikri farklı sözcüklerle dile getirmiştir.
2. Dr. Laurence Packer, "An Inordinate Fondness for Bees", www.yorku.ca/bugsrus/PCYU/DrLaurencePacker (erişim tarihi: 5 Eylül 2016).
3. Bazı uzmanlar balarılarının gözlerindeki tüylerin *mekanik alıcılar* –rüzgâr yönü ve hava hızındaki değişikliklere duyarlı fiziksel yapılar– olduğuna inanıyor. Bu konuda yapılan bir araştırmada, göz tüyleri tıraş edilen arıların rüzgârlı havada yön bulma becerilerini yitirdiği görülmüştü (aktaran Winston 1987). Buna karşın, tüylerin köklerinde algılanabilir hiçbir sinir hücresi bulunmadığına ve yaşlanan arılarda bu kılların azalmasının olumsuz bir sonuç doğurmadığına işaret eden araştırmalar da var (örn. Phillips 1905).
4. Kursu tamamlamış evime dönerken, uçakla yolculuk eden böcekbilimcilerin aşina olması muhtemel gergin bir durum yaşadım. Havaalanında güvenlik kontrolü için sıraya girdiğimde, birden el bagajımda potasyum siyanürle dolu iki "öldürme kavanozu" olduğunu hatırladım. Çantamın X-ray cihazının içinde kayboluşunu izlerken gözüne fener tutulmuş tavşan gibi kalakaldım... ama sorunsuz bir şekilde geçti. Kavanozları kaybetmediğim için memnundum – siyanür temin etmek pek kolay bir şey değil. Ama çantamın içinde ölümcül bir zehirle dolu iki şişe taşıdığımı bilmek, etrafımdaki diğer yolcuların kim bilir neler taşıdığı gibi rahatsız edici bir sorunun kafamda belirmesine yol açtı!
5. Keynes (2000), Darwin'in *Beagle* ile çıktığı yolculukta tuttuğu notları tarayıp 1529 tanesi damıtılmış şarapta, 3344'ü başka alkollerde, 576 tanesi de başka şekillerde muhafaza edilmiş zoolojik numunelerin bir listesini çıkardı. Falkland Adaları'nda toplanıp 1934. maddede sıralanan birçok değerli taş arasında "ülkede vurulmuş bir şahinin midesinden çıkan sıçan dişleri" de vardı. Potter (2010), Darwin'in bitki koleksiyonlarını inceledi ve botanik çalışmalarının büyük kısmının saklandığı Cambridge'deki bitki kataloğunda 2700 numune buldu. Bu rakamlara Darwin'in çok sayıdaki jeolojik ve paleontolojik numunelerinin dahil olmadığını da belirteyim.
6. *The Malay Archipelago* (Malay Takımadaları) başlığıyla yayımlanan harikulade eserinde görüldüğü üzere, Wallace'ın devasa koleksiyonu memeliler, sürüngenler, kuşlar, deniz kabukluları ve böceklerden oluşuyordu (1869, xi). Tüm bu numunelerin 83.200 adedini, yani üçte ikisinden fazlasını böceklerin oluşturması dikkate değerdir.
7. Bazı kınkanatlılarda ve kelebeklerin pullarında da rastlanan bu fenomene

ilişkin ayrıntılı bir açıklama için bkz. Berthier 2007.

8. Bkz. Graves 1960, 66.
9. Belin arılar, eşekarıları ve karıncalarda görülen olağandışı konumu ve gelişimi nedeniyle, teknik olarak karnın ilk kısmı göğüs bölgesinde bulunur. Ama işlevsel açıdan bakıldığında bu ayrımın pek bir önemi yoktur, bu yüzden de birçok yazar diğer böceklere benzer şekilde arıların vücudunun alt ucundaki bölümü karın (veya metasoma) olarak adlandırır.
10. Aristoteles 1883, 64.
11. Schmidt 2016, 12.
12. Yiyecek arayan bir arının çiçekleri nasıl bulduğu konusunda görüntünün ve diğer ipuçlarının etkisini kokunun etkisinden ayırmak neredeyse imkânsız olduğundan, vahşi doğada koku izlerini tespit etmek zordur. Erkek orkide arılarını Panama'da, Gatun Gölü'nün ortasındaki ıssız bir adaya çekmek için özel yemler kullanan Jim Ackerman zekâsıyla bu zorluğun üstesinden gelmişti. Adaya doğal yollardan yerleşmiş hiç orkide arısı bulunmadığından, Ackerman'ın kokulu yemlerini ziyaret eden tüm arılar çevredeki ormandan geliyor olmalıydı, onları buraya çeken tek şey bir buçuk kilometrelik açık denizin öbür tarafından aldıkları bir koku olabilirdi (David Roubik, kişisel irtibat).
13. Araştırmacılar bu yeteneği Y şeklindeki basit bir labirent kullanılan acayip bir deneyle tespit ettiler. Labirentin başında serbest bırakılan arılar Y'nin iki dalından birine yerleştirilen kokulu yemi bulmakta hiç zorlanmamıştı. Ama antenleri az miktarda yapıştırıcı kullanılarak dikkatlice çaprazlandığında, arılar istisnasız her seferinde antenlerinden aldıkları sinyallerin aksi istikameti izleyip Y'nin boş dalına ulaştılar (akt. Winston 1987).
14. Bkz. Evangelista ve diğ. 2010.
15. Porter 1883, 1239-1240.
16. *Ocelli* adı verilen bu fazladan gözler böcekler ve örümceklerden nal yengeçlerine kadar bütün eklembacaklılarda görülür. Işığın az olduğu ortamlarda, bu gözlerin arıların navigasyon becerilerini artırdığına işaret eden sağlam bulgular mevcut. Geceleri alacakaranlıkta avlanmaya, beslenmeye adapte olmuş az sayıdaki türün hepsi olağandan büyük boyutlarda *ocelli* geliştirmiştir (bkz. Wellington 1974; Somanathan ve diğ. 2009).
17. Arılar bu yeteneği hareket halindeyken de kullanabilir, bu sayede çevrelerindeki sabit nesnelerin uzaklığını tespit edebilirler. Keskin, yön-duyarlı koku duyularıyla da birleşince, bu beceri çevrelerini zengin, üç boyutlu bir biçimde algılamalarına imkân verir (bkz. Srinivasan 1992).
18. Japon balarısı *Apis cerana japonica* gibi birkaç istisna dışında, arıların gözleri kırmızıyı seçmeye yarayan optik reseptörlerden yoksundur. Ama ışık yoğunluğunun kırmızıyla yeşil arka plan arasında meydana getirdiği

kontrast sayesinde, birçok arı kırmızı çiçeklerin yerini de tespit edebilir (bkz. Chittka ve Wasser 1997).

19. Arı moru ile diğer ultraviyole çiçek fenomenleri hakkında güzel bir tartışma için bkz. Kevan ve diğ. 2001.
20. Birçok çöl çiçeği, buharlaşmasını engellemek için nektarını derin keselerde saklar. Bu türün sıradışı çene yapısı, üzerine konduğu derin bir çiçeğin içine girmeden beslenmesine imkân tanır; bu sayede bir yandan diliyle nektara uzanırken, bir yandan da olası tehlikelere karşı etrafı kolaçan etmeye devam edebilir (Packer 2005).
21. Bunlar içinde yalnızca Magnan'ın iddiası basılı olarak erişilebilir durumdadır, bununla birlikte, yabanarısıyla ilgili bu meşhur iddiaların Ludwig Prandtl, Jacob Ackeret yahut öğrencilerinin katıldığı bir kokteyl partisinde ortaya atıldığı da söylenir.
22. Aktaran Hershorn 1980.
23. Bkz. Heinrich 1979.
24. Arı aerodinamiği hakkında kapsamlı bir inceleme için bkz. Altshuler ve diğ. 2005.
25. Özgün saha çalışmalarının fevkalade bir örneğini sunan Dillon ve Dudley (2014) Çin'in batısındaki dağlarda yaşayan yerli yabanarılarını (*Bombus impetuosus*) yakalayıp yüksek irtifa şartlarının simülasyonunu oluşturmak üzere hava basıncının düşürüldüğü özel uçuş odalarına koydular. Arılar uçmayı sürdürdü, ama bunu kanat çırpışlarının sıklığını değil genişliğini artırarak (yani her kanat çırpışta daha geniş bir alanı süpürerek) yaptılar.
26. Arıların bedenleri küçük olduğu için solunum ve dolaşım sistemleri oldukça basittir, vücut boşluğunun büyük kısmında kan serbestçe akıp besini doğrudan hücrelere iletir ve atıkları uzaklaştırır. Havanın da vücuda serbestçe yayılması harıl harıl çalışan akciğerlere ve oksijenin hemoglobinle taşınmasına duyulan ihtiyacı ortadan kaldırır.
27. Arılar genel bir halkla ilişkiler mağduriyeti içindeler. Onlara atfedilen sokulma vakalarının büyük çoğunluğunun sorumlusu aslında eşekarılarıdır, özellikle de sarı ceketliler, kâğıt eşekarıları, sarıcalar gibi Vespidae ailesine mensup olan sosyal türler. Kendi başlarına büyüleyici olsalar da bu yaratıklar genellikle hırçındır, sebepsiz yere saldırganlık sergilemek gibi kötü bir eğilimleri vardır. Etrafta olmaları böcekbilimcileri bile hafiften tedirgin eder; bir keresinde, sosyal eşekarıları konusunda uzman bir böcekbilimci, bu konuda verdiği bir konferansa "Sosyal eşekarılarını hiç kimse sevmez" diyerek başlamıştı.
28. E. O. Wilson ve evrim konusunda yazıp çizen başka bazı düşünürler, tam manasıyla örgütlü bir sosyal yaşam tarzına geçilebilmesi için grup savunmasının şart olduğu görüşündeler, bu bakımdan en merhametsiz sokma-

ların balarıları gibi son derece sosyal türlerde görülmesi şaşırtıcı değildir. Şaşırtıcı olan, en geniş örgütlü sosyal arı topluluklarının ciddi bir zarar vermeyen minik iğnelere sahip olmasıdır. Meliponine grubunun ya da daha çok bilinen adıyla "iğnesiz" arıların, büyük kısmı tropikal bölgelerde yaşayan yaklaşık 500 türü vardır. Bu türlerin evrimine ilişkin hikâye hâlâ tartışılıyor, ama görünüşe göre iğnelerini örgütlü sosyal yaşam tarzını benimsedikten sonra yitiren bu arıların birçoğu bu eksiği kötü kokularla, saldırgan davranışlarla, deriyi tahriş eden yakıcı kimyasallarla güçlendirilmiş acı veren ısırıklarla telafi ediyor. Kamikaze tarzı intihar saldırıları iğnesiz türler için bir nevi diğerkâmlık olarak bile görülüyor. Ama farklı tahminler bulunsa da (bkz. Wille 1983; Cardinal ve Packer 2007; Shackleton ve diğ. 2015), başlangıçta sosyalleşmelerini sağlayan sokma becerilerini neden korumadıkları sorusunun cevabı hâlâ belirsizliğini koruyor.

29. Balarısı iğneleri gerçekten şeytanidir. Pompaladığı zehre ilaveten, iğne bedenden kopup gittikten sonra bile kıskaçlarını kurbanın derisine batırmaya devam edip, diğer dişileri saldırıyı sürdürmeye çağıran bir de imdat feromonu salgılar.
30. Maeterlinck 1901, 24-25.

3. Birlikte Ama Yalnız

1. Muhtelif versiyonlarıyla birlikte, bu alıntı hatalı bir biçimde on dokuzuncu yüzyıl yazarı Honoré de Balzac'a atfedilir. Ama aslında o Balzac böyle bir sözü ne söylemiş ne de yazmıştır. Alıntının gerçek sahibi, Fransız Akademisi'nin ilk üyelerinden biri olan üretken bir on yedinci yüzyıl denemecisi, mektup yazarı Jean-Louis Guez de Balzac'tır. Balzac 1854, 280 (çeviri S. Rouys tarafından onaylandı, kişisel görüşme).
2. Farklı farklı larva evrelerinden geçen fosillerin tarihi en az 280 milyon yıl önceye uzanmasına rağmen, böceklerde başkalaşımın evrimi tam olarak anlaşılamamıştır. Özellikle de larvaları uzun süre kozada kalan türler için, bu evre yavrularla yetişkinler arasındaki rekabeti azaltma konusunda bazı avantajlar sunar. Arılar, eşekarıları, karıncalar, sinekler, pireler, kınkanatlılar, güveler ve kelebekler başta olmak üzere böceklerin yüzde sekseninden fazlası için, larva evresi son derece başarılı bir yaşam stratejisi haline gelmiştir.
3. Duvarcı bahçe arılarının yakın akrabalarının da aralarında bulunduğu bazı türlerde, her mevsim yumurtadan çıkan larvaların bir kısmı yuvada bir yıl fazladan bekler. Teorik olarak bakınca, bu gecikme kötü hava şartlarına, polen ve nektar kaynaklarının azlığına ya da o yıl kozadan çıkanların tamamını ortadan kaldırabilecek felaketlere karşı bir tedbir olarak ge-

lişmiştir. Ama bu stratejinin riskleri de yok değildir – arı yuvada ne kadar uzun süre hareketsiz kalırsa, parazit ve patojenlere de o kadar uzun süre maruz kalır. Ayrıca, girişin yakınındaki iki yıllık arılar arkadan gelen bir yıllık arılar tarafından yok edilir (bkz. Torchio ve Tepedino 1982).

4. Bu yorumu bir adım öteye taşıyarak ilginç bir noktaya değinmek istiyorum: Eldeki bulgular iğneli eşekarılarının, arıların ve karıncaların tamamının ortak atası olarak ölümcül bir parazite işaret ediyor. Bu grupların larvaları dışkılamayı koza içinde geçirdikleri sürenin sonuna kadar erteler, bu da katil parazitlerin konakladıkları canlının erkenden hastalanmasını önlemek için geliştirdikleri bir alışkanlıktır. Bu alışkanlık ortak bir atadan miras alınmış gibi görünüyor, bu da katil parazit yaşam tarzının tüm bu farklı grupların tarihi boyunca birçok kez ortadan kaybolup (mesela arılar, karıncalar) yeniden ortaya çıktığını (bazı eşekarıları) düşündürüyor.
5. "Boynuzlamak" ya da "boynuzlu (koca)" anlamına gelen İngilizce *cuckold* sözcüğü de yine guguk kuşundan gelir, ki insanların arı davranışları hakkında konuşmaya başlamasından çok önce kullandığı bir analojidir bu. İngilizcede bu kelimenin ilk kullanımı, "guguk arısı" isminin ilk kullanımından altı asır öncesine uzanır.
6. Bu ölümcül çene kemiklerinin ne işe yaradığı ziyadesiyle aşikâr. Ama guguk arısı larvaları bu ölümcül silaha yalnızca hayatlarının ilk aşamasında sahiptir. Yuvanın asıl sahibi olan larva güvenli bir şekilde uğurlandıktan sonra, guguk kurtçukları silahlarını kaybedip normal birer arı yavrusu gibi gelişimlerine devam eder.
7. Yetişkin bir arının boyutu doğrudan larvayken tükettiği besin miktarını yansıtır. Duvarcı bahçe arısı gibi yalnız türlerde, bu durum dişilerin genelde gözle görülür ölçüde daha büyük olmasına yol açar, ama aynı zamanda annenin mahareti ve uçuş sürecindeki çevre koşulları hakkında da fikir verir. Havaların kötü gittiği, kaynakların kısıtlı olduğu bir mevsim, bir sonraki yıl yetişkinlerin daha küçük olmasıyla sonuçlanır. Balarısı, yabanarısı gibi sosyal türlerde, kraliçe namzeti olarak belirlenen larvalar diğerlerine kıyasla daha fazla yiyecek tüketir, bu da onları daha büyük, doğurgan yetişkinler yapar. (Hatta balarıları, kraliçe namzetlerine mahsus, "arı sütü" olarak da bilinen, besin değeri yüksek özel bir madde üretir.)
8. Cane 2012, 262-64.
9. Zebra çizgilerinin ne işe yaradığına ilişkin tartışmanın geçmişi, Darwin'le Wallace'ın fikir ayrılığına kadar uzanır. Çizgilerin görsel etkisinin önemine işaret eden bulgular hâlâ olmakla birlikte, yakın dönemli çalışmalar bu özelliğin serinlemeye ve ısıran sinekleri uzaklaştırmaya yardımcı olduğunu gösteriyor (bkz. How ve Zanker 2014; Larison ve diğ. 2015).
10. E. O. Wilson röportajı, "E. O. Wilson on the 'Knockout Gene' That Allows Mankind to Dominate Earth", Big Think, tarihsiz, http://bigthink.

com/videos/edward-o-wilson-on-eusociality.

11. Vergilius 2006, 79.
12. Michener 2007, 15.
13. *A.g.y.*, 354.
14. Bununla birlikte, bazı türlerde sık sık karşılaşıldığı gibi dişiler birden fazla erkekle çiftleşip farklı kaynaklardan sperm depoladığında akrabalık azalır.

4. Özel Bir İlişki

1. Thoreau 2009, 169.
2. En önemli polen eşekarısı toplulukları Afrika'nın güneybatısında bulunur. Gess ve Gess'in (2010) gözlemlerine göre bazı türleri binlerce yeraltı yuvasından oluşan topluluklar oluşturur ve birçok çiçek ailesini (yıldızçiçeği, çançiçeği ve diğerleri) düzenli olarak ziyaret eder. Tozlaşma açısından, aynı çiçekleri ziyaret eden arı türlerine kıyasla genelde daha önemsiz görülürler. Ama yılın belirli dönemlerinde, eşekarıları bazı çiçek türlerini arılardan kat kat fazla ziyaret eder, hatta o türler için en etkili tozlaştırıcı haline bile gelebilirler.
3. Konuşmanın tam metni ile kısa bir videosu için bkz. Uluslararası Churchill Derneği'nin internet sitesi: www.winstonchurchill.org/resources/speeches/1946-1963-elder-statesman/120-the-sinews-of-peace.
4. Thompson ve diğer uzmanlar bu ifadeyi artık düzenli olarak kullanıyor, ama bunu Donald Strong, John Lawton ve Sir Richard Southwood tarafından kaleme alınan 1984 tarihli *Insects on Plants* (Bitkilerin Üzerindeki Böcekler) isimli kitaba atıfla yapıyorlar (Strong ve diğ. 1984).
5. Arılar, tüyler ve polen arasındaki bağ oldukça güçlüdür – dansın bir figürünün değişmesi bile tüm işleyişin hızla değişmesine yol açar. Örneğin, guguk arıları polen toplamaz, bu yüzden de tüylü olmaları için hiçbir sebep yoktur. Dolayısıyla çoğu tüylerini terk edip eşekarılarını andıran daha pürüzsüz bir görünüşe kavuşmuştur – gerçi mikroskop altında dikkatle incelendiğinde bacakta, yüzde, bedenin farklı yerlerinde dallı budaklı seyrek tüyler hâlâ görülebilir.
6. Düzenli olarak nektarla beslenen eşekarıları birçok tür için zaman zaman polen taşıyıcısı rolü oynar, ama bitkilerle özel ilişkiler kurdukları nadiren görülür. İncir eşekarıları, yüzlerinde çengelli tüyler bulunan bazı polen eşekarıları ve çeşitli türlerin orkidelerin yalancı çiftleşme (*pseudocopulation*) oyununa aldanan erkekleri dikkate değer istisnalar arasındadır.
7. Darwin 1879, akt. Friedman 2009.
8. Kapalı tohumlu bitkilcrin tam olarak kaç yaşında olduğu sorusu hâlâ ha-

raretli tartışmalara konu oluyor, ama fosil verileri ve genetik veriler bu bitkilerin Jura Dönemi'nde ortaya çıkmış, bir süre tropikal orman çalıları olarak güçbela hayatta kaldıktan sonra Kretase boyunca çeşitlilik kazanmış olabileceklerini gösteriyor (bkz. Doyle 2012).

9. "Flowers" şiirinden, Longfellow 1893, 5.
10. Kaldı ki bir görüşe göre kırmızı bile epey sınırlı olurdu. Bazı uzmanlar kuşların kırmızı çiçeklere yönelmesinin bir tercihten çok fırsatı değerlendirmek olduğunu savunuyor. Kuşlar çeşitli renklerde çiçekleri ziyaret ederler, ama kırmızı çiçeklerin arıların birçoğu için görünmez (ya da en azından bulunması zor) oluşu kuşlara rekabete girmeden erişebilecekleri bir nektar kaynağı sunarak kuş-bitki özelleşmesini pekiştirir. Bu sistemin temel dinamiğini oluşturan arı rekabeti olmasaydı, sinekkuşlarının tozladığı on dört türün yalnızca üç tanesinin kırmızı olduğu Juan Fernández Adaları'nın arısız bitki örtüsündeki gibi, kuşlar diğer renkleri de aynı sıklıkla ziyaret ederdi muhtemelen.
11. "Give Me the Splendid Silent Sun" şiirinden, Whitman (1855) 1976, 250.
12. Sutherland 1990, 843.
13. Hooker'a mektup, 30 Ocak 1862, Cambridge Üniversitesi, Darwin Correspondence Project arşivi, www.darwinproject.ac.uk. Ayrıca bkz. Kritsky 1991.
14. Selkirk'ün geminin vaziyetiyle ilgili sezgileri doğru çıktı. *Cinque Ports* adlı gemi üç ay sonra Kolombiya sahillerinde battı. Kaptan ve hayatta kalan mürettebat İspanyol koloni gemilerince kurtarılıp tutsak edildi.
15. Juan Fernández bitki örtüsünün kapsamlı, harikulade bir incelemesini sundukları 2001 tarihli makalelerinde, Bernardello ve diğ. yerli çiçeklerin yüzde 73'ünün beyaz, yeşil veya kahverengi olduğunu tespit etmiştir. Aynı makaleye göre, adadaki çiçeklerin yalnızca yüzde 12'si sarıyken, arılarla en çok özdeşleştirilen renk olan mavinin oranı tüm çiçekler içinde sadece yüzde 5'tir. Benzer şekilde, çiçeklerin yüzde 75'inden fazlası yuvarlak, göze batmayan şekillerdeyken, ikiyanlı simetriye veya arıları hedef alan çiçeklerde yaygın olarak görülen başka simetrik desenlere sahip olanların oranıysa yalnızca yüzde 2'dir.
16. Bu türlerden an az biri, kendisini kuşlar için daha çekici hale getirebilmek için rengini de saf maviden (bir arı rengi) mora doğru kaydırmıştır (bkz. Sun ve diğ. 1996).
17. Brady'nin ifadesi evrim araştırmalarının çok temel bir ilkesine, ortak miras mantığına dayanıyor. Akraba organizmalardan oluşan bir grup dallı budaklı tüyler gibi bir özelliği paylaştığında, bunun en basit açıklaması o özelliğin her bireyde teker teker gelişmesinden ziyade ortak bir atadan miras alınmış olmasıdır.
18. Bu büyüleyici çalışmalar hakkında daha ayrıntılı bilgi edinmek için bkz.

Schemske ve Bradshaw 1999; Bradshaw ve Schemske 2003.

19. Bkz. Hoballah ve diğ. 2007.
20. Deney koşullarında, arılar sürekli olarak seçenekler arasında en yüksek şeker yoğunluğuna sahip nektarı tercih eder (örn. Cnaani ve diğ. 2006). Bu davranış, arıların sinekkuşlarının beslendiği çiçekleri veya diğer güvenilir tatlılık kaynaklarını ziyaret etmeyi hızlıca öğrendiği vahşi doğada da kolaylıkla görülebilir. Örneğin Kosta Rika'daki La Selva Biyoloji Merkezi'nde, *Trigona* cinsi iğnesiz arıları izlemek için en uygun yer kafeteryanın verandasıdır, çünkü buradaki arılar her yerde bulunan yerel bir sos olan Lizano şişelerinin ağzından beslenmek için sıraya girerler.
21. Yüzde 80'in üzerinde şeker içeren bal, arıların tozladığı sıradan bir çiçeğin ürettiği nektardan aşağı yukarı iki misli daha tatlıdır.
22. Erkek Euglossine arılarının bu parfümleri tam olarak nasıl kullandıkları belirsizliğini hâlâ koruyor, ama dişiler için rekabet eden birden fazla erkeğin kur yapma davranışlarını sergilemek üzere toplandıkları alanın işaretlenmesinde kullanıldığı düşünülüyor. Kesin olan tek şey dişileri cezbedenin sadece bu kokular olmadığı – çünkü dişiler çiçekleri asla ziyaret etmiyor.
23. Darwin 1877, 56.
24. *Ophrys* orkidelerinde bu sürecin gelişimini inceleyen büyüleyici araştırmalardan biri için bkz. Breitkopf ve diğ. 2015.
25. Muhtemelen, giderek derinleşen nektar tüplerinin içine erişmeye dönük daimi ihtiyacın bir sonucu olarak ortaya çıkan daha uzun bir dile sahip olma eğilimi, arılardaki en güçlü evrim sinyallerinden biridir. Bitkiler açısından, derinleşen tüpler daha dar, daha özel bir tozlaştırıcı grubuna hitap eder ve bu da beraberinde farklılaşmayı getirir. Örneğin, nektar tüpüne sahip olan kurtboğan (*Aconitum*) ve hasekiküpesi (*Delphinium*) gibi bitki soyları onlarca tür içerdiği halde, bu organdan yoksun olan yakın akrabaları çörekotunun (*Nigella*) yalnızca bir avuç türü vardır.
26. Belirli bir tozlaştırıcıyla ilişkisi çerçevesinde özelleşmiş birçok bitki, kısmen kendi başına üreme, kendi poleninden tohum üretme kabiliyetini muhafaza ederek kendisini olumsuzluklara karşı korur. Hatta bu sigorta sistemi birçok çiçeğin evrimsel olarak yeni kokular, renkler ve başka döllenme özellikleri üzerinde deney yapabilmesini sağlar.

5. Çiçeklerin Açtığı Yerde

1. Bu ifade, Fransız iktisatçı Jean-Baptiste Say'nin *Politik Ekonomi İlmihali* (1803) başlıklı kitabında öne sürdüğü bir ilkenin özeti kabul edilir.
2. Genellikle Arı Laboratuvarı adıyla bilinen bu mükemmel tesisin resmi

adı çok daha uzundur: ABD Tarım Bakanlığı Tozlaştırıcı Böcek Biyolojisi Müdürlüğü Sistematik Araştırmalar Birimi.

3. Kazıcı arıların cins adı Yunancada "çiçek taşıyıcılar" anlamına gelen sözcüklerden gelir. Ama bahsettiğim taklitçi arılar için asıl hikâye, türü belirten *bomboides* sözcüğünde saklıdır: Bu sözcük yabanarılarının cins adı olan *Bombus*'a gönderme yapar. Bunun neticesinde, bilimsel adları da alışık olmadığımız ölçüde nettir: *Anthophora bomboides*, yabanarısına benzeyen kazıcı arı.
4. Fabre 1915, 228.
5. Nininger 1920, 135.
6. Bates taklidi adıyla bilinen bu strateji, zararsız türlerin uyarı mahiyetinde zehirli, iğneli, kısaca zararlı türlerin büründüğü renkleri taklit etmesine dayanır. Bu şekilde, zararsız türler zararlı olanların uyarı sinyalini kullanarak potansiyel düşmanlarını ve yırtıcıları kendilerinden uzak tutar. On dokuzuncu yüzyılda yaşamış İngiliz kâşif ve doğabilimci Henry Walter Bates bu taklit biçimini ilk kez çeşitli Amazon kelebeklerinde tespit etmiştir.
7. *Anthophora bomboides* arıları sokmayı bırakmış olsalar da, başka savunma taktikleri geliştirdiklerini düşündürecek davranışlar sergilerler. Kitabın bu bölümü üzerinde çalışırken arılı tepeme yaptığım ziyaretlerin birinde ağıma bir dişi takılmış, onu oradan çıkartmak epey vaktimi almıştı. Kısa bir süre sonra, tepemde bir sürü başka arının dolandığını, geri çekilmeden önce etrafımda bir halka oluşturduklarını fark ettim. Daha önceki ziyaretlerimde arılar varlığımı tümüyle görmezden gelmişlerdi, ama şimdi bir düzineden fazlası beni taciz ediyordu, plajın kumlarına ayak basıncaya dek peşimi bırakmadılar. Ağıma takılan arı bir imdat feromonu salgılamış olabilir miydi? Bu fikri test etmek için bayırdan aşağı yürüyüp koloninin farklı bölümlerine ağ attım. Arılar hemencecik ağın etrafını çevirdiler. Yalnız yaşayan bir tür olarak, kazıcıların geçmişinde organize savunma taktiklerinin izine rastlanmaz, ama birbirlerine sokulan ve zaman zaman da yuva oyuklarını paylaşan hayvanlardır bunlar. Savunma sosyal evrimin tam kalbinde yer alır – henüz olgunlaşmamış saldırganlıkları bu yolda atılmış bir ilk adım olabilir mi? Görüştüğüm hiçbir uzman bu duruma açıklama getiremedi, ama Brooks (1983) *A. bomboides* türünde aynı davranışı gözlemlemiş, Thorp (1969) da başka bir *Anthophora* türünde benzer bir davranış tespit etmişti. Doğru doktora öğrencisini bekleyen fevkalade bir tez konusu!
8. Brooks 1983, 1.
9. Nininger 1920, 135.
10. Kazıcı arılar yuvalarındaki tünellere, odalara ve kulelere biçim vermek üzere toprağı nemlendirmekte kullandıkları suyu da bal keselerinde taşır.

Yuva inşaatının en yoğun olduğu dönemde, dişiler taze su kaynaklarına günde seksen civarında sefer yapar (Brooks 1983).

11. Ayrıca, katlanabilir böcek ağları kolayca ortadan kaldırılabilir, ki toplayıcılığın hoş karşılanmadığı bölgelerde bu epeyce kullanışlı bir özelliktir. Bazı böcekbilimciler bu ağlara "Ulusal Park Ağları" der.
12. Bu cümle1989 yapımı *Field of Dreams* / *Düşler Tarlası* filminden bir repliğin biraz değiştirilmiş halidir. Filmde tarlasında gezinirken gaipten bir sesin "Sen [sahayı] yap, *o* gelir," dediğini duyan Iowalı bir çiftçi mısır tarlasına beyzbol sahası inşa eder.
13. Balarılarının kaba yonca çiçeklerinden nektar aşırma alışkanlığı daha büyük hırsızlıklar için zemin hazırlar. Vadi turumuz sırasında, Mark ticari amaçla arı yetiştiren birinin kaba yonca tarlalarıyla çevrili kiralık bir arsaya açtığı dükkânı göstermişti bize. Küçücük bir alana tıkıştırılmış, vızır vızır çalışan çok sayıdaki kovanın içinin balla dolu olduğuna hiç şüphe yoktu. Ama bu arılar ziyaret ettikleri çiçeklerin büyük bölümüne polen taşımadıkları için yaptıkları şey bir tür korsanlıktı – karşılığında hiçbir şey sunmadan çiçeklerin nektarını sömürüp tarlalardaki tohum verimini düşürüyor, yani çiftçilerin kârını aşağı çekiyorlardı. "Balarılarına bir garezim yok tabii," dedi Mark huysuz huysuz, "ama şu arıcılardan hiç hoşlanmıyorum."

6. Bal Kuşları ve İnsansılar

1. Güncel kullanımda, "insansı" (hominin) sözcüğü bizim cinsimiz *Homo* ile onun *Australopithecus* ve *Ardipithecus* gibi nesli tükenmiş akrabalarını da içeren kendine özgü bir primat altgrubuna gönderme yapar. Sıklıkla, hem insanları hem de şempanze, goril ve orangutan gibi büyük kuyruksuz maymunları içeren aile düzeyindeki bir kategori olan "insansı maymunlar"la (hominidler) karıştırılır. (Diğer büyük kuyruksuz maymunları başka bir aileye dahil eden bir önceki primat sınıflandırmasında bu sözcükler eşanlamlı kullanılıyordu.) Ama insan paleontolojisine ait hemen her şey gibi, bu tanımlar da hâlâ tartışılıyor. Günümüzde, bazı uzmanlar yaşayan en yakın akrabalarımız olan şempanzeleri de "insansılara" dahil ediyor.
2. Erasmus'un Latince aslını kaydettiği "Neque Mel, neque Apes" deyişinin yaygın çevirisi. Bland 1814, 137.
3. Cane ve Tepedino (2016), balarılarının Kuzey Amerika'daki yerli türler üzerindeki en önemli etkisini bayındır tarım arazilerinden ziyade vahşi yaşam alanlarında, özellikle de ABD'nin batısında gösterdiğini öne sürer, zira burada arılar çeşitli mahsulleri tozladıktan sonra ticari balarısı ko-

vanları genellikle birkaç aylığına "otlatılır".

4. Sparrman 1777, 44.
5. Bu kuşla insanlar arasındaki güçlü bağa ilişkin daha fazla kanıt, söz konusu bağın yavaş yavaş yok olmasından da çıkarsanabilir. Şimdilerde kimsenin bal avcılığı yapmadığı şehirlerin, kasabaların, çiftliklerin yakınındaki bal kuşları kılavuzluk etme alışkanlıklarını yitirmeye başladı. Günümüzde, bal kuşlarını ve bu kuşların kılavuzluk davranışını muhafaza etmeye çalışan bazı korumacılar Afrika'daki ulusal parklarda bal avı geleneğini yeniden canlandırmak için uğraşıyor.
6. Aç kalındığında, glikoz sınırlı yahut erişilmez duruma geldiğinde beyin yağ asitlerinin parçalanmasıyla üretilen ketonla idare eder, ama buna uzun süre dayanamaz.
7. Günümüzde, bazı uzmanlar Fındıkkıran Adamı'nı ayrı bir cinse, "sağlam australopith" olarak da bilinen *Paranthropus* cinsine dahil ediyorlar. Ayrıca bazen Leakey ailesinin önerdiği *Zinjanthropus* adıyla anıldığı da oluyor. İsim konusundaki ihtilafları bir yana bırakırsak, Fındıkkıran'ın insanın doğrudan atası olmayıp *Homo* cinsinin evrildiği çağlarda Doğu Afrika'da yaşayan ve yakın akraba olan birkaç insansıdan biri olduğu konusunda uzmanların büyük bölümü hemfikir.
8. Bernardini ve diğ. (2012) ile Roffet-Salque ve diğ. (2015) Neolitik çağda bal tüketimiyle ilgili sağlam kanıtlar öne sürüyor.
9. Manşeti öpüşme fikri ele geçirse de, bu çalışma Neandertallerin beslenme düzeniyle –özellikle de beslenme düzenlerinin bölgeden bölgeye nasıl değiştiğiyle; tüylü gergedandan yabani koyuna, mantara, çamfıstığına, yosuna uzanan bir çeşitlilikteki bölgesel olanaklardan nasıl istifade ettikleriyle– ilgili muazzam bir perspektif sunuyor. Ama yazarlar kimyasal izlerden ziyade DNA izlerini analiz ettiği için, balla ilgili hiçbir bulguya da rastlayamadılar tabii (Weyrich ve diğ. 2017).
10. Et, meyve, yumru kökler ve diğer besin maddelerinde olduğu gibi, Hadza halkı genellikle balı da paylaşır. Ama bal fazlasıyla sevildiği için ara sıra aldatmacalara neden olabiliyor. Herkese yetecek kadar balın toplanmadığı birçok durumda, Alyssa avcıların kendi ailelerine vermek üzere kıyafetlerine petek parçaları sakladığını gözlemlemiş.
11. Hadza kabilesinin bal tüketme alışkanlığı münferit bir örnek değildir. Bal üreten arıların bulunduğu hemen her coğrafyada, bal avcı-toplayıcı gruplar için önemli bir besin kaynağıdır. Örneğin Kongo'daki Ituri yağmur ormanlarında yaşayan Mbuti halkı da en sevdikleri yiyecekler listesinin başına kovan mahsullerini koyuyor. Mbutiler en az on farklı arı türünün kovanlarını yağmalar; dahası, çiçeklerin toplu halde açtığı, arı nüfusunun en yüksek seviyeye ulaştığı iki aylık "bal mevsimi" boyunca kalori ihtiyaçlarının yüzde 80'ini baldan, polenden ve kovanlardaki larvalardan te-

min ederler (bkz. Ichikawa 1981).
12. Crittenden 2011, 266.
13. Brine 1883, 145.
14. Stableton 1908, 22.

7. Yabanarısı Yetiştirmek

1. Thoreau 1843, 452.
2. Sladen 1912, 125. Ben bunu tahta bir kaşıkla denedim, sonuç hiç fena olmadı. Mutfağı saran yoğun erimiş balmumu kokusu da cabası.
3. Tolstoy [1867] 1994, 998.
4. Doyle 1917, 302.
5. Birçoğu arasından öne çıkan arıcılık kitapları şöyle sıralanabilir: Sue Hubbell'ın hatıratı *A Book of Bees* (1988); William Longgood'un *The Queen Must Die* (1985) isimli kitabı ve Richard Jones ile Sharon Sweeney-Lynch'in birlikte kaleme aldığı bir elkitabı olan *The Beekeeper's Bible* (2010).
6. Plath'ın başka arı türleri hakkında da bilgi sahibi olduğuna şüphe yok. Bir şiirinde, toprağa yuva yapan bir türün kalem kalındığındaki yuva oyuklarında hayal meyal gördüklerini öyle bir betimler ki bunun kişisel bir deneyime dayanmıyor olması olanaksızdır. Entomolojik hakikatleri göz ardı etmeyip, Plath'ın arı metaforları hakkındaki yanlış yorumlarını düzeltecek sağlam bir Sylvia Plath tezi bir gün mutlaka yazılacaktır. Örneğin, Plath bir yalnız arıdan söz ettiğinde yalnız kalmış bir balarısından bahsetmiyordu kesinlikle!
7. Plath 1979, 311.
8. Bu çalıkuşu kraliçemizi alt etti, ama roller tam tersi de olabilirdi. Kraliçe yabanarısının kuşları yuvasından kovduğuna, hatta bazı durumlarda çoktan yumurtlamış olan kuşların yuvasına bile musallat olduğuna işaret eden farklı çalışmalar vardır. Kore'deki iki baştankara türü üzerinde yapılan ses deneyleri, vızıltı sesinin kuluçkadaki dişileri yuvadan kaçırmaya yettiğini göstermiştir örneğin (Jablonski ve diğ. 2013).
9. Coleridge 1853, 53.
10. Bu iki türün bilimsel adları *Bombus sitkensis* ve *Bombus mixtus*'tur. Dünyadaki 250 yabanarısı türü arasındaki farklara ilişkin bildiklerimiz düzensiz gözlemlere dayandığı için, bu türlerden birçoğunun yaygın olarak bilinen ortak isimler alması çok yenidir. Amerika'nın kuzeybatısındaki yabanarıları için hazırlanan bir saha rehberinin başyazarı olan Jonathan Koch, kitabın baskıya verildiği âna dek yeni isimler türetmişti. Bir yazışmamızda, *B. mixtus*'un, erkeklerin antenlerinin iç yüzeyindeki belirgin

turuncu tüyler sebebiyle "tüylü antenli yabanarısı" ismini aldığını anlatmıştı. Tabii bir de "kulağa hoş geldiği" için.

11. *Türlerin Kökeni*'nde, Darwin kırmızı yoncada tozlaşmayı sağlayan tek böceğin yabanarısı olduğunu söylemişti, ancak daha sonra balarılarının (ve bazı yalnız arıların) da bu çiçekleri ziyaret ettiğini öğrendi. Hatasının mahcubiyeti içinde kaleme aldığı bir mektupta arkadaşına şöyle diyordu: "Kendimden nefret ediyorum, yoncalardan da, hatta arılardan da" (John Lubbock'a mektubundan, 3 Eylül 1862).
12. Darwin 1859, 77.

8. Üç Lokmamızdan Biri

1. Big Mac'in malzemeleri ülkeden ülkeye farklılık gösterebiliyor. Örneğin Güney Afrika'da bu malzemelere bir de domates dilimi eklenirken, ineklerin kutsal kabul edildiği Hindistan'da da sığır eti yerine tavuk veya kuzu eti tercih ediliyor.
2. Özellikle de tahıl fiyatlarının yükseldiği dönemlerde, sığırların şeker veya onun gibi tuhaf şeylerle beslenmesi yaygın rastlanan bir uygulamadır (bkz. Smith 2012).
3. Kanola yağının üretildiği yabani hardalın İngilizcedeki yaygın adı *rape*'tir ("tecavüz"). Bu ismin ticari açıdan getireceği bariz kısıtlamaları aşmak için, Manitoba Üniversitesi'ndeki ziraat araştırmacıları ona Kanola (Canola) ismini verdiler (**Can**adian **o**il, **l**ow **a**cid: Kanada yağı, düşük asitli).
4. Marulda tozlaşma konusunda şaşılacak ölçüde az çalışma bulunuyor, bunlardan birinde Jones (1927) arıların aynı bitkinin çiçekleri arasında gerçekleştirdiği polen hareketliliğinin hem tozlaşma oranını hem de çiçek başına iletilen polen tanelerinin sayısını artırdığını bulmuştur. Bir başka çalışmada D'Andrea ve diğ. (2008), genetik araçlar kullanarak, incelenen en uzak mesafede –40 metreyi bulan bir aralıkta– muhtemelen arıların yardımıyla gerçekleşen çapraz tozlaşmayı doğruladılar.
5. Hurma ağaçlarını rüzgârla tozlaşmaya bırakmanın bariz verimsizliği, bazı uzmanları bu ağaçların bir zamanlar kısmen de olsa böceklere bağımlı olduğunu ileri sürmeye sevk etti. Kökeni belirsiz olsa da, hurma ailesinde arılar, kınkanatlılar yahut sinekler aracılığıyla tozlaşma rüzgârla tozlaşmadan çok daha yaygındır. Ayrıca, dişi çiçeklerdeki dokuların hâlâ nektar üretebildiği, yine bazı erkek türlerinse kokulu çiçekler üretebildiği anlaşılıyor. Brian Brown ara sıra da olsa erkek çiçeklerin üzerinde, her tarafı polene bulandığı için "sarhoşmuş izlenimi veren" erkek arılar gördüğünü söylemişti. Bkz. Henderson 1986; Barfod ve diğ. 2011.
6. Tuhaf olan, pratiğin kendisinden doğan bu bilginin tozlaşma konusunda

bilimsel bir kavrayışa dönüşmek için on sekizinci yüzyıla kadar beklemiş olmasıdır. Tozlaşmanın ayrıntıları, özellikle de böceklerin tozlaşmadaki rolü, Charles Darwin ve çağdaşlarının bu meseleyle ciddi ciddi ilgilenmeye başladığı 1860'lara kadar belirsizliğini korudu.

7. Antik dünyanın hurma tedarikçileri sanki vızıldayan böcekleri işsiz bırakmaya azmetmiş gibi, insan eliyle tozlanan meyveleri, genellikle arılara tahsis edilmiş başka bir rol olan bal üretimini gasp etmek için de kullandılar. Antik dünyada "hurma balı" genellikle gerçek bal niyetine, yahut arıların ender görüldüğü yerlerde ucuz bir alternatif olarak satılıyordu. Bugün Arapçada *rub*, İbranicede *silan* denen bu ürün, Ortadoğu ve Kuzey Afrika mutfaklarında yaygın bir tatlandırıcı olarak kullanılmaya devam ediyor.
8. Theophrastus 1916, 155.
9. Vanilya fasulyesi üreten orkideler genellikle tropikal arılara bağımlıdır, ama kürdan kullanılarak elle tozlanmaları da oldukça kolaydır. İnsanlar on dokuzuncu yüzyılın başlarında bu hileyi öğrendiklerinde üretim (orkidelerde tozlaşmayı sağlayan tropikal arıların memleketi) Meksika'dan tropikal kuşağın tamamına yayıldı ve bu durum Meksikalı üreticileri vanilya üretiminde tekel olmanın getirdiği kazançtan mahrum bıraktı.

9. Boş Kovanlar

1. Miller 1955, 64.
2. Genetik bulgular *B. californicus*'un, daha yaygın görülen sarı yabanarısı *B. fervidus*'un farklı renkteki yerel muadili olabileceğini gösteriyor.
3. Robbin Thorp'un Franklin yabanarısı arayışını konu alan bu harika kısa belgesele şu adresten ulaşılabilir: https://edition.cnn.com/videos/world/2016/12/ 08/vanishing-sixth-mass-extinction-domesticated-bees-sutter-mg-orig.cnn/video/playlists/vanishing-mass-extinction-playlist.
4. Genellikle Tiberius'un salatalığa (*Cucumis sativus*) düşkün olduğu belirtilmekle birlikte, ortaçağdan evvel Avrupa'da bu salatalığın tüketildiğine ilişkin hiçbir bulgu bulunmuyor. Bu grupta ona günlük olarak sunulması mümkün olan meyve *Cucumis melo*'dur – kantalup kavunu, yeşil kavun ve kışlık sarı kavun gibi bir dizi tatlı kavunun atası (Paris ve Janick 2008).
5. H. Rakham çevirisinden akt. Paris ve Janick 2008.
6. Ak sokumlu yabanarısı (*B. moderatus*), *Nosema* patojeninin varlığına karşın istikrarlı bir batı yabanarısı nüfusunun da bulunduğu Alaska ile Kanada'nın kuzeyinde yaşar. Jamie Strange ve başka araştırmacılar bunun farklı bir *Nosema* türü olup olmadığını, iklim veya başka çevresel

faktörlerin bu türün etkilerini değiştirip değiştirmediğini öğrenmek istiyorlar.

7. Balarılarının ne kadar uzağa uçabildiği sorusuna verilebilecek en iyi cevap, "gerektiği kadar"dır. Yiyecek arama menzilleri, etraflarındaki çiçeklerin buna elverişli olup olmadığına bağlı olarak değişim gösterir. Bu mesafe genellikle 3,2 km civarındadır, ama çiçeğin az bulunduğu coğrafyalarda (yahut yılın belirli dönemlerinde) işçiler nektar ve polen bulabilmek için düzenli olarak daha uzaklara yolculuk eder. 1933 yılında ustalıkla yürütülen bir araştırmada, arıların bodur ağaçlarla kaplı bir alana kurdukları kovanları ile sarıyoncalar arasında 13,6 km uçtukları belgelendi (Eckert 1933). Bu koşullar bir koloninin gelişimi için elverişli olmayabilir, ama deney işçilerin gerektiğinde ne kadar uzaklara uçabildiğini göstermesi bakımından önemlidir. Daha güncel bir araştırma, bireylerin süpürgeotu çiçeklerine ulaşmak için 14,4 km mesafe kat ettikleri Yorkshire kıyılarında yiyecek arayan arıların kuyruk sallama dansının kodlarını çözerek bu bulguyu doğruladı (Beekman ve Ratnieks 2000).
8. KÇS hakkındaki bilimsel bir belirsizlik ve anlaşmazlık olarak başlayan şey kısa süre içinde kamusal alana sirayet edip, özellikle de pestisitlerin ve genetiği değiştirilmiş ürünlerin olası etkileriyle ilgili huzursuzluklara yol açtı. Çeşitlilik gösteren sonuçlar ve yorumlar, tüm tarafların kendi konumlarını destekleyecek, çekişmeyi körükleyip sürdürecek bazı kanıtlar bulmasını sağladı. Öyle ki, bugün KÇS tartışmalarının kendisi bile akademik bir ilgi odağı haline geldi. Sosyal bilimciler çıkar çatışmalarının, güçlü duyguların ve önemli siyasi içerimlerin söz konusu olduğu bu meseleyi kamuoyunun bilim algısını incelemek üzere örnek vaka olarak ele alıyor (bkz. Watson ve Stallins 2016).
9. Nektarın içinde alkaloid ve savunma amaçlı başka toksinlerin bulunması sıradışı olmakla birlikte, en az bir düzine bitki ailesinde görülecek kadar da yaygındır. Bu fenomen henüz yeterince araştırılmadı, ama tozlaştırıcılarla özel ilişkilerin tesis edilmesine yardımcı olabilir. Örneğin ölümcül kamas arısının (*Andrena astragali*), adını aldığı bitkinin ürettiği nektar ve polendeki güçlü alkaloidin zehirli etkisiyle baş edebildiği anlaşılıyor. Bilinen hiçbir tozlaştırıcı bunu yapamaz. Bir defasında, ölümcül kamas çiçeğinin tadına bakmış bir guguk arısı bulmuştum, o kadar zor ayakta duruyordu ki farklı (ve zehirli olmayan) bir bitkinin üzerine bırakmadan önce yarım saat parmağımın ucunda taşımam gerekmişti, bıraktığımda hâlâ tam anlamıyla kendine gelememişti. Zehirli polen hakkında daha ayrıntılı bilgi için bkz. Baker ve Baker 1975; Adler 2000.
10. Arıların en zararlı kimyasal kombinasyonlarından hiç değilse bazılarını tanıyabildiğini gösteren bulgular var. Son zamanlarda araştırmacılar "gömülü polen" vakalarında artış kaydettiler. Gömülü polen, terk edilmiş ve

propolisle kaplanmış polen dolu hücrelere deniyor; arılar normalde bunu kovandaki yabancı nesneleri tecrit etmek için yapıyorlar. Gömülü polenler genellikle tuhaf bir renkte oluyor ve başta mantar ilacı olmak üzere yüksek oranda pestisit içeriyor. Bkz. vanEngelsdorp ve diğ. 2009.

10. Güneşli Bir Gün

1. Muir 1882b, 390.
2. Daha sonra, badem hasadı kaldıran bir şirkette çalışan bir teknisyenle konuştum, bana badem toplamada kullanılan birçok modelin süpürme ile taraklama hareketini birlikte kullandığını anlattı. Her halükârda verimli bir hasat için bahçenin zeminini temiz ve çıplak tutmanın şart olduğunu doğruladı.
3. Xerces mavisi (*Glaucopsyche xerces*) sadece San Francisco yakınlarındaki kıyı kumullarında yaşar, yerli acıbakla ve nilüferlerle beslenirdi. 1940'larda habitat kaybı sonucu ortadan kaybolan tür, Kuzey Amerika'da insan faaliyetleri nedeniyle nesli tükenen ilk kelebek türü kabul ediliyor.
4. O günün ilerleyen saatlerinde, tamamı çiçeklenmiş kocaman bir ayçiçeği tarlasından geçtik, etrafına düzenli aralıklarla balarısı kovanları yerleştirilmişti. Yakından bakmak için yavaşlayınca, her kovanın üzerine büyükçe bir kap şeker şurubu konduğunu gördük. İnanılır gibi değildi – burada, bereketli arazilerin ortasında, hem de yazın en sıcak günlerinde, arılar hayatta kalabilmek için besin desteğine ihtiyaç duyuyordu. Gençliğini geçirdiği Kuzey Dakota'daki bal dolu bereketli kovanları hatırlayan Eric şaştı kaldı, biraz da rahatsız oldu. "Açlıktan kıvranan üç bacaklı bir ineğin çaresizliğini seyretmek gibi," dedi, sonra yolumuza devam ettik.
5. Muir 1882a, 222.
6. *A.g.y.*, 224.

Sonuç: Arı Vızıltıları İçinde

1. Yeats 1997, 15.
2. *A.g.y.*, 35.

Ek A: Arı Aileleri

1. Bkz. Houston 1984.
2. Bkz. Danforth 1999.
3. Danforth ve diğ. 2013.

Kaynakça

Adler, L. S. (2000) "The ecological significance of toxic nectar", *Oikos* 91: 409-20.

Alford, D. V. (1969) "A study of the hibernation of bumblebees (Hymenoptera: Bombidae) in Southern England", *Journal of Animal Ecology* 38: 149-70.

Allen, T., S. Cameron, R. McGinley ve B. Heinrich (1978) "The role of workers and new queens in the ergonomics of a bumblebee colony (Hymenoptera: Apoidea)", *Journal of the Kansas Entomological Society* 51: 329-42.

Altshuler, D. L., W. B. Dickson, J. T. Vance, S. R. Roberts ve diğ. (2005) "Short-amplitude high-frequency wing strokes determine the aerodynamics of honeybee flight", *Proceedings of the National Academy of Sciences* 102: 18213-218.

Ames, O. (1937) "Pollination of orchids through pseudocopulation", *Botanical Museum Leaflets* 5: 1-29.

Aristoteles (1883) *History of Animals*, İng. çev. R. Cresswell, Londra: George Bell and Sons.

Armbruster, W. S. (1984) "The role of resin in angiosperm pollination: ecological and chemical considerations", *American Journal of Botany* 71: 1149-60.

Baker, H. G. ve I. Baker (1975) "Studies of nectar-constitution and pollinator-plant coevolution", *Coevolution of Animals and Plants* içinde, haz. L. E. Gilbert ve P. H. Raven, Austin: University of Texas Press, s. 100-40.

Balzac, J.-L. G. de (1854) *Oeuvres*, c. 2, Paris: Jacques Lecoffre.

Barfod, A., M. Hagen ve F. Borchsenius (2011) "Twenty-five years of progress in understanding pollination mechanisms in palms (Arecaceae)", *Annals of Botany* 108: 1503-16.

Beekman, M. ve F. L. W. Ratnieks (2000) "Long-range foraging by the honeybee, *Apis mellifera* L.", *Functional Ecology* 14: 490-96.

Bernardello, G., G. J. Anderson, T. F. Stuessy ve D. J. Crawford (2001) "A survey of floral traits, breeding systems, floral visitors, and pollination systems of the angiosperms of the Juan Fernández islands (Chile)", *Botanical Review* 67: 255-308.

Bernardini F., C. Tuniz, A. Coppa, L. Mancini ve diğ. (2012) "Beeswax as dental filling on a neolithic human tooth", *PLoS ONE* 7: e44904.https://doi.org/10.1371/journal.pone.0044904.

Bernhardt, P., R. Edens-Meier, D. Jocsun, J. Zweck ve diğ. (2016) "Comparative floral ecology of bicolor and concolor morphs of viola pedata (violaceae) following controlled burns", *Journal of Pollination Ecology* 19: 57-70.

Berthier, S. (2007) *Iridescences: The Physical Color of Insects*, New York: Springer.

Bland, R. (1814) *Proverbs, Chiefly Taken from the Adagia by Erasmus*, Londra: T. Egerton, Military Library, Whitehall.

Boyden, T. (1982) "The pollination biology of *calypso bulbosa* var. *americana* (Orchidaceae): Initial deception of bumblebee visitors", *Oecologica* 55: 178-84.

Bradshaw, H. D., Jr. ve D. W. Schemske (2003) "Allele substitution at a flower colour locus produces a pollinator shift in monkeyflowers", *Nature* 426: 176-78.

Brady, S. G., S. Sipes, A. Pearson ve B. N. Danforth (2006) "Recent and simultaneous origins of eusociality in halictid bees", *Proceedings of the Royal Society B* 273: 1643-49.

Breitkopf, H., R. E. Onstein, D. Cafasso, P. M. Schülter ve diğ. (2015) "Multiple shifts to different pollinators fuelled rapid diversification in sexually deceptive *Ophrys* orchids", *New Phytologist* 207: 377-89.

Brine, M. D. (1883) *Jingles and Joys for Wee Girls and Boys*, New York: Cassel and Company.

Brooks, R. W. (1983) *Systematics and Bionomics of Anthophora – The Bomboides Group and Species Groups of the New World (Hymenoptera – Apoidea, Anthophoridae)*, University of California Publications in Entomology, c. 98, s. 1-86.

Buchmann, S. L. ve G. P. Nabhan (1997) *The Forgotten Pollinators*, Washington, DC: Island Press.

Budge, E. A. W. (1913) *Syrian Anatomy, Pathology, and Therapeutics; or, "The Book of Medicines"*, c. 1, Londra: Oxford University Press.

Burkle, L. A., J. C. Marlin ve T. M. Knight (2013) "Plant-pollinator interactions over 120 years: loss of species, co-occurrence, and function", *Science* 339: 1611-15.

Cameron, S. A. (1989) "Temporal patterns of division of labor among workers in the primitively eusocial bumble bee *Bombus griseocollis* (Hymenoptera: Apidae)", *Ethology* 80: 137-51.

Cameron, S. A., H. C. Lim, J. D. Lozier, M. A. Duennes ve diğ. (2016) "Test of the invasive pathogen hypothesis of bumble bee decline in North America", *Proceedings of the National Academy of Sciences* 113: 4386-91.

Cameron, S. A., J. D. Lozier, J. P. Strange, J. B. Koch ve diğ. (2011) "Patterns of widespread decline in North American bumble bees", *Proceedings of the National Academy of Sciences* 108: 662-67.

Cane, J. H. (2008) "A native ground-nesting bee (*Nomia melanderi*) sustainably managed to pollinate alfalfa across an intensively agricultural landscape", *Apidologie* 39: 315-23.

— (2012) "Dung pat nesting by the solitary bee, *Osmia (Acanthosmioides) integra* (Megachilidae: Apiformes)", *Journal of the Kansas Entomological Society* 85: 262-64.

Cane, J. H. ve V. J. Tepedino (2016) "Gauging the effect of honey bee pollen collection on native bee communities", *Conservation Letters* 10, https://doi.org/10.1111/conl.12263.

Cappellari, S. C., H. Schaefer ve C. C. Davis (2013) "Evolution: Pollen or pollinators – Which came first?", *Current Biology* 23: R316-R318.

Cardinal, S. ve B. N. Danforth (2011), "The antiquity and evolutionary history of social behavior in bees", *PLoS ONE* 6: e21086. https://doi.org/10.1371/journal.pone.0021086.

— (2013) "Bees diversified in the age of eudicots", *Proceedings of the Royal Society B* 280: 1-9.

Cardinal, S. ve L. Packer (2007) "Phylogenetic analysis of the corbiculate apinae based on morphology of the sting apparatus (Hymenoptera: Apidae)", *Cladistics* 23: 99-118.

Carreck, N., T. Beasley ve R. Keynes (2009) "Charles Darwin, cats, mice, bumble bees, and clover", *Bee Craft* 91, no. 2: 4-6.

Chapman, H. A. ve A. K. Anderson (2012) "Understanding disgust", *Annals of the New York Academy of Sciences* 1251: 62-76.

Chechetka, S. A., Y. Yu, M. Tange ve E. Miyako (2017) "Materially engineered artificial pollinators", *Chem* 2: 234-39.

Chittka, L., A. Schmida, N. Troje ve R. Menzel (1994) "Ultraviolet as a component of flower reflections, and the color perception of hymenoptera", *Vision Research* 34: 1489-1508.

Chittka, L. ve N. M. Wasser (1997) "Why red flowers are not invisible to bees", *Israel Journal of Plant Sciences* 45: 169-83.

Clarke, D., H. Whitney, G. Sutton ve D. Robert (2013) "Detection and learning of floral electric fields by bumblebees", *Science* 340: 66-69.

Cnaani, J., J. D. Thomson ve D. R. Papaj (2006) "Flower choice and learning in foraging bumblebees: Effects of variation in nectar volume and concentration", *Ethology* 112: 278-85.

Code, B. H. ve S. L. Haney (2006) "Franklin's bumble bee inventory in the southern Cascades of Oregon", Medford, OR: Bureau of Land Management, s. 1-8.

Coleridge, S. (1853) *Pretty Lessons in Verse for Good Children, with Some Lessons in Latin in Easy Rhyme*, Londra: John W. Parker and Son.

Correll, D. S. (1953) "Vanilla: Its botany, history, cultivation and economic import", *Economic Botany* 7: 291-358.

Crane, E. (1999) *The World History of Beekeeping and Honey Hunting*, New York: Routledge.

Crepet, W. L. ve K. C. Nixon (1998) "Fossil Clusiaceae from the late Cretaceous (Turonian) of New Jersey and implications regarding the history of bee pollination", *American Journal of Botany* 85:1122-33.

Crittenden, A. N. (2011) "The importance of honey consumption in human evolution", *Food and Foodways* 19: 257-73.

— (2016) "Ethnobotany in evolutionary perspective: Wild plants in diet composition and daily use among Hadza hunter-gatherers", *Wild Harvest: Plants in the Hominin and Pre-Agrarian Human Worlds* içinde, haz. K. Hardy ve L. Kubiak, Oxford: Oxbow Books, s. 319-40.

Crittenden, A. N., N. L. Conklin-Britain, D. A. Zes, M. J. Schoeninger ve diğ. (2013) "Juvenile foraging among the Hadza: implications for human life history", *Evolution and Human Behavior* 34: 299-304.

Crittenden, A. N. ve S. L. Schnorr (2017) "Current views on hunter-gatherer nutrition and the evolution of the human diet", *Yearbook of Physical Anthropology* 162 (S63): 84-109.

Crittenden, A. N. ve D. A. Zess. (2015) "Food sharing among hadza hunter-gatherer children", *PLoS ONE* 10: e0131996.

Cutler, G. C., C. D. Scott-Dupree, M. Sultan, A. D. McFarlane ve diğ. (2014) "A large-scale field study examining effects of exposure to clothianidin seed-treated canola on honey bee colony health, development, and overwintering success", *PeerJ* 2: e652. https://doi.org/10.7717/peerj.652.

D'Andrea, L., F. Felber ve R. Guadagnulo (2008) "Hybridization rates between lettuce (*Lactuca sativa*) and its wild relative (*L. serriola*) under field conditions", *Environmental Biosafety Research* 7: 61-71.

Danforth, B. N. (1999) "Emergence, dynamics, and bet hedging in a desert mining bee, *Perdita portalis*, *Proceedings of the Royal Society B* 266: 1985-94.

— (2002) "Evolution of sociality in a primitively eusocial lineage of bees", *Proceedings of the National Academy of Sciences* 99: 286-90.

Danforth, B. N., S. Cardinal, C. Praz, E. A. B. Almeida ve diğ. (2013) "The impact of molecular data on our understanding of bee phylogeny and evolution", *Annual Review of Entomology* 58: 57-78.

Danforth, B. N. ve G. O. Poinar, Jr. (2011) "Morphology, classification, and antiquity of *Melittosphex burmensis* (Apoidea: Melittosphecidae) and implications for early bee evolution", *Journal of Paleontology* 85: 882-91.

Danforth, B. N., S. Sipes, J. Fang ve S. G. Brady (2006) "The history of early bee diversification based on five genes plus morphology", *Proceedings of the National Academy of Sciences* 103: 15118-123.

Darwin, C. (1859) *On the Origin of Species by Means of Natural Selection*, Mineola, NY: Dover; Türkçesi: *Türlerin Kökeni*, çev. Bahar Kılıç, İstanbul: Alfa, 2017.

— (1877) *The Various Contrivances by Which Orchids Are Fertilised by Insects*, 2. basım, New York: D. Appleton and Company.

Dean, W. R. J., W. R. Siegfried ve I. A. W. MacDonald (1990) "The fallacy, fact, and fate of guiding behavior in the Greater Honeyguide", *Conservation Biology* 4: 99-101.

Dicks, L. V., B. Viana, R. Bommarco, B. Brosi ve diğ. (2016) "Ten policies for pollinators", *Science* 354: 975-76.

Dillon, M. E. ve R. Dudley (2014) "Surpassing Mt. Everest: Extreme flight performance of alpine bumble-bees", *Biology Letters* 10, https://doi.org/10.1098/rsbl.2013.0922.

Di Prisco, G., D. Annoscia, M. Margiotta, R. Ferrara ve diğ. (2016) "A mutualistic symbiosis between a parasitic mite and a pathogenic virus undermines honey bee immunity and health", *Proceedings of the National Academy of Sciences* 113: 3203-208.

Doyle, A. C. (1917) *His Last Bow: A Reminiscence of Sherlock Holmes*, New York: Review of Reviews Company.

Doyle, J. A. (2012) "Molecular and fossil evidence on the origin of angiosperms", *Annual Review of Earth and Planetary Sciences* 40: 301-26.

Driscoll, C. A., D. W. Macdonald ve S. J. O'Brian (2009) "From wild animals to domestic pets, an evolutionary view of domestication", *Proceedings of the National Academy of Sciences* 106: 9971-78.

Eckert, J. E. (1933) "The flight range of the honeybee", *Journal of Agricultural Research* 47: 257-86.

Eilers E. J., C. Kremen, S. Smith Greenleaf, A. K. Garber ve diğ. (2011) "Contribution of pollinator-mediated crops to nutrients in the human food supply", *PLoS ONE* 6: e21363. https://doi.org/10.1371/journal.pone.0021363.

Engel, M. S. (2000) "A new interpretation of the oldest fossil bee (Hymenoptera: Apidae)", *American Museum Novitiates*, no. 3296, s. 1-11.

— (2001) "A monograph of the Baltic amber bees and evolution of the apoidea (Hymenoptera)", *Bulletin of the American Museum of Natural History* 259: 1-192.

Escobar, T. (2007) *Curse of the Nemur: In Search of the Art, Myth, and Ritual of the Ishir*, Pittsburgh: University of Pittsburgh Press.

Evangelista, C., P. Kraft, M. Dacke, J. Reinhard ve diğ. (2010) "The moment before touchdown: Landing manoeuvres of the honeybee *Apis mellifera*", *Journal of Experimental Biology* 213: 262-70.

Evans, E., R. Thorp, S. Jepsen ve S. H. Black (2008) *Status Review of Three Formerly Common Species of Bumble Bee in the Subgenus* Bombus, Portland, OR: Xerces Society for Invertebrate Conservation, s. 1-63.

Evans, H. E. ve K. M. O'Neill (2007) *The Sand Wasps: Natural History and Behavior*, Cambridge, MA: Harvard University Press.

Fabre, J. E. (1915) *Bramble-Bees and Others*, New York: Dodd, Mead.

— (1916) *The Mason-Bees*, New York: Dodd, Mead.

Fenster, C. B., W. X. Armbruster, P. Wilson, M. R. Dudash ve diğ. (2004) "Pollination syndromes and floral specialization", *Annual Review of Ecology, Evolution, and Systematics* 35: 375-403.

Filella, I., J. Bosch, J. Llusià, R. Seco ve diğ. (2011) "The role of frass and cocoon volatiles in host location by *Monodontomerus aeneus*, a parasitoid of Megachilid solitary bees", *Environmental Entomology* 40: 126-31.

Fine, J. D., D. L. Cox-Foster ve C. A. Mullein (2017) "An inert pesticide adjuvant synergizes viral pathogenicity and mortality in honey bee larvae", *Scientific Reports* 7, https://doi.org/10.1038/srep40499.

Friedman, W. E. (2009) "The meaning of Darwin's 'Abominable Mystery'", *American Journal of Botany* 96: 5-21.

Friis, E. M., P. R. Crane ve K. R. Pedersen (2011) *Early Flowers and Angiosperm Evolution*, Cambridge: Cambridge University Press.

Garibaldi, L. A., I. Steffan-Dewenter, R. Winfree, M. A. Aizen ve diğ. (2013) "Wild pollinators enhance fruit set of crops regardless of honey bee abundance", *Science* 339: 1608-11.

Gegear, R. J. ve J. G. Burns (2007) "The birds, the bees, and the virtual flowers: Can pollinator behavior drive ecological speciation in flowering plants?", *American Naturalist* 170, https://doi.org/10.1086/521230.

Genersch, E., C. Yue, I. Fries ve J. R. de Miranda (2006) "Detection of *Deformed wing virus*, a honey bee viral pathogen, in bumble bees (*Bombus terrestris* and *Bombus pascuorum*) with wing deformities", *Journal of Invertebrate Pathology* 91: 61-63.

Gess, S. K. (1996) *The Pollen Wasps: Ecology and Natural History of the Masarinae*, Cambridge, MA: Harvard University Press.

Gess, S. K. ve F. W. Gess. (2010) *Pollen Wasps and Flowers in Southern Africa*, Pretoria: South African National Biodiversity Institute.

Ghazoul, J. (2005) "Buzziness as usual? Questioning the global pollination crisis", *TRENDS in Ecology and Evolution* 20: 367-73.

Glaum, P., M. C. Simayo, C. Vaidya, G. Fitch ve diğ. (2017) "Big city Bombus: Using natural history and land-use history to find significant environmental drivers in bumble-bee declines in urban development", *Royal Society Open Science* 4: 170156.

Goor, A. (1967) "The history of the date through the ages in the Holy Land", *Economic Botany* 21: 320-40.

Goubara, M. ve T. Takasaki (2003) "Flower visitors of lettuce under field and enclosure conditions", *Applied Entomology and Zoology* 38: 571-81.

Goulson, D. (2010) "Impacts of non-native bumblebees in Western Europe and North America", *Applied Entomology and Zoology* 45: 7-12.

Goulson, D., E. Nicholls, C. Botías ve E. L. Rotheray (2015) "Bee declines driven by combined stress from parasites, pesticides, and lack of flowers", *Science* 347, https://doi.org/10.1126/science.1255957.

Goulson, D. ve J. C. Stout (2001) "Homing ability of the bumblebee *Bombus terrestris* (Hymenoptera: Apidae)", *Apidologie* 32: 105-11.

Graves, R. (1960) *The Greek Myths*, Londra: Penguin; Türkçesi: *Yunan Mitleri*, çev. Uğur Akpur, Kolektif, 2020.

Greceo, M. K., P. M. Welz, M. Siegrist, S. J. Ferguson ve diğ. (2011) "Description of an ancient social bee trapped in amber using diagnostic radioentomology", *Insectes Sociaux* 58: 487-94.

Griffin, B. (1997a) *Humblebee Bumblebee*, Bellingham, WA: Knox Cellars Publishing.

— (1997b) *The Orchard Mason Bee*, Bellingham, WA: Knox Cellars Publishing.

Grimaldi, D. (1996) *Amber: Window to the Past*, New York: Harry N. Abrams.

— (1999) "The co-radiations of pollinating insects and angiosperms in the Cretaceous", *Annals of the Missouri Botanical Garden* 86: 373-406.

Grimaldi, D. ve M. Engel (2005) *Evolution of the Insects*, New York: Cambridge University Press.

Hallmann, C. A., R. P. B. Foppen, C. A. M. van Turnhout, H. de Kroon ve diğ. (2014) "Declines in insectivorous birds are associated with high neonicotinoid concentrations", *Nature* 511: 341-43.

Hanson, T. ve J. S. Ascher (2018) "An unusually large nesting aggregation of the digger bee *Anthophora bomboides* Kirby, 1838 (Hymenoptera: Apidae) in the San Juan Islands, Washington State", *Pan-Pacific Entomologist* 94: 4-16.

Hedtke, S. M., S. Patiny ve B. N. Danorth (2013) "The bee tree of life: A supermatrix approach to apoid phylogeny and biogeography", *BMC Evolutionary Biology* 13: 138.

Heinrich, B. (1979) *Bumblebee Economics*, Cambridge, MA: Harvard University Press.

Henderson, A. (1986) "A review of pollination studies in the Palmae", *Botanical Review* 52: 221-59.

Herodotos (1997) *The Histories*, İng. çev. G. Rawlinson, New York: Knopf; Türkçesi: *Tarihler*, çev. Müntekim Ökmen, İstanbul: İş Bankası Kültür Yayınları, 2019.

Hershorn, C. (1980) "Cosmetics queen Mary Kay delivers a megabuck message to her sales staff: 'Women can do anything'", *People*, http://people.com/archive/cosmetics-queen-mary-kay-delivers-a-megabuck-message-to-her-sales-staff-women-can-do-anything-vol-13-no-17.

Hoballah, M. E., T. Gübitz, J. Stuurman, L. Broger ve diğ. (2007) "Single gene-mediated shift in pollinator attraction in Petunia", *Plant Cell* 19: 779-90.

Hogue, C. L. (1987) "Cultural entomology", *Annual Review of Entomology* 32: 181-199.

Houston, T. F. (1984) "Biological observations of bees in the genus *Ctenocolletes* (Hymenoptera: Stenotritidae)", *Records of the Western Australian Museum* 11: 153-72.

How, M. J. ve J. M. Zanker (2014) "Motion camouflage induced by zebra stripes", *Zoology* 117: 163-70.

Ichikawa, M. (1981) "Ecological and sociological importance of honey to the Mbuti net hunters, Eastern Zaire", *African Study Monographs* 1: 55-68.

Iwasa, T., N. Motoyama, J. T. Ambrose ve R. M. Roe (2004) "Mechanism for the differential toxicity of neonicotinoid insecticides in the honey bee, *Apis mellifera*", *Crop Protect on* 23: 371-78.

Jablonski, P. G., H. J. Cho, S. R. Song, C. K. Kang ve diğ. (2013) "Warning signals confer advantage to prey in competition with predators: Bumblebees steal nests from insectivorous birds", *Behavioral Ecology and Sociobiology* 67: 1259-67.

Jacob, F. (1977) "Evolution and tinkering", *Science* 196: 1161-1166.

Jones, H. A. (1927) "Pollination and life history studies of lettuce (*Lactuca sativa* L.)", *Hilgardia* 2: 425-79.

Jones, K. N. ve J. S. Reithel (2001) "Pollinator-mediated selection on a flower color polymorphism in experimental populations of *Antirrhinum* (Scrophulariaceae)", *American Journal of Botany* 88: 447-54.

Kajobe, R. ve D. W. Roubik (2006) "Honey-making bee colony abundance and predation by apes and humans in a Uganda forest reserve", *Biotropica* 38: 210-18.

Kerr, J. T., A. Pindar, P. Galpern, L Packer ve diğ. (2015) "Climate change impacts on bumblebees converge across continents", *Science* 349: 177-80.

Kevan, P. G., L. Chittka ve A. G. Dyer (2001) "Limits to the salience of ultraviolet: Lessons from colour vision in bees and birds", *Journal of Experimental Biology* 204: 2571-80.

Keynes, R. (haz.) (2010) *Charles Darwin's Zoology Notes and Specimen Lists from H.M.S.* Beagle, Cambridge: Cambridge University Press.

Kirchner, W. H. ve J. Röschard (1999) "Hissing in bumblebees: An interspecific defence signal", *Insectes Sociaux* 46: 239-43.

Klein, A., C. Brittain, S. D. Hendrix, R. Thorp ve diğ. (2012) "Wild pollinate on services to California almond rely on semi-natural habitat", *Journal of Applied Ecology* 49: 723-32.

Klein, A., B. E. Vaissière, J. H. Cane, I. Steffan-Dewenter ve diğ. (2007) "Importance of pollinators in changing landscapes for world crops", *Proceedings of the Royal Society B* 274: 303-13.

Koch, J. B. ve J. P. Strange (2012) "The status of *Bombus occidentalis* and *B. moderatus* in Alaska with special focus on *Nosema bombi* incidence", *Northwest Science* 86: 212-20.

Kritsky, G. (1991) "Darwin's Madagascan hawk moth prediction", *American Entomologist* 37: 205-210.

Krombein, K. ve B. Norden (1997a) "Bizarre nesting behavior of *Krombeinictus nordenae* Leclercq (Hymenoptera: Sphecidae, Crabroninae)", *Journal of South Asian Natural History* 2: 145-54.

— (1997b) "Nesting behavior of *Krombeinictus nordenae* Leclercq, a sphecid wasp with vegetarian larvae (Hymenoptera: Sphecidae, Crabroninae)", *Proceedings of the Entomological Society of Washington* 99: 42-49.

Krombein, K. V., B. B. Norden, M. M. Rickson ve F. R. Rickson (1999) "Biodiversity of the Domatia occupants (ants, wasps, bees and others) of the Sri Lankan Myrmecophyte *Humboldtia lauifolia* (Fabaceae)", *Smithsonian Contributions to Zoology* 603: 1-34.

Larison B., R. J. Harrigan, H. A. Thomassen, D. I. Rubenstein ve diğ. (2015) "How the zebra got its stripes: A problem with too many solutions", *Royal Society Open Science* 2: 140452.

Larue-Kontić, A. C. ve R. R. Junker (2016) "Inhibition of biochemical terpene pathways in *Achillea millefolim* flowers differently affects the behavior of bumblebees (*Bombus terrestris*) and flies (*Lucilia sericata*)", *Journal of Pollination Ecology* 18: 31-35.

Lee, D. (2007) *Nature's Palette: The Science of Plant Color*, Chicago: University of Chicago Press.

Lewis-Williams, J. D. (2002) *A Cosmos in Stone: Interpreting Religon and Society Through Rock Art*, Walnut Creek, CA: AltaMira Press.

Linnaeus, C. (1737) *Critica Botanica*, Leiden: Conradum Wishoff.

Litman, J. R., B. N. Danforth, C. D. Eardley ve C. J. Praz (2011) "Why do leafcutter bees cut leaves? New insights into the early evolution of bees", *Proceedings of the Royal Society B* 278: 3593-600.

Livy (1938) *The History of Rome*, 40-42. kitaplar, İng. çev. E. T. Sage ve A. C. Schlesinger, Cambridge, MA: Harvard University Press, erişim adresi:

Perseus Digital Library, Tufts University, www.perseus.tufts.edu/hopper.
Lockwood, J. (2013) *The Infested Mind: Why Humans Fear, Loathe, and Love Insects*, New York: Oxford University Press.
Longfellow, H. W. (1893) *The Complete Poetical Works of Henry Wadsworth Longfellow*, Boston: Houghton Mifflin.
Lucano, M. J., G. Cernicchiaro, E. Wajnberg ve D. M. S. Esquivel (2005) "Stingless bee antennae: A magnetic sensory organ?", *BioMetals* 19: 295-300.
Lunau, K. (2004) "Adaptive radiation and coevolution – Pollination biology case studies", *Organisms, Diversity & Evolution* 4: 207-24.
Maeterlinck, M. (1901) *The Life of Bees*, İng. çev. A. Sutro, Cornwall, NY: Cornwall Press.
Marlowe, F. W., J. C. Berbesque, B. Wood, A. Crittenden ve diğ. (2014) "Honey, Hadza, hunter-gatherers and human evolution", *Journal of Human Evolution* 71: 119-28.
McGovern, P., J. Zhang, J. Tang, Z. Zhang ve diğ. (2004) "Fermented beverages of pre- and proto-historic China", *Proceedings of the National Academy of Sciences* 101: 17593-598.
McGregor, S. E. (1976) *Insect Pollination of Cultivated Crop Plants*, USDA Agriculture Handbook no. 496, erişim adresi: US Department of Agriculture, Agricultural Research Service, http://gears.tucson.ars.ag.gov/book.
Messer, A. C. (1984) "*Chalicodoma pluto*: The world's largest bee rediscovered living communally in termite nests (Hymenoptera: Megachilidae)", *Journal of the Kansas Entomological Society* 57: 165-68.
Meyer, R. S., A. E. DuVal ve H. R. Jensen (2012) "Patterns and processes in crop domestication: An historical review and quantitative analysis of 203 global food crops", *New Phytologist* 196: 29-48.
Michener, C. D. (2007) *The Bees of the World*, Baltimore: Johns Hopkins University Press.
Michener, C. D. ve D. A. Grimaldi (1988) "The oldest fossil bee: Apoid history, evolutionary stasis, and antiquity of social behavior", *Proceedings of the National Academy of Sciences* 85: 6424-26.
Miller, W. (1955) "Old man's advice to youth: Never lose your curiosity", *Life*, 2 Mayıs, s. 62-64.
Mobbs, D., R. Yu, J. B. Rowe, H. Eich ve diğ. (2010) "Neural activity associated with monitoring the oscillating threat value of a tarantula", *Proceedings of the National Academy of Sciences* 107: 20582-586.
Moritz, R. F. A. ve R. M. Crewe (1988) "Air ventilation in nests of two African stingless bees *Trigona denoiti* and *Trigona gribodoi*", *Experientia* 44: 1024-27.
Muir, J. (1882a) "The bee-pastures of California, Part I", *Century Magazine* 24: 222-29.

— (1882b) "The bee-pastures of California, Part II", *Century Magazine* 24: 388-95.

Mullin, C. A., M. Frazier, J. L. Frazier, S. Ashcraft ve diğ. (2010) "High levels of miticides and agrochemicals in North American apiaries: Implications for honey bee health", *PLoS ONE* 5: e9754. https://doi.org/10.1371/journal.pone.0009754.

Nichols, W. J. (2014) *Blue Mind*, New York: Little, Brown.

Nininger, H. H. (1920) "Notes on the life-history of *Anthophora stanfordiana*", *Psyche* 27: 135-37.

O'Neill, K. M. (2001) *Solitary Wasps: Behavior and Natural History*, Ithaca, NY: Cornell University Press.

Ott, J. (1998) "The Delphic bee: Bees and toxic honeys as pointers to psychoactive and other medicinal plants", *Economic Botany* 52: 260-66.

Packer, L. (2005) "A new species of *Geodiscelis* (Hymenoptera: Colletidae: Xeromelissinae) from the Atacama Desert of Chile", *Journal of Hymenoptera Research* 14: 84-91.

Paris, H. S. ve J. Janick (2008) "What the Roman emperor Tiberius grew in his greenhouses", *Cucurbitaceae 2008: Proceedings of the IXth EUCARPIA Meeting on Genetics and Breeding of Cucurbitaceae* içinde, haz. M. Pitrar, Avignon, Fransa: INRA, s. 33-41.

Partap, U. ve T. Ya (2012) "The human pollinators of fruit crops in Maoxian County, Sichuan, China", *Mountain Research and Development* 32: 176-86.

Peckham, G. W. ve E. G. Peckham (1905) *Wasps: Social and Solitary*, Boston: Houghton Mifflin.

Phillips, E. F. (1905) "Structure and development of the compound eye of the honeybee", *Proceedings of the Academy of Natural Sciences of Philadelphia* 56: 123-57.

Plath, O. E. (1934) *Bumblebees and Their Ways*, New York: Macmillan.

Plath, S. (1979) *Johnny Panic and the Bible of Dreams*, New York: Harper and Row; Türkçesi: *Johnny Panik ve Rüyaların Kutsal Kitabı*, çev. Olcay Boynudelik, İstanbul: Kırmızı Kedi, 2015.

Poinar, G. O., Jr., K. L. Chambers ve J. Wunderlich (2013) "*Micropetasos*, a new genus of angiosperms from mid-Cretaceous Burmese amber", *Journal of the Botanical Research Institute of Texas* 7: 745-50.

Poinar, G. O., Jr. ve B. N. Danforth (2006) "A fossil bee from early Cretaceous Burmese amber", *Science* 314: 614.

Poinar, G. O., Jr. ve R. Poinar (2008) *What Bugged the Dinosaurs: Insects, Disease and Death in the Cretaceous*, Princeton, NJ: Princeton University Press.

Porter, C. J. A. (1883) "Experiments with the antennae of insects", *American*

Naturalist 17: 1238-45.

Porter, D. M. (2010) "Darwin: The botanist on the *Beagle*", *Proceedings of the California Academy of Sciences* 61: 117-56.

Potts, S. G., J. C. Biesmeijer, C. Kremen, P. Neumann ve diğ. (2010) "Global pollinator declines: Trends, impacts and drivers", *Trends in Ecology & Evolution* 25: 345-53.

Potts, S. G., V. L. Imperatriz-Fonseca ve H. T. Ngo (haz.) (2016) *The Assessment Report of the Intergovernmental Science-Policy Platform on Biodiversity and Ecosystem Services on Pollinators, Pollination and Food Production*, Bonn, Almanya: Biyoçeşitlilik ve Ekosistem Hizmetleri Hükümetlerarası Platformu Sekreterliği (Secretariat of the Intergovernmental Science-Policy Platform on Biodiversity and Ecosystem Services).

Proctor, M., P. Yeo ve A. Lack (1996) *The Natural History of Pollination*, Portland, OR: Timber Press.

Pyke, G. H. (2016) "Floral nectar: Pollination attraction or manipulation?", *Trends in Ecology and Evolution* 31: 339-41.

Ransome, H. M. (2004) *The Sacred Bee in Ancient Times and Folklore*, Mineola, NY: Dover, (1934).

Reinhardt, J. F. (1952) "Some responses of honey bees to alfalfa flowers", *American Naturalist* 86: 257-75.

Roffet-Salque, M., M. Regert, R. P. Evershed, A. K. Outram ve diğ. (2015) "Widespread exploitation of the honeybee by early Neolithic farmers", *Nature* 527: 226-31.

Ross, A., C. Mellish, P. York ve B. Crighton (2010) "Burmese amber", *Biodiversity of Fossils in Amber from the Major World Deposits* içinde, haz. D. Penny, Manchester, BK: Siri Scientific Press, s. 208-35.

Roubik, D. W. (haz.) (1995) *Pollination of Cultivated Plants in the Tropics*. Rome: Food and Agriculture Organization of the United Nations.

Roulston, T. ve K. Goodell (2011) "The role of resources and risks in regulating wild bee populations", *Annual Review of Entomology* 56: 293-312.

Rundlöf, M., G. K. S. Andersson, R. Bommarco, I. Fries ve diğ. (2015) "Seed coating with a neonicotinoid insecticide negatively affects wild bees", *Nature* 521: 77-80.

Saunders, E. (1896) *The Hymenoptera Aculeata of the British Islands*, Londra: L. Reeve.

Savage, C. (2008) *Bees: Nature's Little Wonders*, Vancouver, BC: Greystone Books.

Schemske, D. W. ve H. D. Bradshaw, Jr. (1999) "Pollinator preference and the evolution of floral traits in monkeyflowers (Mimulus)", *Proceedings of the National Academy of Sciences* 96: 11910-11915.

Schmidt. J. O. (2014) "Evolutionary responses of solitary and social Hymenoptera to predation by primates and overwhelmingly powerful vertebrate predators", *Journal of Human Evolution* 71: 12-19.

— (2016) *The Sting of the Wild*, Baltimore: Johns Hopkins University Press.

Schwarz, H. F. (1945) "The wax of stingless bees (Meliponidæ) and the uses to which it has been put", *Journal of the New York Entomological Society* 53: 137-44.

Schwarz, M. P., M. H. Richards ve B. N. Danforth (2007) "Changing paradigms in insect social evolution: Insights from halictine and allodapine bees", *Annual Review of Entomology* 52: 127-50.

Seligman, M. E. P. (1971) "Phobias and preparedness", *Behavior Therapy* 2: 307-20.

Shackleton, K., H. A. Toufailia, N. J. Balfour, F. S. Nasicimento ve diğ. (2015) "Appetite for self-destruction: Suicidal biting as a nest defense strategy in *Trigona* stingless bees", *Behavioral Ecology and Sociobiology* 69: 273-81.

Slaa, E. J., L. Alejandro, S. Chaves, K. Sampaio Malagodi-Braga ve diğ. (2006) "Stingless bees in applied pollination: Practice and perspectives", *Apidologie* 37: 293-15.

Sladen, F. W. L. (1912) *The Humble-Bee: Its Life-History and How to Domesticate It*, Londra: Macmillan.

Smith, A. (2012) "Cash-strapped farmers feed candy to cows", CNN Money, http://money.cnn.com/2012/10/10/news/economy/farmers-cows-candy-feed/index.html.

Somanathan, H., A. Kelber, R. M. Borges, R. Wallén ve diğ. (2009) "Visual ecology of Indian carpenter bees II: Adaptations of eyes and ocelli to nocturnal and diurnal lifestyles", *Journal of Comparative Physiology A* 195: 571-83.

Sparrman, A. (1777) "An account of a journey into Africa from the Cape of Good-Hope, and a description of a new species of cuckow", Dr. John Reinhold Forster'a mektubu, FRS *Philosophical Transactions of the Royal Society of London* 67: 38-47.

Srinivasan, M. V. (1992) "Distance perception in insects", *Current Directions in Psychological Science* 1: 22-26.

Stableton, J. K. (1908) "Observation beehive", *School and Home Education* 28: 21-23.

Stokstad, E. (2007) "The case of the empty hives", *Science* 316: 970-72.

Stone, G. N. (1993) "Endothermy in the solitary bee *Anthophora plumipes*: Independent measures of thermoregulatory ability, costs of warm-up and the role of body size", *Journal of Experimental Biology* 174: 299-320.

Strong, D. R., J. H. Lawton ve R. Southwood (1984) *Insects on Plants: Com-*

munity Patterns and Mechanisms, Cambridge, MA: Harvard University Press.

Sun, B. Y., T. F. Stuess, A. M. Humana, M. Riveros ve diğ. (1996) "Evolution of *Rhaphithamnus venustus* (Verbenaceae), a gynodioecious hummingbird-pollinated endemic of the Juan Fernandez Islands, Chile", *Pacific Science* 50: 55-65.

Sutherland, W. J. (1990) "Biological flora of the British Isles: *Iris pseudacorus* L.", *Journal of Ecology* 78: 833-48.

Theophrastus (1916) *Enquiry into Plants, and Minor Works on Odours and Weather Signs*, İng. çev. A. Hort, Londra: William Heinemann.

Thoreau, H. D. (1843) "Paradise (to be) regained", *United States Magazine and Democratic Review* 13: 451-63.

— (2009) *The Journal, 1837-1861*, haz. D. Searls, New York: New York Review Books.

Thorp, R. W. (1969) "Ecology and behavior of *Anthophora edwardsii*", *American Midland Naturalist* 82: 321-37.

Tolstoy, L. (1994 [1867]) *War and Peace*, New York: Modern Library; Türkçesi: *Savaş ve Barış*, çev. Tansu Akgün, İstanbul: İş Bankası Kültür Yayınları, 2017.

Torchio, P. F. (1984) "The nesting biology of *Hylaeus bisinuatus* Forster and development of its immature forms (Hymenoptera: Colletidae)", *Journal of the Kansas Entomological Society* 57: 276-97.

Torchi o, P. F. ve V. J. Tepedino (1982) "Parsivoltinism in three species of *Osmia* bees", *Psyche* 89: 221-38.

VanEngelsdorp, D., D. Cox-Foster, M. Frazier, N. Ostiguy ve diğ. (2006) "'Fall-Dwindle Disease': Investigations into the causes of sudden and alarming colony losses experienced by beekeepers in the fall of 2006", Mid-Atlantic Apiculture Research and Extension Consortium (MAAREC) – Colony Collapse Disorder Working Group, s. 1-22.

VanEngelsdorp, D., J. D. Evans, L. Donovall, C. Mullin ve diğ. (2009) "'Entombed Pollen': A new condition in honey bee colonies associated with increased risk of colony mortality", *Journal of Invertebrate Pathology* 101: 147-49.

Vergilius (2006) *The Georgics*, İng. çev. P. Fallon, Oxford: Oxford University Press; Türkçesi: *Georgica*, çev. Çiğdem Dürüşken, İstanbul: Alfa, 2015.

Wallace, Alfred Russel (1869) *The Malay Archipelago*, New York: Harper and Brothers.

Watson, K. ve J. A. Stallins (2016) "Honey bees and Colony Collapse Disorder: A pluralistic reframing", *Geography Compass* 10: 222-36.

Wcislo, W. T., L. Arneson, K. Roesch, V. Gonzolez ve diğ. (2004) "The evolution of nocturnal behaviour in sweat bees, *Megalopta genalis* and *M. ecuadoria* (Hymenoptera: Halictidae): An escape from competitors and enemies?", *Biological Journal of the Linnean Society* 83: 377-87.

Wcislo, W. T. ve B. N. Danforth (1997) "Secondarily solitary: The evolutionary loss of social behavior", *Trends in Ecology and Evolution* 12: 468-74.

Wellington, W. G. (1974) "Bumblebee ocelli and navigation at dusk", *Science* 183: 550-51.

Weyrich, L. S., S. Duchene, J. Soubrier, L. Arriola ve diğ. (2017) "Neanderthal behaviour, diet, and disease inferred from ancient DNA in dental calculus", *Nature* 544: 357-61.

Whitfield, C. W., S. K. Behura, S. H. Berlocher, A. G. Clark ve diğ. (2007) "Thrice out of Africa: Ancient and recent expansions of the honey bee, *Apis mellifera*", *Science* 314: 642-45.

Whitman, W. (1976 [1855]) *Leaves of Grass*, Secaucus, NJ: Longriver Press.

Whitney, H. M., L. Chittka, T. J. A. Bruce ve B. J. Glover (2009) "Conical epidermal cells allow bees to grip flowers and increase foraging efficiency", *Current Biology* 19: 948-53.

Wille, A. (1983) "Biology of the stingless bees", *Annual Review of Entomology* 28: 41-64.

Wilson, E. O. (2012) *The Social Conquest of Earth*, New York: Liveright; Türkçesi: *Yeryüzünün Sosyal Fethi*, çev. Gül Tonak, İstanbul: Say, 2013.

Winston, M. L. (1987) *The Biology of the Honey Bee*, Cambridge, MA: Harvard University Press.

Wood, B. M., H. Pontzer, D. A. Raichlen ve F. W. Marlowe (2014) "Mutualism and manipulation in Hadza-honeyguide interactions", *Evolution and Human Behavior* 35: 540-46.

Wrangham, R. W. (2011) "Honey and fire in human evolution", *Casting the Net Wide: Papers in Honor of Glynn Isaac and His Approach to Human Origins Research* içinde, haz. J. Sept ve D. Pilbeam, Oxford: Oxbow Books, s. 149-67.

Yeats, W. B. (1997) *The Collected Works of W. B. Yeats*, c. 1, *The Poems*, haz. J. Finneman, New York: Scribner.

Dizin

—

metis bilim

EVELYN FOX KELLER **Genin Yüzyılı**

JOHN GRIBBIN **Schrödinger'in Kedisinin Peşinde**

ADAM ZEMAN **Bilinç: Kullanım Kılavuzu**

EVELYN FOX KELLER **Toplumsal Cinsiyet ve Bilim**

DOUWE DRAAISMA **Bellek Metaforları**

JOHN GRIBBIN **Schrödinger'in Yavru Kedileri**

FRANS DE WAAL **İçimizdeki Maymun**

DOUWE DRAAISMA **Yaşlandıkça Hayat Neden Çabuk Geçer**

GEORGE LEVINE **Darwin Sizi Seviyor**

J. P. CHANGEUX, P. RICOEUR **Neden Nasıl Düşünürüz?**

W. H. CALVIN, G. A. OJEMANN **Neil'in Beyniyle Konuşmalar**

JOANNA MONCRIEFF **İlaçla Tedavi Efsanesi**

CHARLES SEIFE **Alfa ve Omega**

H. R. MATURANA, F. G. VARELA **Bilgi Ağacı**

DAVID S. WILSON **Herkes İçin Evrim**

D. GOLDBERG, J. BLOMQUIST **Evren Kullanma Kılavuzu**

TOBIAS DANTZIG **Sayı: Bilimin Dili**

HARALD FRITZSCH **Yanılıyorsunuz Einstein!**

WALTER LEWIN **Fizik Aşkına** WARREN GOLDSTEIN ile birlikte

PATRICIA FARA **Bilim: Dört Bin Yıllık Bir Tarih**

SEDAT ÖLÇER **Evrim Serüveni**

GUY DEUTSCHER **Dilin Aynasından**

TEVFİK ALICI **Gerçek Bir Yanılsama: Bilinç**

MARK SOLMS, OLIVER TURNBULL **Beyin ve İç Dünya**

FRANS DE WAAL **Bonobo ve Ateist**

PENNY LE COUTEUR, JAY BURRESON **Napolyon'un Düğmeleri**

DOUWE DRAAISMA **Düş Dokumacısı**

ROY PORTER **Kan Revan İçinde**

JENNIFER M. GROH **Mekân Yaratmak**

ADDY PROSS **Yaşam Nedir?**

MICHAEL TOMASELLO **İnsan İletişiminin Kökenleri**

FRANS DE WAAL **Hayvanların Ne Kadar Zeki Olduğunu Anlayacak Kadar Zeki miyiz?**

GORDON H. ORIANS **Yılanlar, Gündoğumları ve Shakespeare**

MARC WITTMANN **Hissedilen Zaman**

DANIEL CHAMOVITZ **Bitkilerin Bildikleri**

DAVID C. CATLING **Astrobiyoloji**

ADAM GAZZALEY, LARRY D. ROSEN **Dağınık Zihin**

ELIEZER J. STERNBERG **NöroLojik**

DOROTHY H. CRAWFORD **Ölümcül Yakınlıklar**

RANDI HUTTER EPSTEIN **Hormonların Gücü**

MARCIA BJORNERUD **Yeryüzünün Zamanı**

NATHAN H. LENTS **İnsanın Kusurları**

THOR HANSON **Arıların Bildikleri**

Metis Bilim dizisi hakkında daha fazla bilgi için bkz.
www.metiskitap.com/catalog/series/625